图书馆管理的创新方法研究

姚淑青　孙红岩　岳　明◎著

吉林人民出版社

图书在版编目（CIP）数据

图书馆管理的创新方法研究/姚淑青，孙红岩，岳
明著. --长春：吉林人民出版社，2022.7
ISBN 978-7-206-19368-2

Ⅰ. ①图… Ⅱ. ①姚… ②孙… ③岳… Ⅲ. ①图书馆
管理－研究 Ⅳ. ①G251

中国版本图书馆 CIP 数据核字（2022）第 150840 号

图书馆管理的创新方法研究
TUSHUGUAN GUANLI DE CHUANGXIN FANGFA YANJIU

著　　者：姚淑青　孙红岩　岳　明
责任编辑：金　鑫
封面设计：豫燕川
出版发行：吉林人民出版社（长春市人民大街 7548 号　邮政编码：130022）
印　　刷：吉林省海德堡印务有限公司
开　　本：787 毫米×1092 毫米　1/16
印　　张：11.75
字　　数：223 千字
版　　次：2023 年 7 月第 1 版
印　　次：2023 年 7 月第 1 次印刷
书　　号：ISBN 978-7-206-19368-2
定　　价：52.00 元

如发现印装质量问题，影响阅读，请与出版社联系调换。

前　言

随着时代的不断发展，人们对知识和信息技术的需求越来越大，在新形式的不断推动下，图书馆想要满足读者对知识的需求，就必须建立规范的管理模式，这样既可以保证与图书馆的传统管理不发生冲突，又可以注入新的管理模式，为读者提供更好的服务。

随着人类社会跨入 21 世纪，高新科学技术得到快速发展与应用，并改变着整个社会的面貌。同时，以网络和计算机技术为核心的现代信息技术给图书馆带来了新的挑战和发展机遇，形成了对传统图书馆的冲击，图书馆如果只有累积文化遗产和传输交流信息的功能，将有被取代的危险。从这一点来看，图书馆应不断拓展和增强其功能，而且要有不可替代的独特性。

本书以新时期图书馆创新理念为切入点，阐述了图书馆学以及图书馆管理学的相关理论，深入分析了我国当前图书馆工作中存在的问题，并在此基础上提出了图书馆创新方法，希望对促进我国图书馆创新以及图书馆现代管理工作质量的提高有一定程度上的借鉴意义。

笔者认为图书馆创新应从以下五个方面入手。

（一）创新图书馆的管理技术

图书馆管理工作是以服务为中心的。当下，我国图书馆管理工作的主要任务是以书籍的借阅和储存为主，利用信息化管理方法为现代图书馆管理提供方便快捷的管理模式。所以，图书馆对管理人员要有较高的创新管理技术和技能的要求，让读者可以更加方便地借阅书籍。

创新与发展是当今图书馆事业的主题，技术创新是图书馆事业发展和公共文化服务体系构建的重要驱动力。多年前图书馆被技术推着走，而今天图书馆积极拥抱技术，主动寻求对技术的应用，推动图书馆创新。

近年来，依托互联网技术的发展，众多创新案例、技术创新应用在各地图书馆涌现，推动和丰富着图书馆的实践工作。因此，图书馆管理人员应做到：分析图书馆技术创新的认识论和方法论，开展技术创新原动力，探讨技术创新要点，思考智能时代技术创新的变革，通过梳理、提炼和研究图书馆技术创新理论，助力图书馆技术创新的开展和提升。

（二）图书馆空间再造

在科学技术迅猛发展的今天，图书馆的角色定位也正在发生着变化。近年来，关于图书馆空间再造的相关研究与实践逐渐增多，2017 年国家社科基金设立了两项以"空间再造"为主题的项目，在一定程度上反映出当前的研究热点之一。

在科技飞速发展的背景下，图书馆正在改变原来的模样，从以书为主体转变为以知识为主体；从以阅览为主的空间转变为交流和开放的空间，图书馆作为一种空间的价值得到重新定义。

（三）建立创新管理制度

图书馆高效的管理工作必须依赖完善的管理制度。

首先，图书馆管理人员要建立完善的书籍管理制度，用良好的服务品质为借读者提供更优质的服务，这样既可提升图书馆管理人员的工作效率，又可以使图书馆的管理工作规范化。

其次，图书馆必须要有健全的借阅制度，实施有序的书籍管理，为广大读者提供更优质的服务。

（四）图书馆服务创新

2015年，国务院出台了相关政策，正式拉开了由国家牵头引入社会生活中去的序幕，使行业都焕发出新的生机，各行业均利用信息技术，形成新的创新战略，加快了我国各个行业与科学的融合。公共图书馆也有自己存在的意义，公共图书馆一直以来都是文化建设当中的领头羊，是人们的精神食粮。

公共图书馆作为公共服务行业，是文化传承的枢纽，记载了文化的发展。因此在"互联网＋"的冲击下，公共图书馆如何做到服务创新转型，如何实现服务最大化，是我们当前亟需解决的问题。

图书馆管理者需要对图书馆职工进行技术培训，提高从业人员的服务技能和服务意识，实施多样化的服务手段，创新图书馆服务，不断完善服务模式，跟随"互联网＋"时代的变化，不断地创新服务。

在时代的不断发展下，公共图书馆为了适应时代发展的需要，应积极面对互联网带来的冲击，把握机遇做出转型，紧跟时代的潮流，积极引入"互联网＋"创新管理思维方式，进行服务创新战略，打破传统公共图书馆服务的时间和地点上的限制，实现真正意义上的服务到读者。

（五）图书馆管理创新

时代的不断发展使人们对知识和信息技术的需求不断增加。随着新形式的不断推广，图书馆必须站稳脚跟。在图书馆管理过程中，要注重管理模式，满足读者对知识的需求。这不仅可以确保与传统的管理没有冲突，而且还可以注入新的管理理念，为读者提供更理想的服务。

图书馆管理创新需创新管理模式，建立创新管理制度，创新图书馆的管理技术。要想有效改变当前我国图书馆管理工作的现状和提升图书馆管理工作质量，除了创新管理理念和构建人本管理模式之外，还必须意识到创新图书馆管理工作形式的重要意义。

总之，随着时代的不断发展和进步，我国的图书馆管理工作也要紧跟时代的发展步伐，建立完善的图书馆管理制度，实施和贯彻创新管理的模式，应用完善的管理模式，为读者提供优质的服务。

在全书的撰写过程中，笔者参考和借鉴了大量国内外相关专著、论文等理论研究成果，在此，向其作者致以诚挚的谢意。同时，由于时间仓促、笔者能力有限等原因而导致本书出现的疏漏之处，也恳请专家、读者批评指正。

作　者
2021 年 3 月

目　　录

第一章 图书馆管理概述

第一节 图书馆管理的概念

现代图书馆管理是人类现代管理活动的重要组成部分。作为一门新兴的交叉学科，现代图书馆管理是现代管理学理论与当代图书馆管理实践有机结合的产物。与传统的图书馆管理相比，现代图书馆管理已经显现出许多新的内容与特点。

图书馆管理是图书馆学研究的主要对象，也是图书馆学的重要分支学科，是集业务管理与行政管理于一体的管理学应用学科。

图书馆管理是指引导人力资源、信息资源、财力资源和物质资源进入动态的图书馆以达到图书馆的目标，使读者获得满意，并且使图书馆馆员也获得高度的士气和成就感的活动。或者说，图书馆管理是对图书馆的文献信息、人力、财力、物力等资源，通过计划和决策、组织、领导、控制、协调等一系列过程，来有效达成图书馆目标的活动。

图书馆资源包括人力资源、文献信息资源、财力资源和物质资源。图书馆管理实质就是对资源的吸收与配置，要达到用户满意、馆员满意，不能偏废任何一种资源的建设，要努力使它们成为协同的资源系统。管理理念是指一个单位或团体在一定时期内总的发展方向和指导方针。图书馆管理理念是人们对图书馆工作的理性认识、理想目标和价值观，是指导图书馆工作的思想基础和行动指南。先进的图书馆管理理念是图书馆发展的重要因素，也是图书馆提高服务质量和水平的先决条件。

现代图书馆管理的对象是图书馆系统。图书馆系统，从微观方面来说，主要包括三个子系统：一是收集整理子系统；二是流通服务子系统；三是财务、设备供应子系统。这三个子系统结合成为一个相互作用、相互依赖并具有特定功能的系统层次结构。现代图书馆管理的具体对象是构成图书馆系统的要素——人、财、物、时间、信息这五大管理要素，图书馆的管理围绕这几个要素进行管理。

现代图书馆始于 20 世纪 80 年代，它是以现代科技手段为依托，为满足社会信息需求，科学地搜集、整理、加工、存贮、浓缩、传播和开发研究利用各种载体文献信息的科学、文化、教育机构，是社会信息交流系统的组成部分。

第二节 图书馆管理的特点和职能

一、图书馆管理的特点

图书馆管理作为一种特殊的社会实践活动，具有一般社会实践所共有的客观性、能动性和社会历史性等特性，不过这些特性在图书馆管理中有具体的表现形式。整个实践的特性对于不同的实践活动来说是一种共性的东西，而具有这种共性的各种实践活动又表现出不同的特性。总体来看，图书馆管理具有以下几个主要特征。

（一）总合性

图书馆管理的总合性，是指从空间上来说，它贯穿在一切图书馆活动中，存在于图书馆活动的一切方面和一切领域，凡是有图书馆活动的地方，就有图书馆管理存在，从时间上来说，它与图书馆共始终。只要还存在图书馆活动，不管其形式如何，就离不开管理。因此，在图书馆发展的长河中，管理是无处不在、无时不有的一种社会活动，它在图书馆系统中横贯各个层次、涵盖一切领域，具有总合性。

（二）依附性

任何图书馆管理都必须建立在一定的图书馆业务工作的基础上，它的全部实际内容和具体形式离开了其他的业务活动就不能单独存在，图书馆管理总是对某种业务活动（文献采选、分类编目、书刊借阅、参考咨询、文献检索、情报研究等）的管理。图书馆管理的这种依附性主要表现在：图书馆管理的目标必须依托于具体的业务活动才能实现；图书馆管理的过程总是伴随着其他业务活动的进行而展开；图书馆管理的结果总是融合在其他业务活动的成果之中。也就是说，图书馆管理必须以其他某一种、某几种或全部业务活动作为自己的"载体"。

（三）科学性

图书馆管理的动态特性并不意味着图书馆管理没有规律可循。尽管图书馆管理是动态的，但还是可将其分成两大类：程序性活动和非程序性活动。

所谓程序性活动，是指有章可循，照章运作便可取得预想效果的管理活动。例如，制定读者服务工作中的各种规章制度，制定人员管理工作中的录用、奖惩、培训等方面的条例，制定行政管理的各种规章制度，制定后勤管理的各种规章制度，等等。

所谓非程序性活动，是指无章可循，需要边运作边探讨的管理活动。例如，建造新馆、建设图书馆自动化系统、图书馆组织机构的调整、复合图书馆的设计等。

这两类活动虽然不同，但又是可以转化的。实际上现实的程序性活动就是由以前的非程序性活动转化而来的，这种转化的过程是人们对这类活动与管理对象规律性的科学总结，图书馆管理的科学性在这里得到了很好的体现。此外，对新管理对象所采取的非程序性活动只能依据过去的科学结论进行，否则，对这些对象的管理便失去了可靠性，而这本身也体现了图书馆管理的科学性。

（四）组织性

图书馆管理的组织性有两方面的内涵。一方面，图书馆管理的组织性指的是图书馆管理活动总是通过一定的组织（如学校图书馆、科学图书馆、企业图书馆、公共图书馆、工会图书馆等）进行的，这种组织是由进行管理活动的人组成的一个有序机构。组织既是管理的主体，因而任何图书馆管理都是由一定的组织机构（即特定的图书馆）去进行的；同时，组织又是管理的对象，因为任何图书馆管理都是对一定组织（即特定的图书馆）的管理，孤立的个人、离开了一定组织的人，称不上是图书馆管理。

另一方面，图书馆管理的组织性指的是图书馆管理活动本身就是一种组织活动，这种组织活动将分散的资源，如人力、物力、财力、信息等资源组合起来，形成一个稳定的、能够不断根据客观环境的变化而进行调整的物质和社会双重结构的过程。这种组织过程既把各种离散的、无序的事物结合成一个相互联系、相互制约的管理组织系统，这是图书馆管理活动得以进行的物质和社会实体；又能不断地根据变化着的外部和内部情况，对管理活动的各种要素之间的关系进行调整，以寻求与之相适应的最佳物质与社会的匹配关系，使图书馆系统朝着管理的目标运动。

前者指的是静态的组织性，表现为一种有序的组织形式；后者指的是动态的组织性，表现为一种能动的组织职能。图书馆管理的组织性是图书馆管理最基本的特征，也是其他特征的内在根据和机制。

（五）变革性

从本质上来说，管理是变革活动，是使人获得真正自由的活动。"管理的特点就是变革——迅速的、不断的、根本的变革。唯一不变的事就是变革。"图书馆管理也不例外。

从现象上看，图书馆管理有保守的一面，它要维持图书馆系统一定程度的稳定，要用一定的原则、规章制度约束图书馆的成员。但是，保守性、束缚性只是使图书馆获得发展、使个人获得真正自由的手段，因而是暂时的、相对的。稳定是运动的一种特殊状态。

图书馆系统中的人、财、物、信息等要素是不断变化发展的，图书馆系统外部的经济、政治、文化、科技等环境也在不断变化。要实现对图书馆的真正有效管理，目标和计划就要反映对象的变化，协调活动就要使系统内外因素的配合在变动中趋向合理，要不断通过信息反馈实现对图书馆的动态控制，要根据图书馆的发展改变失去合理性的规章制度。可见，图书馆管理的变革性是由图书馆本身的运动决定的，具有客观性。

图书馆管理的变革性更重要地表现为其发展演化。图书馆管理是一种主观见之于客观的活动，它反映图书馆的变化，不仅反映图书馆现时的变化，而且要反映图书馆变化的趋势，还要反映趋势的转变，这只有通过科学预测、设立目标、制订计划、完善组织、实施控制等一系列动态管理活动反复循环才能实现。

（六）协调性

所谓协调性，是指调节和改造各种管理对象之间的关系，使他们能相互适应，按照事物自身固有的规律性在整体上处于最佳的功能状态。图书馆管理与其他业务活动的不同主要表现在以下两方面。

第一，从活动的对象来看，一般业务活动总以某个特定的具体事物作为自己的对象，如文献采选以图书馆未收藏的新书、新刊、新报、新光盘等文献载体为对象，分编工作以图书馆已采购回来的新文献为对象，咨询服务以读者为对象等。但是，图书馆管理在一定意义上是以图书馆系统的各种业务活动为自己的对象，是对这些业务活动之间的关系以及这些业务活动内部的各种要素之间的关系进行协调的活动。因而与各种业务活动相适应，就有协调这些活动的采访管理、分编管理、借阅管理、咨询管理等形式，这些管理活动是通过协调各种业务活动而间接地对它们起作用，从而改变它们的存在状态。

第二，从活动的任务来看，一般的业务活动都有自己特定的具体任务，它们或者是为了购回本馆读者所需要的文献，或者是为了改变文献的形式特征，或者是为了将读者所需要的文献传递给读者，或者是对读者进行信息检索技能培训，或者是为读者提供咨询课题的解答方案等。图书馆管理的主要任务是协调人们之间的关系和利益，协调人们活动的状态和过程，使图书馆各种业务活动的要素建立起某种有序的优化结构。

所以，图书馆管理是一种柔性的社会活动，图书馆管理者一般并不直接从事信息产品的生产或信息服务活动，他们主要是通过协调各种业务活动的内外关系，特别是馆员之间的关系以及馆员和读者之间的关系，使各种要素、各个环节在共同目标——最有效地满足读者的信息需求的指引下，消除彼此在方法上、时间上、力量上或利益上存在的分歧和冲突，统一步调，使图书馆的各种业务活动实现和谐运转，结合成一个有机的整体。

（七）艺术性

由于图书馆管理对象分别处于不同系统（如科学院系统、文化系统、教育系统、工商企业系统等）、不同部门（如采访部、编目部、流通阅览部、典藏部、参考咨询部、研究辅导部、信息技术部、特藏部等）、不同环节（如出纳台借还、书库整理）、不同的资源供给条件等环境中，这就导致了对每一具体管理对象的管理没有唯一的完全有章可循的模式，特别是对那些非程序性的、全新的管理对象更是如此。因此，图书馆具体管理活动的成效与管理主体管理技巧的娴熟程度密切相关。

事实上，管理主体对管理技巧的运用与发挥，体现了管理主体设计和操作管理活动的艺术性。另外，由于在达成图书馆资源有效配置的目标与现行责任的过程中，可供选择的管理方式、手段多种多样，因而如何在众多可供选择的管理方式中选择一种合适的用于现实的图书馆管理之中的方式，也是管理主体进行管理的一种艺术性技能。

（八）经济性

众所周知，图书馆存在着以资源稀缺性为核心的经济问题，例如，社会对图书馆的投资应该达到什么样的水平才能充分发挥图书馆的各项社会功能？为了节约社会投资，提高图书馆的投资效益，对图书馆的社会投资应如何分配给各种不同类型的图书馆才能使图书馆资源达到合理配置？怎样选购和组织藏书才能使有限的购书经费发挥最大的效益？要有效地解决上述问题，就必须对图书馆的人力、物力、财力、信息等资源进行配置。而资源配置是需要成本的，因此管理就具有经济特性。

图书馆管理的经济性主要表现在以下三个方面。

首先，反映在图书馆资源配置的机会成本上，管理者选择一种资源配置方式是以放弃另一种资源配置方式为代价而取得的，这里有个机会成本的问题。

其次，图书馆管理的经济性反映在管理方式方法选择上的成本比较，因为在众多可帮助进行资源配置的方式方法中其所费成本不同，故如何选择就有个经济性的问题。

最后，图书馆管理是对资源有效整合的过程，因此选择不同资源的供给和配比，就有成本大小的问题，这是经济性的另一种表现。

二、图书馆管理的职能

（一）计划职能

计划是指对未来的行动以及未来资源供给与使用的筹划。计划指导着一个图书馆系统循序渐进地去实现其目标，计划的目的就是要使图书馆适应变化中的信息环境，并使图书馆占据更有利的信息环境地位，甚至进入一个完全不同的信息环境。计划在图书馆中可以成为一种体系并有其内在的层级，如战略计划是最高层次的、总的长远计划，职能计划与部门工作计划则是中层的操作性较强的计划，而下级的工作计划则为近期的具体计划。从计划的定义、目标及其功能来看，计划无非是一种降低图书馆在资源配置过程中的不确定性的一种手段。事实上，无论是战略计划还是职能部门计划，对未来行为的一种筹划就是希望通过事先的安排有准备地迎接未来，或按照设定的目标循序渐进地工作，从而减少未来不确定性对图书馆的冲击，减少未来工作过程本身可能产生的不确定性。

计划职能涉及的因素包括：（1）有助于达到目标的政策；（2）管理人员将要实施的项目；（3）管理人员将会采用的过程；（4）管理人员必须按时完成的时刻表；（5）将会涉及的预算方面的因素考虑。

（二）组织职能

组织是管理者建立一个工作关系构架，从而使图书馆成员得以共同工作，以此来实现图书馆目标的过程。组织的结果是组织结构的产生，即一种正式的任务系统和汇报关系系统。通过这种系统，管理者能够协调和激励图书馆成员努力实现图书馆的目标。组织结构决定了图书馆能在多大程度上很好地利用其资源创造信息产品和提供信息服务。

组织职能包含的要素有：（1）将图书馆各项业务活动进行合理的组织，使之具有一定功能和位置；（2）为了有效地发挥其职能，管理人员必须进行一定的授权；（3）管理人员必须与其下级之间建立关系和联系，使下级能够相互提供完成工作所需的信息；（4）管理人员必须仔细检查自己所在部门与其他部门之间的关系及其对图书馆经营运作的影响。

（三）领导职能

领导有两重含义：一是领导现象，指人群中存在的追随关系，其本质是影响力；二是领导行为，指群体中的某些成员为了促使领导现象的出现或加强而实施的各种行为。在领导过程中，管理者要向员工描述一个清晰的愿景，调动图书馆成员的积极性，使他们理解自己在实现图书馆目标过程中所起的作用。管理者利用权力、影响、愿景、说服力和沟通等技能协调个体和全体行为，从而使他们的努力能够得到充分的展现和利用。领导所产生的效果就是图书馆成员所表现出来的高度积极性和对图书馆的承诺。

领导涉及四个方面的功能：（1）及时根据外界环境的变化，指示图书馆内所有人与资源配合去适应环境并采取适当的行为；（2）调动图书馆成员的积极性，激励他们奋发努力，给他们创造发展的机会；（3）有效地协调图书馆内的人际关系，使图书馆内有一个良好的工作氛围，从而降低内耗；（4）督促图书馆成员尽自己的努力按照既定的目标与计划做好自己专职范围的工作。

（四）控制职能

控制是指根据既定目标不断跟踪和修正所采取的行为，使之朝着既定目标方向运作并实现预想的结果或业绩。由于现实行为往往会受各种不确定性因素的影响，故每一行为都有可能偏离预定要求，从而可能使既定目标或业绩难以达成，显然这是图书馆所不愿看到的。为了防范这种状况的产生，控制就非常必要。通过实施控制这一职能，管理人员能够做到在图书馆偏离目标太远之前就将其拉回正确的轨道。

控制职能的内容包括：（1）将实际效果与预测结果进行对比；（2）将已获得的结果与目标要求、项目要求和计划要求进行对比；（3）将实际成本与预算成本进行对比。

（五）评价职能

评价是指图书馆管理实施过程结束之后，根据管理的成效，对图书馆管理过程的各项活动进行全面的检查、比较、分析、论证和总结，从中得出规律性的启迪，以达到不断提高管理水平，取得更好的管理效益，实现管理良性循环的一项管理活动。图书馆管理过程结束之后，需要对其所获得的管理成绩和效果进行相应的评价，从中吸取经验和教训，为下一轮的管理循环提供依据，打好基础，以便不断提高图书馆管理工作的水平。因此，评价既是图书馆管理过程的归宿，又是图书馆管理过程的出发点，它对于加强图书馆管理运作，提高图书馆管理水平有着至关重要的作用。

第三节　图书馆管理中科学理念的应用

一、用科学发展观指导现代图书馆的管理

科学发展观是全面、协调、可持续的发展观，是对马克思主义发展观的丰富和发展。人类社会的不断进步和高校图书馆自身的建设都需要科学发展观的引领。和谐社会的发展进步离不开文化的哺育与支持，图书馆作为社会文化发展和建设的重要组成部分，在构建和谐社会的主旋律下应加强自身建设，成为和谐的典范。构建和谐图书馆要体现以人为本。图书馆学家施莱格曾强调："人本价值观念是图书馆职业的核心。"以人为本、倡导人文关怀、实行人本管理、提供人性化服务是现代图书馆的发展方向。

（一）用科学发展观来统领图书馆的改革与发展

1. 树立"以人为本"的现代图书馆的发展观

学习实践科学发展观要求我们坚定"以人为本"的管理核心理念，这意味着把人视为组织中最重要的资源。图书馆一切管理活动都是围绕着如何认识人、选用人、教育人、留住人、服务人而展开的，人是图书馆最核心的资源和力的源泉，其他资源都应围绕着如何

充分调动"人"这一核心资源、如何服务于人而展开，这是科学发展观的本质和核心，也是科学人才观的出发点和立足点。图书馆树立"以人为本"的发展观是信息时代图书馆向现代化纵深发展所追求的一种新型的服务理念，是图书馆为读者提供全方位、多样化服务模式的必然趋势，也是图书馆工作者管理创新追求的目标。所谓"以人为本"的服务，就是在图书馆服务的过程中体现"以人为本"的思想，以满足人的需求、实现人的价值、追求人的发展、体现人文关怀为最终目的。因此，做到"以人为本"就是要坚持服务以育人为本、以读者为主体，坚持"以读者为本"。

2. 树立有效协调的现代图书馆的发展观

科学发展观着眼于全面发展，而不是偏重于一个或几个方面。作为一个整体，图书馆有着自己完整的业务链，只有当各业务链的节点有机地连接起来的时候，图书馆才能发挥整体的功能和效益。从业务链的角度来看，从采访、编目到流通、典藏，从一般咨询到课题或项目咨询，每一个环节之间都是相互联系的，因此在发展过程中，需要有全面、综合的考虑。科学发展观着眼于协调发展，它要求系统之间、部门之间不应该各自为政、相互抵触，而应该和谐互补、共同发展。因此，图书馆在运作过程中要把握好多方面的协调关系：一是要确保图书馆服务功能的协调发展；二是要确保图书馆的信息资源建设有效、协调发展。此外，图书馆在文献资源的购进、管理、开发等方面也必须做到有效协调发展。

3. 实现可持续性的现代图书馆的发展观

科学发展观要求图书馆管理者在规划和管理图书馆的时候必须着眼于可持续发展。在资源采集上，要着眼于处理好当前需求与潜在需求之间的关系，不能仅满足于当前需求来采集资源；在资源管理上，要着眼于做好现代处理方式与未来处理方式的衔接，现在已经有许多资源描述的方式，图书馆要考虑与适应国际规范的新格式接轨；在资源服务上，要着眼于处理好当前利用与未来利用之间的关系，特别是一些珍贵或稀有资源，不能一味追求方便利用而缩短资源的寿命；在资源开发利用上，应根据服务对象的范围，开发出有特色的专业数据库并不断完善。此外，在人才的使用、设备（如存储设备等）的引进、馆舍的布局等方面均应克服一切短视行为，坚持可持续发展战略，以推动图书馆事业的健康发展。

（二）图书馆践行科学发展观的主要途径

1. "以人为本"开展人性化服务

"以人为本"的核心内容是尊重人的特性和本质，把人作为手段和目的的统一体，其最终目标是实现人的全面发展。以往的图书馆管理中的"以人为本"较多注重于服务客体（读者用户）的层面。实际上图书馆"以人为本"中的人包括两个方面，即作为服务主体的图书馆员与作为服务客体的读者。因此，图书馆人本管理应该包括两个方面的含义。一方面是对读者的人性化服务，即"读者第一"的思想。首先，馆员要树立"读者第一"的思想，要有热情的服务态度，要把图书馆办成读者之家，让读者到图书馆有宾至如归的感觉；其次，要为读者创造和提供良好的学习环境，让读者感受到图书馆是他们读书、学习的最佳园地，是文化传承的重要场所。馆员要不断地提高自身的综合素质，为读者提供全方位、多渠道、快捷的文献信息服务。馆员应该是读者利益的体现，应最大限度地满足读者的需求。另一方面是图书馆领导对馆员的人性化管理。馆领导要树立为馆员服务的思想，即"馆员第一"的思想，要为馆员创造和提供优良、和谐、富有人性化的工作环境和必要的后勤保障及服务，同时要了解馆员的合理需求，为他们排忧解难，解除他们的后顾之忧，让他们保持愉悦的心情开展工作，充分发挥他们的积极性，以实现工作目标的最大效益。图书馆领导应该是馆员利益的代表。

2. 创建浓郁的人文氛围和育人环境

图书馆是吸取知识的高雅场所，应充满浓厚的学术氛围和文化气息，要通过各种细节服务来体现文化理念，突出书卷气息。图书馆在建筑功能和内部环境建设中都要体现"以读者为本"的理念，把读者的需求放在首位。图书馆应营造一种幽雅、宁静的良好环境，如窗帘色调清淡、素雅；走廊、大厅摆放绿色植物；室内悬挂壁画、伟人肖像、名人警句等。在服务环境方面，馆员应提高服务意识、端正服务态度、提升服务质量，使读者有宾至如归的感觉。图书馆还应为弱势群体开设专门阅览室或提供相应的服务，充分为读者着想，体现人文关怀。图书馆应为读者创造一个安静的阅读环境，使读者走进图书馆就能脱离喧嚣，投身书海。

3. 建立健全合理的管理机制

合理的管理机制是图书馆实现"以人为本"管理与服务的根本。长期以来，图书馆管理机制上存在着许多不良因素，如职工岗位长期固定不变；人员缺乏合理的流动和竞争；职称、职务晋升存在着人为因素或论资排辈等。这些现象的存在制约着馆员的积极性，同时造成人才资源的极大浪费。因此，建立健全合理的用人机制、育人机制、竞争机制、流动机制、决策机制对图书馆馆员来说是最好的以人为本管理的具体体现。管理者在管理中要注重馆员在图书馆中的重要作用，关心馆员的思想、学习、工作和生活，在各方面为他们创造可靠的保障；要针对不同馆员的个体差异，调动每位馆员的积极性，充分发挥他们的潜能并鼓励和帮助他们实现合理合法的工作目标和人生价值；制定科学合理的考勤、考核制度，按馆员完成任务的情况、科研成果情况、思想道德情况，建立一套良性的竞争机制；要保证竞争的公开透明，公开公正；制定出本馆的奖惩措施，满足馆员一定的物质和精神需要；实行民主管理，让馆员参与管理。在制定目标和计划时，应广泛征求馆员的意见，使决策获得广大馆员的认可；要建立一定的监督机制，保证各项措施的实行；领导者要改变工作作风，深入工作实际和馆员当中，一切为馆员着想，一切从馆员利益出发，做馆员利益的忠实代表。

4．重视馆员素质、服务水平的提高

图书馆能否发挥作用、能否体现效益在很大程度上取决于图书馆员的水平。图书馆领导应给每一位馆员平等的受教育的权利，为他们创造个性发展的空间，通过多种形式的培养教育提高馆员素质。图书馆领导要树立人才是第一资源的理念，加强人才培养，制订培训计划并形成长效机制。可以通过开展短期培训、学术交流、学术研讨、考察学习、岗位培训、脱产进修等措施努力打造一支人才队伍，让馆员适应环境的变化，鼓励馆员创新，这样才能把图书馆的事业做大、做强。

总之，加快现代图书馆建设必须面向未来，科学定位，树立科学发展观，坚持"以人为本"，把丰富的馆藏信息资源以最便捷的服务方式、最优良的服务质量、最充足的服务时间为读者提供最有用的信息，把全面发展与可持续发展有机地结合起来，创新服务机制，推动图书馆事业的健康和谐发展。

二、人本管理思想在图书馆管理中的应用

在网络化和数字化的今天，知识经济给图书馆界带来了严峻的挑战。不少图书馆纷纷采取应对措施：在硬件上，建立数字图书馆；在软件上，实行人本管理。虽然很多人对于后者远没有对前者那么重视，但实际上，人本管理在提高图书馆的竞争力、促进图书馆可持续性发展方面的意义丝毫不亚于前者。

（一）人本管理的内涵

管理是人类的一种基本实践活动。图书馆管理是一般管理的一部分，是管理科学的分支学科，图书馆的人本管理则是图书馆管理中的一种新模式。这种新模式的内涵与传统的图书馆管理有着很大的不同，但它并不是完全脱离传统的图书馆管理凭空产生的，而是在传统图书馆管理的基础上吸收现代管理学中的新的研究成果而生成的，它的内涵是二者的有机结合。人本管理可以定义如下：图书馆人本管理就是通过确立人在图书馆管理工作中的核心地位，充分调动人的主观能动性，以此推动人和组织的共同发展并求得最好地发挥图书馆职能的一种管理活动。

（二）图书馆管理工作的核心主体

传统图书馆管理的管理对象是馆员、经费、文献及设施，通称人、财、物三要素。人本管理在此基础上突出强调人在管理要素中的核心地位，即一切管理活动均应以人为中心、以人为目的来开展。在一切因素中，人始终是第一要素，是最为活跃、起决定作用的要素。但现在有一种较为流行的看法，认为人本管理中"以人为本"的人包括两个方面，

即作为服务主体的图书馆员和作为服务客体的读者，以致引起"馆员第一"和"读者第一"的论争。这种看法是将图书馆的管理对象与服务宗旨两个范畴的概念搅在了一起。树立"读者第一"的服务宗旨是管理的目的，管理的目的是在被管理的系统之外的，而管理是在一定的系统之内进行的，管理的对象只能是系统内的所有资源。如同金融、保险、电信、商业等窗口行业一样，其服务对象是不能纳入其系统内部的管理机制之中的。在图书馆管理工作中，我们可以提出"馆员第一"来强调人在管理中的核心地位，但无论如何它不能取代图书馆的服务宗旨。同样，作为服务对象的读者也不在管理对象之列，既不能取代也不能并列于管理要素之中。我们所说的在管理工作中具有核心地位的人员是指图书馆员。

（三）马斯洛需求层次理论

美国著名行为科学家亚伯拉罕·马斯洛于1943年在《人才动机理论》一文中提出了需求层次论，得出人类有五种基本的需求，它们由低到高分别是生理的需求、安全的需求、社交的需求、尊重的需求与自我实现的需求。

人都潜藏着这五种不同层次的需求，但在不同的时期表现出来的各种需求的迫切程度是不同的。人最迫切的需求才是激励人行动的主要原因和动力。人的需求是从外部得来的满足逐渐向内在得到的满足转化。这五种需求不可能完全满足，愈到上层，满足的百分比愈少。任何一种需求并不因为下一个高层次需求的发展而消失，各层次的需求相互依赖与重叠，高层次的需求发展后，低层次的需求仍然存在，只是对行为影响的比重减轻而已。而高层次的需求比低层次的需求具有更大的价值。同一时期内往往存在几种需求，但是，每个时期总有一个需求占主导地位。人的五种基本需求在一般人身上往往是无意识的。对个体来说，无意识的动机比有意识的动机更重要。

人类价值体系存在两类不同的需求：一类是沿生物谱系上升方向逐渐变弱的本能或冲动，称为低级需求和生理需求；另一类是随生物进化而逐渐显现的潜能或需求，称为高级需求。在高层次的需求出现之前，低层次的需求必须得到适当的满足；低层次的需求满足后，高层次需求的满足则会增强激励的力量。

（四）调动人的主观能动性是人本管理的核心

1. 主观能动性是人的主要特征

管理离不开人，人则牵涉到对人的本质的认识，但这实在是一个相当复杂的哲学问题，虽然有很多的专家学者做了深入的研究，但至今尚无一种学说能被普遍认可，较有影响的有实践说、劳动说、工具说、语言说、意识说等。虽然众说纷纭难有定论，但大多论述都肯定主观能动性是人类的一个主要特征。

主观能动性是指人的主观意识和活动对客观世界的反作用。人不是像镜子那样消极地、被动地反映客观世界，而是在实践中积极地、能动地认识客观世界，并且在认识的指导下能动地改造客观世界。人的主观能动性不仅表现在对客观世界的认识和改造上，人还能够自我认识、自我锻炼和改造、自我实现，在实践中不断提高自身的认识能力与改造能力。这种主观能动性是人类特有而其他事物不具备的。人的主观能动性主要表现为意识活动具有自觉性、目的性、创造性和现实性，人所独有的这种主观能动性是人本管理运行机制的哲学基础。

2. 需求是调动主观能动性的基本动力

上述意识的能动性表现正是馆员高素质的基本组成成分。但是人的主观能动性并不是随时随地、自然而然、无条件地发挥出来的，它要求调动，这就是人本管理中管理者的核心工作。

人的行为是由动机支配的，而动机又是在需求的基础上产生的。需求是一种个性倾向，它反映个体对内外环境的要求，是个体的心理与行为的基本动力。需求常常在主观上以一种不满足感被人感受和体验，是人的行动的积极性的源泉。人的需求是多种多样的，高层次的需求对人有一种拉动力。

马斯洛的理论为调动主观能动性提供了方法。不同的人及处于不同阶段的人都有他们的不同需求。管理者要做的工作有：①了解：了解不同人不同阶段的不同需求，为有的放矢地调动其主观能动性奠定基础；②刺激：需求人人都有，但有的强烈，有的轻微，有的彰显，有的沉隐，因此对那些不那么强烈的或是潜在的需求要给予刺激，要让每个人在每个时期都有追求的目标；③调整：人们的追求目标并不一定都是符合实际、都是现实可行的，这需要管理者根据个体的条件和客观实际给予调整，不切实际的追求目标会伤害人们的积极性；④帮助：管理者不仅要对馆员提出要求，而且应该为馆员达到这些要求创造条件，尽可能地提供帮助。

马斯洛的理论对我们很有帮助，但不可生搬硬套，其学说也存在着一些不足。例如，马斯洛认为人的需求只有在满足了低一级的基础上才能产生高一级的需求。但事实上，在人类历史的长河中，从来就不乏身处饥寒交迫而心忧天下黎民的仁人志士。就一般人而言，需求也不像马斯洛排列的那样层次分明。比如职称的评定，既可以说是生理的需求，因为它与待遇挂钩，也可以说是尊重的需求，还可以说是自我实现的需求。另外，"自我实现"也并非人类需求的顶点。"自我实现"之人多为事业成功者。事业的成功并不意味着人格的完善，追求人格的完善才应该是人类的最高需求，而且这种追求是无止境的。调动人的主观能动性既不应有理论上的盲区，也不应有实际工作中的死角。永不满足才是人的天性，唯有如此，人类才能不断发展、不断进步。

3. 正确认识主观能动性

我们把主观能动性作为人本管理的哲学基础，这种主观能动性是建立在辩证唯物主义基础上的。我们强调人的意识对客观世界有巨大的反作用是以存在决定意识为前提的，但切不可过分夸大它的作用。

主观能动性的发挥受客观存在的制约。意识的能动作用一般说来有两种不同的性质和结果：一种是促进事物的发展；另一种是阻碍事物的发展。正确反映客观事物及其规律，严格按客观规律办事，就能对事物的发展进程起积极的推动作用；歪曲反映客观事物及其规律，不顾客观条件，不按客观规律办事，就会对事物的发展进程起消极的阻碍作用。因此，管理者在充分调动人的主观能动性时要注意引导馆员尊重客观规律，正确地发挥主观能动性。

（五）基于需求层次理论的图书馆激励机制是人本管理的基础

1. 图书馆实施激励机制的前提——制定明确的目标

马斯洛理论认为，目标对人具有诱发导向的作用，清晰的目标能激发人的动机，规定人行为的方向。众所周知，图书馆由于缺乏内部竞争动力，每项具体工作又都比较琐碎而乏味，经过一段时间的工作熟练之后，馆员非常容易产生能力上的满足和心理上的懈怠，不思进取，得过且过，逐渐丧失工作的热情和目标，从而失去自身的驱动力。这时，馆领导就要根据形势和任务确定一个时期内切实可行的组织目标和个人目标，引导大家围绕着组织目标的实现来满足个人目标的需求，从而调动起馆员努力工作的积极性。同时，图书馆组织目标的实现还能满足职工的自尊心和自信心，使他们焕发出极大的工作热情，形成同心同德、群策群力的局面。

2. 满足馆员基本需求的基础——物质激励

在需求层次论中，马斯洛把生理需求看成人类的最低级要求，这也就意味着物质需求是满足人们生存要求的最基本也是最重要的需求，物质激励虽不会满足人们需求中的最高目标，但它在经济不是太发达、馆员收入不高的情况下还是十分有效的。通过调查发现，图书馆职工几乎没有归属感，没有感到自己是单位的成员，有相当多的人对图书馆工作不感兴趣，意欲转行。造成这种被动局面的一个主要原因就是多年来图书馆工作人员的工资、福利、住房等诸多基本生活需求一直得不到很好的满足。因此，作为图书馆的管理者应首先把满足馆员的基本生活需求作为物质激励的基础，通过适当地创办各种福利事业来增加馆员的收入，改善他们的工作及住房条件，从根本上调动全体馆员工作的积极性和热情。目前，我国图书馆工作人员的工资大多数是按国家的统一标准进行发放，而岗位津贴和奖金则由单位自主分配。图书馆可根据员工的敬业精神、实际工作情况和业绩做不同级别的分配，鼓励员工多出绩效、多出成果，这也是现阶段图书馆比较可行的做法。在使用物质奖励时一定要严格按照"按劳分配"的原则实行，必须理顺绩效、目标、报酬三者之间的合理关系，这样才能提高激励的吸引力。同时，还要注意保持物质奖励的相对满足性，认为越满足激励效果就越好，是片面的，也是不符合马斯洛需求层次论的。过分奖赏不仅会使被激励者感到不安，也会使周围的人无法接受，不但起不到激励作用，还会挫伤许多人的积极性。

3. 重视馆员潜能发挥的根本——精神激励

马斯洛的研究还表明人的内在力量不同于动物的本能，人的本能要求其内在的价值与潜能得以实现——自我实现。也就是说，当物质需求得到一定程度的满足后，人们的精神需求便成了其他层次需求的主导因素。由此可见，利用人的本能动机来充分发挥人的潜在能力，是精神激励得以实现的根本。

积极引导馆员参与管理，充分行使他们的民主权利。长期以来，图书馆在管理体制上往往把工作人员置于一种被支配和服从的地位，馆员很难发挥自主性，只能机械地、被动地进行运作。按照前面对需求层次理论的理解，馆员诸如尊重、自我实现、民主、参与等高层次的需求是否能得到满足常常是影响其积极性发挥的重要因素。所以，管理者必须充分发扬民主作风，要尊重馆员，重视他们提出的各种合理要求和建议，积极动员和吸收每位馆员参与重大问题的决策，充分行使他们的民主权利，这也是对馆员的一种尊重和信任。让每位馆员意识到自己在集体中的地位和作用，从而增强主人翁意识和责任感，必将激发其极大的工作热情。

营造公平的竞争环境，使人尽其才，各显其能。一般来说，图书馆的工作人员都希望到最能发挥自己才干和潜能的岗位上工作，在工作中获得成就，实现自我价值。但现实中由于图书馆缺乏有效竞争机制，在岗位的聘任与职位的任命上往往不是依据个人的能力与才干，更多的是领导的喜好和各种人际关系，这样导致许多业务工作能力强的人员无法在最适合自己的岗位上发挥作用，挫伤其积极性。当前，图书馆要实现富有实效的竞争，首先必须要有一个可操作的衡量标准和任用制度。图书馆可以根据业务要求科学设岗，并对各岗位实行动态化管理，规定其聘期（聘期不宜过长，一般情况下两年比较适宜），每次新的聘任都要本着公开、公平、公正的原则择优录用，给有能力、有愿望的馆员提供晋升和施展才华、实现其自我价值的机会。只有公平的竞争才能真正激发出馆员的工作热情，形成人人争先恐后的竞争局面。

注重人的内激励，完善人才培养机制。内激励即自我激励，指馆员自己采取一定的调控手段，挖掘自身潜在的激励因素，使自己内心产生一种积极的行为。自我实现作为马斯洛需求层次论中的最高目标，要求图书馆工作人员必须清楚地意识到传统的服务型馆员已经远不能适应时代的要求，知识经济时代需要的是信息咨询员、知识导航员、网络中介员，是高层次的知识型人才，广大馆员只有激励自己不断地获取新知识、掌握新技能，通过自身素质能力的提高来实现自我价值，才能满足自我实现的需求。实践证明，外部激励的力量往往会随外部激励措施的消失而难以持久，但内激励的力量是持久的，只要人的内在动机不止，它就不会消失。因此，注重调动人的内激励力量，将外激和内激紧密结合，馆员的工作积极性才能持久。

人才发展是图书馆发展的主旋律。图书馆要发展创新，就必须建立完善的人才培养机制，做到统筹安排、合理规划。将社会需求、图书馆培养目标和工作人员自身价值的实现有机结合起来，并根据工作需要有计划地安排工作人员上学、进修或培训，拓宽其知识面，优化其知识结构，多途径地提高员工的整体素质，让他们开阔视野、挖掘潜能，使图书馆拥有可持续发展的原动力。

三、运筹学在图书馆管理中的应用

运筹学原义是操作研究、作业研究、运用研究、作战研究，译作运筹学是借用了《史记》"运筹策帷幄之中，决胜于千里之外"一语中"运筹"二字，既显示了其军事的起源，也表明了它在我国已早有萌芽。

（一）运筹学基本理论

运筹学是现代数学的一个重要分支，属于信息科学和数学的综合科学，是20世纪40年代发展起来的一门具有较强实践性的综合学科。它使用许多数学工具和逻辑判断方法来研究系统中人、财、物的组织管理、筹划调度等问题，以期发挥最大效益。运筹学是软科学中的一个学科，是系统工程学和现代管理科学的基础理论之一，是许多学科不可缺少的方法、手段和工具。

目前普遍认为，运筹学的活动是从二战初期的军事任务开始的，在20世纪50年代以后得到广泛应用。对于系统配置、聚散、竞争的运用机理深入研究和应用，形成一套比较完备的理论，如规划论、排队论、图论、对策论、库存论、决策论、网络技术等。

运筹学将许多具有典型性的问题抽象成具有共性的数学模型，对模型求解，再对求解进行切合实际的解释，然后把结果用于这类问题。它科学、定量地研究问题，对复杂的数量关系进行分析研究，建立一定的数学模型，然后运用数学的有关原理求得问题的最优解，找到最合理的方案。

（二）图书馆资源共享的运筹学问题

运筹学主要研究效率问题。图书馆资源开发就是要实现资源的价值，使投入更有效率。我们经常发现，几所相邻大学图书馆藏书结构相似，这样它们都有一些供不应求的资源，也都有一些不能充分利用的资源。双方若能将有限的资金运用于建立具有个性的藏书结构，在藏书结构上互补，且能互相利用对方的图书馆，则效率会大大提高，资源也能得到充分利用。不能做到充分的资源共享的关键就是各自都局限于自己的小系统看问题，在资源共享中必须打破一些条条框框，树立协作思想，才能做到共同受益。

（三）排队论在图书馆管理中的应用

1．排队论的概念

排队论也称随机服务系统理论，是运筹学的组成部分，是研究要求获得某种服务的对象所产生的随机性聚散现象的理论，"聚"表示服务对象的到达，"散"表示服务对象的离去。排队过程的共同特征表现为：有请求服务的人或物称之为"顾客"，读者借书过程中的"顾客"就是等待借书的读者；有为"顾客"提供服务的人或物称之为"服务台"，读者借书过程中的"服务台"是图书管理员；由顾客和服务台构成一个排队系统。如果到达的顾客能进入服务设施，那么他就会受到服务；如果他们必须等待，就开始参加排队，直到他们能受到服务为止，然后以恒定的或变化的服务率接受服务，接着便离开系统。

2．排队模型

典型的排队模型有三种（最简单的排队模型、单台－单相随机排队模型、多台－单相随机排队模型）。在这里研究最简单的模型。顾客到来的速度用 X 表示，服务的速度用 K 表示，若这两者都是固定的，则有三种情况：①若 $K > X$，则服务设施可有 $1 - X/K$ 的空闲时间；②若 $K < X$，则排队愈来愈长；③若 $K = X$，不用排队，服务设备也能得到充分利用。

第四节　现代图书馆的未来

一、现代图书馆网站建设的发展趋势

（一）图书馆网站是一个开放的虚拟图书馆

网站是实现图书馆服务网络化最现实、最直接、最有效的载体。现代图书馆的网站建设已经列入了图书馆的等级认定和各级考核评估体系之中，它的重要意义正在被逐渐重视。依托图书馆网站，我们能够拓展实体图书馆服务的时间和空间，为读者提供更加全方位、多层次的服务。整合现有的计算机、网络资源优势，建好院校图书馆网站，实现资源的共建共享，是实现自动化和网络化的重要途径。

（二）图书馆网站建设要精心设计网站栏目

要增强服务的针对性，在网站的设计上就必须充分体现图书馆服务理念，在栏目的设置上主要包括图书馆简介、入馆须知、新书推荐、读书天地、书目查询、流通服务、阅读指导、留言板以及数字图书馆等栏目，以此来拓展和延伸实体图书馆的各项功能，如书刊资料的信息功能、图书服务功能、网上阅读功能、教育指导功能和读者互动功能等。努力把图书馆网站建设成为图书馆网上资源的门户、相关信息发布和查询的中心、与读者互动交流的平台等，这样师生就可以通过互联网访问图书馆网站，享受图书馆这一虚拟馆舍提供的各种信息服务，从而推进整个图书馆工作的开展。

二、现代数字图书馆的发展趋势

（一）信息资源共享化

在数字信息技术快速发展的今天，图书馆如果只想凭借自己的力量来满足读者对信息量的需求，显然不太现实，因此图书馆的开放与合作显得极其重要，数字图书馆遂应运而生。数字图书馆通过互联网，将各种信息资源单位或者图书馆的信息整合在一起，并按照不同的分类标准，将这些结合在一起的信息进行分类，不仅便于管理，而且方便用户进行信息的搜索和查找。如此一来，用户在查找信息时，不用再受时间和空间的束缚，能够随时随地在网络上查询自己所需的信息资源，实现资源的共享。数字图书馆是一种合作的体现，它不仅实现了信息资源单位或者图书馆之间的信息共享，还实现了信息资源单位或者图书馆之间的信息共建。除此之外，数字图书馆还为各使用者提供了各种各样的服务，如数据库团体采购、文献传递合作以及馆际互借等，这些服务进一步方便了读者获取信息。

（二）服务理念主动化

传统的图书馆服务理念中，图书馆是服务的中心所在，教师和学生必须到图书馆中自己进行操作。这种传统的服务理念被动而保守，不符合现代社会对服务的要求。随着数字时代的到来，读者获取信息资料的方式越来越多，故而改变传统图书馆的服务模式迫在眉睫。图书馆应该顺应数字时代的发展需求，树立主动化的服务理念，实现服务的主动化，建立以读者为中心的多维立体的服务模式。主动服务就是创建各种获取信息的方式，便于读者获取各种信息。因此，在高校图书馆中建立一个"数字资源中心"显得极为重要。究其原因，主要有三点：第一，建立"数字资源中心"，能够更好地帮助图书馆对区域范围内的数据进行管理；第二，建立"数字资源中心"，便于图书馆对一些重要信息和资料进行存储，使其不受损害；第三，建立"数字资源中心"，便于图书馆对本馆主流数据的管理，尤其是双备份方法，使图书馆的主流数据更加安全。

（三）传递信息网络化

就数字图书馆的存储目的来说，就是实现信息的数字化，即为了便于计算机对信息进行识别，将所有信息资料（如图片资料、文字资料、音频资料）转换成数字信息资源。就数字图书馆的特征来说，信息存储数字化以及业务管理的网络化是其最主要的特征。实现图书馆业务管理的网络化，能够较好地提高图书馆的工作效率以及管理质量。服务、数据库、工作站不同，互相操作的可能性几乎没有，但是数字图书馆能办到。数字图书馆只需应用协调性软件或者联合式软件，就能查询出具有相似性的服务内容或者是数据信息。在没有数字化图书馆的情况下，读者在用计算机对信息资料进行搜索时，需要检查每一个站点，十分烦琐。数字化图书馆能有效地解决这个问题，读者在搜索信息资料的时候，只需给出一个搜索点，就能获得与此相关的全部信息。数字图书馆是一种虚拟的电子信息系统，其最终目的是满足用户对信息的需求。

三、现代图书馆开展精细化管理的发展趋势

（一）精细化管理是提高服务质量，提升读者满意度的关键

读者服务工作是图书馆一切工作的出发点和归宿。随着图书馆服务设施的现代化、服务资源的多元化，图书馆服务能力发生了质的飞跃。但是与此同时，随着通讯、网络技术的飞速发展，人们获取信息的方式日趋多元化，读者对图书馆服务的要求也越来越高，其关注的焦点越来越集中在图书馆服务过程的细节。实行精细化管理，使图书馆工作人员的管理责任具体化、明确化，工作服务过程精确、量化和规范化，能够从根本上解决图书馆读者服务工作的质量问题，提高读者对图书馆的满意度。

（二）精细化管理是实现图书馆科学管理的必由之路

随着社会经济的发展，富有创造能力的劳动者和高素质的复合型人才已成为新时期人才培养的目标。为顺应社会对人才培养的要求，高校不仅要在教学层面上深入改革，也要不断探索科学的管理方法，提高管理效益，促进人才培养目标更好地实现。实施精细化管理，最大限度地发挥和强化图书馆的职能作用，满足读者日益增长的文献信息需求，是实现图书馆科学管理的必由之路，是图书馆适应高校改革发展的选择和要求。

（三）精细化管理是提高图书馆人力资源效益的需要

加强图书馆精细化管理，就是要使人的作用得到全面发挥，服务质量、管理水平不断得到改善。在图书馆管理中引入精细化管理理念，就是要在制度化、规范化的基础上更加重视常规管理，力求投入最少的人力、物力和财力来获取最大的绩效。实行精细化管理后，每位员工都清楚自己的职责、权限，知晓工作的内容、要求、程序，能够最大限度地减少内耗损失，降低人力资源成本。通过推行精细化管理，能够提升员工工作的积极性、主动性，进而提高他们的执行力和工作效率，增强图书馆的核心竞争力，全面提升图书馆服务至上的良好形象。

第二章　新媒体时代图书馆管理研究

信息技术的发展变革了人类的学习方式、工作方式、娱乐方式，改变了人们的生存方式，带来了我们生存世界的扩展。新媒体因此应运而生。与传统媒体相比，新媒体在技术、运营、产品、服务等领域具有相当创新的媒体平台和机构。新媒体的迅猛发展，对政治、经济、社会、文化和传播生态产生了深刻的影响，已是大众日常生活所离不开的工具。

第一节　新媒体时代图书馆的多平台建设

图书馆管理是一个整体的系统，是连接图书馆和读者之间的一个窗口和桥梁。随着新媒体的发展，图书馆的管理和平台建设更加注重和科技的结合，越来越多地通过数字化的办公模式为读者带来更加舒适的阅读体验。

一、新媒体时代下图书馆管理平台现状

（一）图书馆管理平台的分类

1. 网络平台

网络平台直接面向读者，读者可以通过这个平台，依托网络技术，在特定区域向读者图书馆进行留言，留言可以是对图书馆工作的建议，也可以是预约书籍等。此外，读者借助网络平台还可以在线搜索想要阅读的书籍或者期刊。

2. 管理平台

管理平台主要是图书馆管理人员应用的工作平台，在这个平台上，图书馆工作人员可以进行图书馆在线资源的发布和管理，可以宣传图书馆开展的活动，通过图片、文字、视频等方式针对读者的需求进行服务和管理。

3. 查询平台

查询平台主要是帮助读者进行信息查询的快捷平台。由于图书馆的馆藏量一般比较大，因此，对于海量信息的快速检索就需要查询平台的帮助。读者通过查询平台可以检索到馆藏书目、书籍的借阅状况、分类等信息。

4. 资源库平台

资源库平台相当于一个数据库，不仅为读者提供在线资源或者线下资源，更有很多的远程教育等新兴的学习资源供读者阅读和观看。

（二）图书馆管理平台的特点

新媒体时代下图书馆管理的平台建设具备了更多的时代特点，这是新媒体的特征所赋予的，主要体现在三个方面：第一，具有高效性的特点，通过图书馆的查询平台，读者可以借助网络技术快速检索并定位到需要查找的书籍，摒弃了传统查阅书籍的缺点，尤其在存有海量书籍的图书馆，这种高效性更加显著；第二，具有即时性的特点，图书馆工作人员通过网络进行信息的发布、活动的宣传和资源的上传，上传后，读者可以在第一时间掌握图书馆的各种动态，不需要等待周期，可以实现即传即读的互动和交流；第三，具有交互性的特点，图书馆管理的平台不是单向的，而是交互的，在这个平台上，不仅能实现图书馆单向的信息和资源传递，更能及时得到读者的反馈，进行持续的交流，图书馆和读者之间可以在不同的板块针对问题进行多向的信息传递。

（三）新媒体时代下图书馆管理平台存在的问题

1. 图书馆管理平台整体设计存在缺陷

从整体上看来，图书馆的管理平台建设还存在漏洞，如有些平台的设计技术欠缺，或是没有考虑到后期的持续发展，只着眼于当下的平台服务；有些平台模块不够清晰，不能让读者进行快速查询，或者操作流程过于繁复，不能给读者提供舒适的操作体验。

2. 图书馆管理平台的信息化程度不够

图书馆管理平台的信息化程度主要体现在管理的深度和广度两个方面。从目前我国图书馆管理平台的现状来看，图书馆管理的深度还不够，体现在没能结合大数据时代的特点进行图书馆的管理和服务，很多世界先进的服务系统没能结合图书馆得到应用。在广度方面，信息的范围和被管理的范围还有所局限，不能做到全面操控。

3. 图书馆管理平台标准不够统一

目前，我国图书馆还存在管理平台标准不够统一的问题，一方面是由于图书馆管理整个行业没有统一的管理标准和操作流程；另一方面是因为图书馆资源的整合不够完善。如果想要图书馆管理平台更加完善，就必须制定合乎规范的图书馆管理标准。

二、新媒体时代下图书馆管理的多平台建构路径

（一）数字管理方式与传统管理模式相结合

随着数字化管理方式优越性的逐渐体现，图书馆管理更加注重依托新媒体展开管理和

服务，但是，我们不应该忘记传统服务和管理模式中的精华，应该将数字管理方式和传统管理模式相结合，建构图书馆管理平台。图书馆工作者在管理的过程中要做到及时上传和分享信息以及资源，做到网上平台服务和管理的不断完善，同时也不能松懈传统服务的管理模式。因为传统的面对面的服务方式也是管理平台的重要组成部分，可以为读者提供人性化的服务。

（二）整合图书馆管理平台，使管理平台更加清晰

由于我国目前的图书馆管理平台还存在设计缺陷和松散的平台结构，因此有必要整合图书馆管理平台，使图书馆管理平台的各个模块更加清晰，使读者一目了然，便于读者操作和文献等资源的检索，这也有利于图书馆多平台的构建。图书馆管理中应该省去多余和重复的平台系统，尽量做到各个模块清楚排列，管理标准应该更加统一，管理流程应该严谨，便于操作。

（三）定制更加个性化的管理平台和服务

由于图书馆管理方式和管理平台的多样性，使读者在图书馆服务发展的过程中更加看重阅读的舒适性。读者对阅读体验的关注也促进了图书馆管理平台的发展。因此，新媒体时代下图书馆管理的多平台构建必须为读者定制更加个性化的管理平台和服务方式。图书馆管理系统应该根据读者的职业、年龄、阅读爱好等为读者提供不同语言、不同操作体系、不同检索方式的管理平台，让读者能够更加轻松、简便地进行信息和资源的阅读、订阅或者下载，满足不同层次读者的不同需求。

在新媒体时代下，我国图书馆管理的平台有很多模式，网络技术和其他新兴技术的发展也赋予了图书馆管理平台更多新的特点。诚然，在我国图书馆管理平台构建的过程中，还存在诸如设计缺陷、图书馆管理平台信息化程度不够、图书馆管理平台标准不够统一等问题，但是，通过数字管理方式与传统管理模式相结合，整合图书馆管理平台，使管理平台更加清晰、定制更加个性化的管理平台和服务等方式，一定会让图书馆管理的多平台构建更加完善。

第二节　新媒体时代图书馆危机管理

罗伯特·希斯（Rober Heath）认为危机管理包括对危机事前、事中和事后所有方面的管理。[①]从这个定义可以看出，所谓图书馆危机管理，是对图书馆危机事前、事中、事

---

① 张成福，谢一帆. 危机管理新思路［M］. 北京：国家行政学院出版社，2015.

后进行全面全程监控处理的连续链条，是一个系统工程；也是发现危机、避免危机，从而解决危机的一个过程。真正的图书馆危机管理不仅体现在危机事件出现时，更体现在危机事件还没有出现前的一系列工作，它涉及树立危机意识、建立危机预警体系、加强日常管理、危机事件中的控制处理、事后复原管理和事后总结经验并学习改进等诸多方面。

一、新媒体对图书馆危机管理的影响

影响图书馆危机管理的因素有很多种，大致可归纳为内部因素和外部因素两种。内部因素包括馆员的危机意识、馆员本身的综合素质、领导决策水平、规章制度等；外部因素有财政支撑、国家的法律法规、危机公关、媒体报道等。媒体报道在以往的危机管理研究中往往被忽略或被轻视，现在由于新媒体的交叉渗透和广泛运用而显得特别重要。

新媒体对于危机来说是把双刃剑，因此我们要了解新媒体对于图书馆危机管理有哪些影响，以便针对这些影响采取有效的策略，更好地处理危机和化解危机。

（一）信息传播速度的即时性加速了危机扩散的进程

新媒体环境下，信息传播速度之快往往是一夜之间人人皆知，受众通过新媒体就能实现一对一、一对多、多对多的即时交流，即实现信息的快速传播。

（二）信息传播形式的开放性增大了危机传播的强度

新媒体时代，受众通过网络 BBS、博客、播客、微博、SNS、手机短信、彩信、视频等新的媒体形式接收信息、发布信息，使信息的传播变得简单、快捷且开放。新媒体的开放性大大增加了危机传播的强度。

（三）信息传播方向的交互性增加了危机影响的力度

波斯特说："在新媒体环境中的信息传播链条上，没有首端与末端，没有控制与被控制，没有主体与客体，普通人既是信息的接收者，也是信息的发布者，他们同时还能操控舆论，影响大众传媒。"这句话很好地描述了新媒体具有无限宽的交互性，也说明受众的互相讨论无疑增加了危机影响的力度。

（四）信息传播成本的低端性增加了危机识别的难度

新媒体时代，人们只需要通过手机或网络终端设备发送一条短信、一则微博、一个网址链接就可以传播信息，但是这条信息究竟是真是假，其传播程度究竟是强是弱，受众群体往往一时难以识别，这样就大大增加了危机识别的难度。

二、新媒体时代图书馆危机管理策略

对于危机的生命周期理论，不同的学者有不同的划分方法，有三阶段法、四阶段法、六阶段法等，但一般将危机的生命周期分为潜伏期、爆发期与解决期三个阶段。新媒体时代，图书馆制定的危机管理策略也需围绕这三个阶段进行。

（一）危机潜伏期的管理策略

危机处于潜伏状态，很难为人们所知，表面看来机体一切正常，但危机可能正在酝酿形成。危机潜伏状态下，图书馆最需要的是做好预警工作，提高危机意识。

1. 人才队伍需具备应用媒体的能力

在图书馆危机事件中新媒体有着举足轻重的作用，这就需要工作人员能够掌握与网络技术相关的多样化能力，包括网络传播理念和网络应用技术，如 QQ、MSN、博客、微博、网络论坛、网络会议等网络应用，这样可以多途径了解受众对危机事件的看法，集思广益为图书馆危机管理提供更多的意见或建议。倘若有危机事件发生，图书馆首先要取得发言权（或话语主动权），需第一时间将事件的真实且有价值的情况反馈给受众，这样可以避免新闻媒体不真实的信息及后来的大肆渲染，积极主动地控制危机期间的信息发布，降低危机管理成本，确保图书馆的公众形象。

2. 利用新媒体的优势进行危机预警

图书馆危机管理工作主要包括危机预警和危机处理。危机预警包括危机爆发前所进行的一切监测和预警工作，其目的是最大限度地避免危机，将危机产生的可能性降到最低。对于危机管理来说，最理想的状况是将危机排除在组织之外，避免危机事件的发生。因此，危机监测和预警工作对于危机管理来说有着举足轻重的作用，相对而言，危机处理则是次要的。无论是公共图书馆还是高校图书馆，其受众主要是学生，因此在监测和预警工作中需要注意危机事件所引发的学生心理行为的变化规律，分析预测学生中可能出现的个体、群体的各种社会心理行为及其可能的发展趋势，以便采取针对性的措施。例如，当图书馆需要停电时，图书馆工作人员可以通过网络将停电信息公布在图书馆电子屏幕上，或者通过手机短信告知，这样可使受众在此之前做好防备措施。

（二）危机爆发期的管理策略

危机爆发期指的是图书馆对危机失去控制，危机从隐形状态爆发出来。危机爆发后，图书馆需要立即制订危机管理计划，将危机损失降至最低，并尽可能减少危机的负面作用。

1. 网络舆论需做好引导工作

在危机管理中，正确引导舆论是一个关键。因为一旦舆论引导不当，就可能造成舆论危机，从而引发社会危机。要做好网络舆论的导向，首先需要及时监视网络，具体来说，就是要加强危机的监视，及早发现情况。所以，及时监控网络是正确引导网络舆论导向的重要部分，也是做好舆论导向的前提。其次是正确处理舆论。一方面要控制负面信息；另一方面要及时发布危机事件的进展情况，让受众了解事态的面貌，不受某些不良人员的负面舆论蛊惑，尽量取得受众的理解。因此，正确处理舆情是引导网络舆论导向的关键。最后是事后跟踪。某个危机事件发生一段时间后，网络点击量和论坛关注度可能不断下降，但这并不代表危机事件就此消失或被受众遗忘了，因为网站都有一些相关事件的链接，有可能因相似事件的发生而再度将事件牵扯到受众的视线中。因此，危机事件后还需要继续监视事态的发展，不能有丝毫的放松。

2. 新旧媒体需联手互补互助

图书馆在处理危机时，一方面要注意有效地利用影响力较大、公信度较好的媒体来发布信息，取得公众信任；另一方面，危机事件由于它的新闻特殊性，涉及的信息面、信息量和影响不同于普通新闻报道，导致报道的频次和密度会明显高于普通新闻，这就需要新媒体和传统媒体的共同参与。新媒体虽然具有即时性、开放性、互动性等适合大众口味的特性，但在公众信任度上还是明显低于传统媒体的。网络媒体的即时性和互动性，可以方便图书馆及时地解答公众的疑问，而报纸、电视、电台等公信力较强的传统媒体，则适合增强图书馆的危机公关效果。在危机事件的新闻报道中，要获得第一手的新闻资料，就必须亲历第一现场进行跟踪报道，而这点恰恰是网络媒体不能做到而传统媒体可以做到的。因此，在危机管理过程中，图书馆要充分利用新旧媒体各自的优点，发挥各自的优势。

（三）危机解决期的管理策略

危机解决期指的是危机已经消退，图书馆逐渐恢复对危机的控制。这时，图书馆需要对危机遗留下来的问题进行分析，查找危机发生的深层次原因，对危机过程中采取的错误措施进行改进，重新树立新形象等。

1. 后期整顿，重新树立形象

危机解决期图书馆要尽快淡化危机所造成的不良影响，修复危机给图书馆带来的破坏，尽早恢复正常工作。危机解决期的危机管理工作的主要目的是在危机中汲取经验教训，尽快恢复图书馆的正常工作，重新树立图书馆形象。可通过网络公布危机的解决情况、图书馆的补救措施，或者就危机事件进行致歉，并将整顿后的新情况告知外界，以重新树立新的形象。

2. 总结经验，开展情感疏导

危机后的重点工作是总结经验教训，寻找发生危机的根本原因，防止危机的再次发生或升级。虽说此时危机已经解除，但还是不能有丝毫松懈，这一时期仍要做好网络舆论监控工作，防止危机死灰复燃或引发其他事件，需要修复危机机制中的漏洞或不完善部分，以制定出更加完善的危机应对措施。

图书馆危机事件中的受众大多数是学生，而学生的心理比较脆弱，加之自身认识的局限性，对社会问题缺乏科学的判断，容易受到外界因素的影响与诱导，这就需要做好学生的情感疏导工作。可以利用 BBS、BLOG、QQ、电子邮件等方式为学生提供一个情感宣泄的空间，让学生及时排除心理不利因素，防止出现极端行为。

新媒体不同于旧媒体，因此图书馆要想在新媒体环境下更好地避免危机、处理危机、解决危机，就要充分地了解新媒体的特征，认清新媒体对于危机管理的影响并采取各种有效的应对策略，这样才能在新媒体环境下的危机管理中得心应手。

第三节　新媒体时代高校图书馆读者管理优化

当前网络信息普及，电子终端设备更新换代，上网变得更加方便，人们可以随时随地开展阅读，手机成为人们日常生活中不可或缺的工具。大学生作为接受新鲜事物最快的群体，自然对电子产品不陌生，因此接收信息的方式和途径也变得不再单一。当前，大学生进入图书馆查阅资料、浏览信息，不再只是为了考试和创作，一些学生通过图书馆的电脑欣赏影视作品、摄影作品等。大学生收集信息的方式已经不是过去的用笔记下来、把图书借出去，而是采用电脑查阅和手机拍照的形式保存，从这种收集信息行为的变化可以看出当代大学生阅读心理的变化和阅读行为的变化。新媒体正以它独特的优势成为新时代的宠儿，因此，要想对当前高校图书馆读者管理进行优化，就应该考虑新媒体的优势和作用。

一、新媒体环境下高校图书馆读者管理优化的必然性

新媒体时代，人们获得信息的途径越来越多，速度越来越快，阅读的环境更加开放，同时，阅读的视角变得更多，同一个热点问题从不同的角度出发可以得到不同的解释和答案，这种既迅速又开放的环境，改变着大学生的阅读习惯和阅读方式。因此，要想提高高校图书馆的利用率，高校图书馆读者管理优化是必然趋势。

（一）新媒体的开放性要求图书馆升级读者管理平台

网络媒体的高度发达，让人们可以不出门就完成资料的收集和图书的借阅，这样一来就打破了图书馆的时空限制，延长了服务空间和时间。伴随着这种读者行为的改变，出现了一些不可避免的安全问题，如读者信息的等级管理要求图书馆升级自己的读者管理平

台。此外，在新媒体环境下读者可以通过网络享受图书馆的服务，不仅让读者可以不受空间和时间的限制获得信息资源，也增强了互动性和参与性，主要表现为读者与图书馆之间、读者与读者之间的互动和交流，这种环境的改变也对图书馆读者管理提出了新的要求。

（二）阅读资源的丰富要求图书馆提升读者导读功能

在过去的传统媒体时代，人们最常用的方式是通过纸张来获取信息，如报纸、杂志、书籍等，在这种方式下，阅读是循序渐进的。而在新媒体时代，人们获取信息的途径变得异常丰富，信息以井喷式涌向人们的生活，人们获得信息的方式由过去的文本阅读变成了图像、视频、动画等多种形式，阅读资源已得到极大地丰富，要想满足人们对信息的需求，就需要提高图书馆的导读功能。图书馆通过读者导读功能的升级，为读者寻找信息和资料提供了便利，提高了读者获得信息的效率，节省了读者查阅资料的时间。

（三）阅读的多元化要求图书馆加强对读者心理健康的教育引导

网络的虚拟性不仅为读者提供了丰富的信息资源，也提供了更多的娱乐方式和消遣方式。在这种多元化信息的背景下，如果不对信息加以筛选和引导，大学生很容易受到负面信息的影响，不利于大学生的成长和发展。大学生正处于人生观、世界观、价值观的形成阶段，如果把过多的精力放在阅读娱乐性的信息上，就会丧失理性思考，容易产生空虚感，不利于身心发展。当前，随着网络媒体的发展，大学生的心理健康问题不容忽视，而高校的图书馆在大学生心理健康教育方面具有独特的优势，主要是因为图书馆有大量的书籍和信息，关于常见的心理问题和解决办法在图书馆中都能找到答案。因此，在新媒体环境下，高校图书馆是帮助大学生解决心理健康问题的重要阵地。

二、新媒体环境下高校图书馆读者管理优化的途径

为了适应新媒体所带来的环境变化，高校图书馆在读者管理模式上进行了新的探索，以尽最大努力满足读者的阅读需求并提供便利。以重庆大学的图书馆管理模式为例，他们在读者管理、导读设计和促进读者心理健康教育等方面探索出了一系列新方法，为当前高校图书馆读者管理的优化提供了参考。

（一）读者信息实名制

新媒体时代，读者可以通过网络来寻找自己想要的资源，使图书馆的服务打破了时间和空间的限制，服务范围扩大化。但相应地，也有一些问题出现，如欺诈行为、不良信息的传播和扩散以及对他人的诽谤等。为了解决这些问题，重庆大学图书馆在读者管理上实

行实名制，即读者在图书馆注册账号时需使用现实社会中的真实身份申请，身份验证成功后才可以登录图书馆的论坛、贴吧等发表言论。实名制的推行，规避了过去读者管理的混乱现象，使读者管理实现有序性。

（二）完善读者的导读管理

新媒体时代的主要特点之一就是交互性，人们可以在不同的网络平台参与讨论、提出意见等，书评就是新媒体时代高校图书馆的重要特色。读者可以阅读并评价某一本书，阅读评论往往对该书的阅读有一定的引导作用，这种方式可以让更多的读者参与到书籍评论当中来，从而激发读者的阅读兴趣。在书评管理方面，重庆大学图书馆做出了新的尝试。书评管理者通过手机绑定对书评信息进行实时监控，通过对关键词的设定将一些不良信息和危害意识形态安全的信息进行系统自动屏蔽。同时，将读者的书评言论与读者的积分相联系，对给予正确评价的读者进行信誉加分，而对发表不当言论和消极言论的读者则实行减分制度，这种管理方式让书评得到了有效管理，并发挥了更加积极的作用。

（三）设置用户互助中心

新媒体时代，信息传播的迅速性为读者带来了便利。为满足读者对于信息资源的不同需求，重庆大学图书馆在文献检索工作中设置了用户互助中心模块。对于在图书馆没有查到的信息，读者可以在这个模块中进行求助，不仅促进了读者之间的交流，也实现了文献资料的有机整合和管理，为读者查阅资料提供了最大的便利。

（四）加强对读者的心理健康教育

大学生的心理健康教育是高校培养综合性社会人才的重要课题。高校图书馆作为大学生心理健康教育的重要阵地，更应该发挥其应有的作用。图书馆可以将心理健康教育方面的信息资源进行有效的整理和分类，通过这种方式形成心理健康教育资源的数据库，帮助读者进行信息检索和查阅。

（五）建立网络心理健康教育服务平台

大学生在遇到心理健康问题时，虽然已经意识到问题的严重性，但碍于面子和对外界评论的忌惮，往往讳疾忌医，最终让心理问题变得越来越严重，甚至导致一些不可挽回的后果。新媒体时代，网络的快捷性和隐秘性为高校图书馆的读者心理健康教育提供了帮助。图书馆可以建立网络心理健康咨询平台，针对大学生遇到的心理问题进行分类辅导，如恋爱观的教育、人际交往能力的提高、新环境的适应能力提升等，可在一定程度上为大学生指点迷津，促进他们的心理健康发展。

第四节　新媒体时代高校图书馆信息化管理

伴随着计算机技术及网络技术不断发展而产生的新媒体概念及技术组合，进一步颠覆了信息传递的方式、方法以及内容。移动互联网覆盖度的提升、智能手机的逐步普及、APP软件的层出不穷，就是新媒体时代到来的最真实反映。同时，新媒体环境本身也处在不断变化发展过程中，其强大的运行服务体系使得信息化产业有了长足的发展。高校图书馆作为服务在校师生寻求知识、获取信息的职能部门，其发展方向必须紧跟时代前进的步伐。如何推动新媒体技术与高校图书馆信息化管理模式的有效融合，并以此来提升高校图书馆的信息化服务水平和服务质量，使得广大在校师生能够更加便捷地享受到新媒体技术所带来的丰硕成果，已成为高校图书馆信息化建设的重要方向。

一、新媒体对高校图书馆信息化管理模式的影响

高校图书馆作为全社会信息传播的节点之一，不可避免地会受到新媒体环境及其基本特征的影响，其信息化管理模式更是首当其冲。

（一）馆藏资源主体的改变

长期以来，人们查阅书籍时普遍使用的是传统图书馆。传统图书馆使用纸质文献向用户提供服务。随着科学技术的发展，尤其是电子技术的进步，新媒体技术被引入图书馆，纸质图书通过格式转换形成电子资源存储在光盘、储存器等介质中，这些数据资源可以通过新媒体技术进行声、图、像的全方位展示，构建成一个全新的数字化图书馆。在数字化图书馆中，用户可以使用新媒体设备对所需资源进行检索，从而更加方便快捷地查阅资料，而且形式多样，在阅读的同时还可以保证阅读的生动性。相较于传统图书馆来说，数字化图书馆在基础运行方式、服务形式以及工作重心等方面进行了全新的架构。

（二）信息服务方式的改变

传统图书馆就是将很多纸质图书收纳到一个固定的区域中，并进行合理的整序排列，在特定的时间内向用户提供使用。对于使用新媒体技术建立起来的数字图书馆来说，可以借助互联网技术将不同性质和内容的电子图书资源存储在网络平台中，使得用户可以在不同时间和不同区域随时查阅图书资源，不受到时间和空间的局限，为读者使用提供便利。

（三）馆员工作方向的改变

传统图书馆员的任务就是将采集的纸质书籍通过加工整序排列上架，以方便读者检索、利用，在这个过程中，传统图书馆员扮演着一个被动的信息存储者和管理者的角色。数字图书馆则可以将相应的电子数据资源通过计算机技术进行收集、归纳、整理，存储在网络平台中，从而提高了用户的查阅速度和效率。由此来看，数字图书馆馆员的工作职责也必须进行相应的转变，由被动储存者和管理者变为主动的传播者和服务者，并借助网络通信技术及时向用户推荐相应的图书资源，达到满足用户个性化需求的目的。

（四）图书馆建设与服务评价方式的改变

以往在对传统图书馆的建设和服务进行评价时，其中一个主要指标就是以纸质图书量为核心，包括图书馆库藏多少、使用量多少以及新增图书多少等要素。然而对于数字图书馆而言，这一评价方式和指标已不完全适用，应当增加电子资源存储量、电子资源质量、用户需求量以及用户实际利用量等指标进行评价。同时，通过电子技术可以实时记录相应的数字变化，进一步提升评价的效率。

二、融入新媒体时代的高校图书馆信息化管理优势

（一）发展方向进一步明确

伴随着网络技术的发展以及人们生活水平的提高，越来越多的人开始追求精神方面的享受和满足。由传统纸质图书向电子化、网络化资源进行转变是时代的需要，也是图书馆自身寻求创新的结果。对于数字图书馆来说，为了满足更多社会公众的阅读需求，需要对馆藏资源进行不断的添加和更新，以保证图书资源的数量和质量。同时，高校图书馆还要积极转变传统的服务方式，注重网络平台的维护和及时更新，只有随着时代和科技进步进行实时更新，才能够更好地承担起为社会提供知识资源的职能。

（二）更容易被用户接受

新媒体环境下的微信、微博、QQ 等信息传递工具可以拉近与用户之间的距离，使其不再受时间和空间的限制，可以随时随地进行彼此间的交流。这些信息传递工具带来了各种最新媒体功能的实现，如视频聊天、在线图片传输等，更进一步丰富了用户的生活，而且使情感表达更具信息基础。用户可以利用这些信息传递工具在交流中表达自我感受，并与他人分享自身收藏的信息化知识和知识积累的经验。出于用户追求新鲜事物的心理，使用这些信息传递工具进行沟通交流成为一种时尚追求。因此，高校图书馆在新媒体环境

下，建立微信公众平台、微博公众号、QQ 群等，可以使面向用户的信息推介和服务更具时尚之感，从而更容易被用户所接受，尤其是被在校大学生及青年教师认可。

（三）信息化教育体系进一步完善

教育体系指互相联系的各种教育机构的整体或教育大系统中的各种教育要素的有序组合。高校图书馆可以借助信息技术，对教学资源进行合理整合，形成一个完整的教育体系，保证资源的共享，为教育发展贡献力量。在新媒体的影响下，高校图书馆要积极创新，建立更具信息化、智能化的数字图书馆，不仅要将本校图书馆内资源进行电子化转化，也要和其他学校电子阅读平台进行有效关联，建立一个全面的、综合的数字教学平台。信息化教育体系的有效构建，不但便于高校师生及时有效地获取知识，提高理论水平，也便于师生通过数字资源平台进行互动交流、知识共享。

（四）信息资源的共享共用效果进一步凸显

信息化图书资源平台的建立能够将馆藏资源借助网络技术进行实时传输、查阅和共享，不受时间和空间的限制。在高校信息化服务体系中搭建一个统一的数字资源平台，可以有效实现知识资源的共享，实现不同性质、不同区域图书资源的传输和使用。同时，数字资源平台的建立可以实现图书馆藏书资源在不同教学相关部门之间的平行分配，对于不同教学相关部门的建设都能起到良好的促进作用。

三、新媒体时代图书馆信息化管理模式的创新

（一）加强图书馆信息化综合服务平台建设

高校图书馆要想在新媒体时代进一步完善信息化管理与服务体系，就必须有与之相匹配的数字综合化服务环境和服务平台。就数字化综合服务平台建设的方向而言，一方面，需要加强最新数字化技术的引进，通过引入大数据技术和云计算技术，避免信息决策的冗余、重复和不对称，从而降低决策的风险，可更为直接地满足读者即时即地的需求，进而有助于提高读者对图书馆信息化管理和服务的满意度，体现服务的技术人文化特点；另一方面，鉴于当下国内图书馆在信息化综合服务平台上的设计漏洞以及平台模块过于松散的现状，必须加强信息化综合服务平台内部资源模块在操作使用方面的协调一致，从而使各个模块在功能得到有效发挥的基础上，进一步做到便于读者使用，进而提高读者对图书馆信息化综合服务平台的利用率。

（二）推动新媒体环境下"自媒体智库"的发展

当前，越来越多的用户依托新媒体的信息传播优势和自身的专业知识背景而聚集在一

起，构建了专业化的网络虚拟知识互助"智库圈"。在"智库圈"这一平台上，用户可以自由地对当今社会的各领域、各学科的热点问题进行探讨，从而实现了信息的进一步集散和传播。鉴于此，高校图书馆应当充分把握这一新媒体平台的发展动向，引导式地组织开展网络虚拟知识互助"智库圈"的建设，从而推动超越传统媒体、智库的新型知识传播模式的发展。一方面，高校图书馆可以通过建立"自媒体智库"来进一步满足不同用户的"共时性"信息需求，从而打破信息传递的壁垒；另一方面，高校图书馆可以利用"自媒体智库"的信息汇集优势，开展专题化讨论，从而丰富馆藏学术资源的内容。

（三）实现信息推动的个性化体现和实效反馈

高校图书馆数字资源库建立之后，要着力于实现对丰富资源的有效运用，可以使用官方网页、微信公众平台、微博公众号、QQ 群等新媒体渠道向用户提供信息资源的推介。首先，高校图书馆在推送信息资源时要以灵活、时尚、多样化的方式进行，以自己独特而又新颖的风格吸引用户的注意力；其次，高校图书馆要积极搜集用户信息，并以此为基础，分析用户的阅读需求特点，进行个性化的定向推送，从而使信息的传递有的放矢；最后，要注重使用各类新媒体平台工具的统计功能，对用户的使用量进行统计和阶段性分析，及时更新信息推送的内容和方式。

（四）注重读者的参与体验

在高校图书馆现有的信息化服务模式中，读者往往是以被服务对象的身份参与新媒体环境下的信息交流。而现实情况是，很多读者更加期盼能够参与图书馆的信息化建设，而不仅仅是作为被服务的对象。原因在于他们更希望能够通过参与高校图书馆组织的信息化建设来实现自我意识的表达与满足。高校图书馆基于现有的信息化管理模式所推出的大部分服务功能都带有一定的公益性，因此是否能够加入读者体验元素非常重要。例如，重庆大学图书馆主页设置"我的书斋"服务功能，读者不仅可以将自己所拥有的文献资料上传至数字资源库，而且还可以对其他用户上传的文献资源进行评价和标注。这样一来，不仅增加了图书馆数字化文献的来源渠道，而且促进了读者之间的互动交流，并使读者在与其他读者的互动交流中得到了自我价值实现的体验。

从当前高校图书馆信息化建设的过程来看，评价其管理模式是否成功的关键在于，其所建立的信息化管理模式是否能够真正满足用户的信息需求，这是高校图书馆信息化服务的核心所在。在新媒体时代，高校图书馆应立足于自身的馆藏资源优势和已有的信息化服务条件，进一步拓展信息传播的空间及实质内容。同时要积极关注新媒体相关技术的发展动向，充分实现技术创新与管理模式创新的深度融合，扩大信息服务的社会影响力范围，构建多层次、全方位、立体化的信息化服务模式，使高校图书馆信息化服务逐步成为学习型、知识型社会构建的重要阵地。

第三章 图书馆人力资源管理

人力资源是重要的社会资源和经济资源，在人类组织活动中发挥着积极的能动作用。信息技术的广泛运用，对人力资源的结构和组织方式提出了更高的要求，因此，人力资源管理已成为有效实现组织既定目标的关键因素。图书馆作为社会信息交流的有机实体，如何适应社会发展的需要，建立合理的人力资源管理机制，真正做到在图书馆工作中发现人才、培养人才、吸引人才，从而使图书馆人力资源与物力资源实现完美结合，达到最佳运行状态，是当前图书馆管理活动中的主要任务。从某种意义上讲，图书馆人力资源的数量和质量关系到图书馆事业发展的活力和水平。

第一节 图书馆人力资源管理的内容

一、图书馆人力资源管理的原则

图书馆人力资源管理是图书馆管理和发展战略中重要的工作内容，需要政府和社会的积极支持以及图书馆各级领导与管理部门的协同努力。它直接关系到图书馆组织的生存与发展，也是衡量人力资源管理效果的主要标准。具体体现为以下几个基本原则。

（一）以思想和行为为中心

这是图书馆人力资源管理基本思想的具体体现。图书馆工作人员是图书馆的第一资源，是图书馆工作的生命与灵魂。由于图书馆工作人员是具有精神和情感的特定群体，因此在图书馆人力资源管理过程中，应采取柔性管理策略，认真观察图书馆工作人员的思想和行为的变化，注重维护图书馆工作人员的利益，强调对图书馆工作人员的人性化管理，激发他们的工作热情，为图书馆工作人员创造良好的工作环境，使之努力实现图书馆的既定目标。

（二）以需要和能力为标准

这是图书馆人力资源管理指导思想的具体运用。图书馆人力资源管理的主要内容是对各类专业人员的配备和使用。如何构建图书馆组织机构与工作人员之间的互动关系，实现图书馆各种资源与人力资源的最佳结合，是人力资源管理的关键问题。因此，在图书馆人力资源管理活动中应充分注意按照因事择人、因才器用的管理规律，不但要根据工作岗位的实际要求来选拔和使用各类专业人员，还应根据人们的能力和素质的差异安排不同的工作。只有这样，才能够最大限度地激发图书馆工作人员的个人潜力和工作热情。所以，以工作需要和工作能力作为图书馆专业人员使用的基本原则是进行人事制度管理和人员配备的基本要求，也是提高工作效率和避免人力资源浪费的有效措施。

（三）以平衡团队为动力

任何事物都是运动并发展的，图书馆人力资源管理也是如此。随着社会的变化和发展，在调整图书馆与社会发展关系，做好图书馆组织机构的重组与变革的同时，还应进行相应的人力资源调整，以保持与社会和图书馆发展的动态平衡，同时应注意图书馆人力资源的专业结构平衡、年龄结构平衡以及知识结构平衡。要做到这一点，就要不断强化图书馆工作人员的继续教育和业务培训，注重图书馆人力资源的引进与流动。通过对在职人员的继续教育，提高工作人员的工作技能和水平，改善图书馆人力资源结构，并通过对人员的引进改善和调整图书馆工作人员的能力结构，组成科学合理的组织团队，以团队的精神和力量来推动图书馆事业的发展。这是现代社会发展对人力资源的要求，也是图书馆在发展中不断创新的力量源泉。

总之，图书馆人力资源管理应该建立在尊重知识、尊重人才的基础之上，充分发挥图书馆工作人员的聪明才智，调动其积极性。只有"以人为本"，强调人的主观能动性，合理组织图书馆人力资源队伍，才能使图书馆事业兴旺发达。

二、图书馆人力资源管理的战略目标及内容

（一）图书馆人力资源管理的战略目标

图书馆管理的目的是"使被管理的图书馆系统的全部活动能最大限度地满足广大社会读者的需求，或满足科学技术、文化教育、工农业生产、各类读者对图书文献信息的需求"。

21世纪的图书馆人力资源管理的战略目标，应根据图书馆的管理目的而制定，其根本目标是确保图书馆拥有适当的人力资源去完成图书馆的使命，具体方法有：采用行政、经济、法律、宣传教育四结合的人员管理方法，在图书馆推行更完善的人员管理制度，取得最大的使用价值，以提高图书馆工作效率，实现图书馆目标；根据图书馆管理目的和任务，改善人员管理关系，培养高素质全面发展的员工队伍；建立"读者第一""以人为本"提供的文化，树立良好的社会形象；把图书馆办成图书馆员工与读者之家，成为不断进

步、优质服务的教育、科学、文化机构，通过开展多样化服务和充分开发文献资源，为本地区经济建设与发展做贡献；让图书馆员工能发展潜能、自我激励，发挥最大的主观能动性，提高工作满足感，以最佳的表现协助各部门实现图书馆目标。

（二）图书馆人力资源管理的内容

图书馆人力资源管理的内容，主要体现在宏观的人力资源管理和微观的人力资源管理两方面。

宏观层面的图书馆人力资源管理，是指决策者与管理者在图书馆管理活动中进行的人力资源战略规划，制定人力资源发展的方针政策，分析与预测图书馆人力资源的存量与需求，控制与评价人力资源利用的管理过程。宏观的图书馆人力资源管理通常是由国家主管部门和机构进行决策与实施，其中，某些图书馆人力资源管理的内容需要融入社会人力资源管理之中，借助社会发展的管理政策，动员社会管理力量进行系统化的管理。

微观层面的图书馆人力资源管理主要是指具体制定图书馆的人事管理制度与相关的方针、政策，确定人员编制，规定人员的业务职称标准和考核标准，明确岗位要求与薪酬制度，配备与培训图书馆工作人员，协调图书馆各部门人力资源关系等图书馆管理活动过程。

如果说宏观的图书馆人力资源管理的重点在于营造图书馆人力资源使用的社会环境的话，那么微观的图书馆人力资源管理则侧重于对图书馆工作人员的录用、选拔、培训、使用、考核与奖惩等具体指标的制定与运用。微观的图书馆人力资源管理通常是由图书馆的人事管理部门来执行与完成。

宏观的人力资源管理与微观的人力资源管理是图书馆人力资源管理不可或缺的重要内容，在很大程度上决定了社会与图书馆、图书馆与部门、部门与个人之间的互动关系，也决定了图书馆事业发展的未来趋势。

第二节　图书馆员的素质及职业资格

一、图书馆员应该符合的职业要求

图书馆工作作为一种社会职业，对员工素质有着一定要求。建设一支具有良好素质、结构合理的图书馆员工队伍是履行图书馆职能、发展图书馆事业的关键。

作为一名合格的图书馆员应该符合以下职业要求：

（1）具备良好的个人品德修养和文化修养，以及为公众提供服务的志向和献身精神。

（2）受过良好的社会教育，具备一定的学科知识和专业背景，具有系统的知识理论和专业服务能力。

（3）具有社会权威部门承认的专业图书馆员资格，精通图书馆学或情报学的基本知识和基本技能，有着良好的业务修养。

（4）具有运用信息技术的基本能力和素养，能熟练掌握计算机技术、网络技术、通信技术以及信息检索技术，能提供用户所需要的信息服务。

（5）具有一种或几种外语能力，以提高图书馆信息服务的质量和效率。

（6）具备一定的图书馆活动的管理能力、研究能力、创新能力、语言文字表达能力，以对图书馆活动中的各种问题进行深入研究与分析，从而提出解决的方案。

作为一名出色的图书馆员，其自身的价值主要体现在两个方面：一是图书馆员能够识别、检索、分析、组织并提供用户需要的信息资源；二是图书馆员能够针对信息用户的特定需求解答所提出的问题，并进行信息利用的指导，以满足信息用户不断增长的信息需求。

国际图联与联合国教科文组织指出，"专业图书馆员应当能够设计、规划、组织、实施、管理并评估图书信息服务工作和制度，以便满足社区图书信息服务用户的需求。这些工作包括馆藏建设、馆藏资源的整理与利用、为用户查找和利用信息提供辅导与帮助以及系统开发，以便使用图书馆资源"。

图书馆员职业资格实际上是对从事图书馆工作的人员提出的更高的要求，它以专业人员和拥有专业技术的人员作为提高图书馆管理水平的突破口进行人力资源的整合，充分挖掘图书馆工作人员的知识能力和工作能力，以专业化和专家型的社会服务改变图书馆员的社会地位、提高图书馆员的整体形象。因此，作为一种社会职业，图书馆员不仅应具有专门的服务技术和能力，而且还应具有特殊的职业伦理和精神，以此推动图书馆事业的发展。

二、建立图书馆员职业资格制度的意义

图书馆员职业资格，是指图书馆员在信息资源组织与提供利用活动中应具有的能力和知识。具体来说，图书馆员职业资格是指图书馆员在信息资源组织、信息资源获取、信息技术利用、信息服务活动等领域中有效完成工作任务所必须具备的基础知识、理解能力和基本技能。它是选拔、录用图书馆员的主要依据，也是图书馆员职业发展的必要条件。

所谓职业资格制度，是以从业人员的职业资格为核心，制定相关的法律、法规，通过规定获取职业资格的行政程序等方式，对从业人员进行职业资格的鉴定和验证，以提高从业人员素质和保证就业质量的职业许可制度。它是一种法制化的管理制度。实行职业技术鉴定，推行国家职业资格等级认证制度，能有效地提高劳动力素质，是我国人力资源开发的一项战略措施。

在我国，建立图书馆员职业资格制度具有重要的现实意义。

（一）可以从法律制度上保障和完善图书馆的职业发展框架

网络环境导致图书馆员的职业角色日益细化，亟须建立完善的职业分类体系、评价体系与职业分布需求体系。职业资格制度将有效地改变人们的职业意识，增强法制观念，从法律制度上给图书馆的专业人才管理提供保障。

（二）可以促进图书馆人力资源管理向纵深发展

职业资格制度的实施，使传统的图书馆人事管理得到改善和创新，使图书馆拥有真正意义上的人事制度管理权。通过图书馆员职业资格认证制度，实行岗位聘任制，强化竞争意识，促进图书馆与从业者的双向选择，起用符合社会发展需要的专门人才。

1998 年全国图书情报研究生学术研讨会就提出将"信息主管"作为研究生教育的培养目标之一。图书馆员职业资格制度将为图书馆员角色的转变和图书情报专业培养目标的转变提供国家法律制度上的保障，树立信息主管、信息导航员、知识产品经纪人等职业新形象，使图书馆员这一信息服务的崇高职业获得新的发展。图书馆员职业资格制度将有效地实现完善的图书馆服务体系，促进图书馆员服务价值观念上的转变，从而使社会能从更高的层面上来评价图书馆员的信息服务和知识服务。

总之，我们应积极借鉴国外资格认证的成功经验，根据本国实际状况改进现有的图书馆管理制度，在不久的将来，真正建立起一支素质优良、掌握现代化技术的专业人员队伍，以先进的图书馆人力资源开发管理来实现图书馆事业的全面发展。

第三节　图书馆员的甄选与聘用

图书馆员的选拔和聘用是图书馆人力资源开发和管理的一项基本任务和重要环节，它决定了图书馆人力资源的结构成分以及具有的能力水平。图书馆员甄选是指对从事图书馆工作的人员进行公开选拔和测试，其目的是挑选符合需要的图书馆工作人员，提高工作效率，降低图书馆员职业培训的成本。图书馆员聘用是指在甄选的基础上，对具有专业技术资格和技术能力的竞聘人员进行录用和聘任，其目的是对录用的工作人员明确岗位职责并授予一定的岗位权利，以充分发挥所聘人员的才能和作用，它是图书馆人力资源管理的主要过程。

一、图书馆员甄选任用的原则

（一）公开、公平、公正的原则

图书馆要获得高质量的图书馆员，提高自己的管理水平，就应在甄选和任用未来馆员的过程中坚持公开、公平、公正的原则。图书馆应打破传统的自我封闭的形象，把图书馆所需的工作岗位和人员数量以及任职资格、录用时间向社会和图书馆组织内部公布，鼓励社会成员和图书馆员工参加竞选和竞聘。图书馆应做到机会均等，一视同仁，坚持任人唯贤，并通过相关的制度来确保选拔和聘用人员的质量。

（二）用人之长的原则

知人善任、扬长避短，是图书馆员选聘过程中应该注意的重要原则。图书馆应该采取客观、辩证的态度，将待用人员的长处和短处、优点与缺点、主流与非本质等方面做反复仔细掂量，区别对待。在甄选员工的过程中，关键在于如何根据岗位要求，发挥工作人员的长处。

（三）用人不疑的原则

这又称为信任原则。对既被任用的人才，要放手使用，发挥其主动性、积极性和创造性，支持员工取得各项工作成绩。管理者只有充分信任，放手支持选拔和录用工作人员，使之大胆工作，工作人员才能充分发挥其聪明才智，为图书馆创造更大的成就和效益。

（四）注重潜力的原则

图书馆要注重竞聘人员的潜在发展能力。在对应聘人员进行考核时，应注重对其工作能力、知识范围、思想品德以及交往能力进行全面的考核和评定，同时还应注意对其团队精神和协作精神的评定。要正确评价竞聘人的发展潜力，根据其处理复杂问题的能力和是否具备高层次人才所需的基本素质进行甄选和聘用。

（五）条件适当的原则

在选聘过程中，选聘的条件可能很多，但是这些条件的设置必须要根据图书馆组织的目标以及这一目标对人员配置职能的要求等方面来客观设计，应对待聘职位的性质进行工作分析，并充分考虑这一职位对人员提出的要求来选拔人才。

二、图书馆员甄选聘用的途径

图书馆进行人员选拔与聘用通常有两种途径：一种是对图书馆内部的员工进行选拔；另一种就是对社会成员进行公开招聘。

（一）内部选拔

内部选拔是指从馆内已有的人员中进行选拔提升，一般要求在组织中建立起详尽的人员工作表现的调查登记材料，以此为基础建立数据库，以便在职位出现空缺时，能够据此进行分析研究，从而从中选出符合要求的人员。

在图书馆内部选拔人才的优点：①由于对图书馆内人员比较了解，可以通过充分、可靠的人事管理资料进行分析与比较；②被提升的组织内部成员对图书馆组织运行的状况以及现存的问题比较了解，能够比较快地适应岗位要求；③通过对图书馆内部成员的选拔，可以使广大员工看到工作的希望和前途，增强自信心，鼓舞士气；④可以使图书馆快速获得员工对图书馆业务培训的回报。

（二）外部招聘

外部招聘是指从图书馆以外的途径来获得人才。外部招聘的渠道很多，要使外部招聘得到有效的实施，就必须将图书馆空缺岗位的相关情况事先公布，例如岗位的性质和要求、工作环境的现状和前景、报酬以及福利待遇等。

图书馆对外招聘的主要优点：①有较广泛的人才来源来满足图书馆的需求，并有可能招聘到一流的人才；②为图书馆带来新鲜空气、新的思想和方法，可以为图书馆补充新鲜血液；③由于大部分应聘者都具有一定的理论知识和实践经验，因而可以节省在培训方面所耗费的大量时间和费用。

总而言之，无论是内部选拔还是外部招聘，都各有长处和不足，在实际工作中，图书馆可以遵循一些一般规律。例如，当图书馆内有适合该空缺岗位要求的人选时，应首先从内部进行选拔；当空缺的岗位是图书馆内的关键职位，而图书馆内部又无人可胜任时，就应该从外部招聘。这两种方法应该结合使用，从外部招聘进来的人员应该从基本工作做起，然后根据其表现适当提升。

三、图书馆员甄选聘用的程序与方法

图书馆员甄选与聘用的流程可根据图书馆的规模和性质以及岗位要求进行设计。

首先，应从岗位的需要出发进行工作分析。确定某项专业工作所需人才业务水平的目的是确认甄选的标准，是识别最佳人选的前提。其次，要考察工作对候选人的个性特长的要求等，然后针对这些要求设计甄选的方式，如是问卷调查还是进行面试等。通过对候选人的甄选，决定其是否被录用以及被任用至何种岗位。

图书馆员甄选聘用的方法主要有笔试和面试。

笔试可以通过各种测验来对相关人员进行考察分析：智力测验，目的是衡量候选人的记忆力、观察力等，主要是考察候选人在继续学习上的能力；性格测验，目的是衡量候选人在性格上的特征，在图书馆的参考咨询中，十分强调与读者的沟通交流能力，若候选人在个性上不够耐心，沟通上欠缺技巧，就不符合该岗位的要求；领导能力测验，目的是衡量候选人在领导能力方面的表现以及在这方面的潜能。

面试是一种要求候选人口头回答提问，以便了解候选人的素质和潜能的甄选方法。面谈的优点是直接简便，可以快速淘汰那些明显不合格的候选人，但这种方式也很容易受到候选人表面表现的影响。由于很多图书馆没有实施现代人力资源管理制度，招聘选用人才时没有采取科学的方法，面试往往只是走过场，所以负责甄选人才的人员不能从中得到有价值的所需要的候选人的相关资料。图书馆在采取面试这种方式甄选人才时，必须警惕形式主义。

总之，图书馆员甄选任用的方式并不是孤立的，而要根据实际需要灵活选用。在实际工作中，若是从内部选拔人才，对其个人情况比较了解，可以根据岗位的要求重点考察某一两个方面的能力；而对于从外部招聘的人才，则需采用多种方式来进行全方位的考察。

第四节　现代图书馆人力资源开发

一、图书馆人力资源开发的意义

信息化时代背景下，知识更新和技术进步在不断加快，在这种社会中一个图书馆的生存和发展主要取决于创造与革新，而创造与革新，说到底取决于图书馆人力资源的质量。

英明的管理者善于未雨绸缪，着眼未来。管理者历来采用的一种重要方法是对员工进行开发和培训，使员工能够应对新的需求、新的挑战。事实上，图书馆管理者有责任向其员工提供训练和发展的机会，这样才能充分发挥员工的潜力。

人力资源开发是人力资源管理的核心内容。人力资源开发的本意是指对人的才能进行开发。在现代管理学中，人力资源开发就是把人的智慧、知识、经验、技能、创造性、积极性当作一种资源加以发掘、培养、发展和利用，以提高人的才能和增强人的活力。图书馆人力资源开发就是通过对图书馆员进行有计划的人力资本投资，采取教育、培训等有效形式，充分挖掘图书馆员的智慧、知识、经验、技能和创造性，积极调动图书馆人力资源的工作积极性和潜在发展能力的全面活动过程，目的在于促进图书馆员的个人发展，提高图书馆员的才能和增强其活力，以保证图书馆各项目标的实现。

管理者要从仅仅把人看作管理对象转变为以人为中心。人力资源是图书馆文献资源之外的又一宝贵战略资源。人力资源状况决定着文献信息资源的保存和开发状况。图书馆要开发文献信息资源服务于社会，靠的是文献信息资源的开发者。如果人的思想得不到激发，人的积极性难以充分调动，人对文献资源的开发能力就不可能最大限度地释放出来。即使有了最现代化的技术装备，如果人的积极性得不到发挥，设备的维护和运转也会受到负面影响而使效益受损。所以，人力资源是图书馆为社会服务的重要物质基础。不仅如此，图书馆之间的竞争、图书馆与其他文献信息部门之间的竞争，在很大程度上也表现为人力资源的竞争。所谓以人为中心，就是把员工作为图书馆的主体，把人力资源作为图书馆制定发展战略和发展规划的依据，作为实施图书馆战略的支撑点。人员管理的立足点应当是充分调动人的积极性，发挥人的能力，发挥人的创造精神。

二、合理使用人力资源的原则

用人，即使用人才，是人才开发与利用的关键环节。发现人才、培养人才，并合理使用人才是对人力资源的开发与利用；相反，发现了人才、培养了人才而不用，是对人才的浪费、资源的破坏。因此，要开发、利用人才资源并做到最佳化，就必须会使用人才。

（一）敢于用人

世界上没有十全十美的人，人才更不可能一点毛病也没有。实践中，管理者常常因为一些人有这样那样的缺点、毛病而不敢用，结果影响了人才开发，耽误了人才成长。往往才干超高的人，其缺点也越突出。如果求全责备，抓住缺点不放，弃之不用，图书馆事业就会受到损失。因此，大胆使用人才，不求全责备，是人力资源开发使用的前提，只有大胆使用，才能发现人才、用好人才、管好人才。

（二）善于用人

善于用人，应该成为图书馆领导的特长和专业，因为人才是最宝贵的财富，也是潜力的资源，而领导者就是这些财富和资源的管理者。好的领导者能使人才变"天才"，而差的领导者会使人才变"腐才"。

善于使用人才就是合理使用人才，目标是给每个专业人员安排一个能发挥其专长的工作，给每个岗位安置一个能胜任其工作的专业人员。为此，就必须深入全面地了解每个专业人员的情况，包括他们的思想、知识、专业、能力、性格、气质，贤而用之。一个高明的领导者不仅要敢于用人、善于用人，还要巧于用人。巧用人才不但是科学，也是艺术，它能使人才的开发与利用达到一个比较高的境界。巧用人才的原则有以下几个方面。

1. 用人之长，避人之短

由于人的素质不同，因而各有所长，也各有所短。图书馆管理者只有坚持扬长避短的原则，才能对各种不同的人才使用得当，使他们的聪明才智在不同层次、不同岗位上有效发挥。有的人有见识、有魄力、组织能力强，应放在组织领导岗位上；有的人善于积累知识，情报意识强，应放在参考咨询岗位上；有的人思想活跃、联系群众、铁面无私、循规蹈矩，应放在借阅岗位上；有的人心细稳重、一丝不苟，应放在分编岗位上；有的人埋头苦干、任劳任怨，应放在行政管理岗位上；等等。

2. 合理搭配

合理搭配是指构成图书馆内各部、室的人员集体应配置一定数量的能力较强的骨干，并注意整体诸因素的合理结构。在图书馆专业人员中，水平有高低之差，能力有强弱之分，劳动态度有好坏之别，成绩有优劣之异，思想有先进落后之分，把不同水平、不同能力、不同学识、不同素质的人组合在一起，工作效果更好，这是因为互补作用。人员合理组合可以创造一种超过每个个体能力总和的合力，这就是系统协同效应。一个图书馆骨干分子有限，必须恰当地分而用之。

3. 能位相称

由于图书馆每个工作岗位的职能不同，因而对每个人员的能力要求也不同。要合理地使用人员，必须分析每个岗位的能级要求，同时还要判断不同人的能级差别，以便在每个岗位上安排相应能级的人员，做到人事相适、能位相称。

4. 平等竞争，实行人才合理流动

图书馆的各个工作岗位都是图书馆事业的需要设置的，没有高低贵贱之分，只是分工不同而已。但各岗位之间相对存在作用不等、效益不等、一线和二线之分、简单劳动与复杂劳动之分。因此，有些工作人们抢着干，有些工作谁都不愿意干，这是正常现象。优化人才组合，充分调动每个人的积极性，在平等竞争的基础上，实行人才合理流动是非常必要的。特别是某些关键岗位，当有几个合适的人选都争着干时，应引导他们在平等的条件下积极竞争，优胜劣汰。这样，不仅为人才脱颖而出提供均等的机会，而且会使图书馆保持旺盛的活力，促进工作的顺利开展。一个人的最大长处是什么，到底适合从事哪项工作，只有通过实践，即岗位变换，才能得以验证。所以，平等竞争、合理流动也是合理使用人才的基本原则之一。

三、图书馆人力资源开发的现状及重要性

（一）图书馆人力资源开发的现状

目前，我国图书馆人力资源开发还没有建立起规范、合理的相关制度，图书馆员的潜能释放受到很多因素的制约和影响。主要表现在：

首先，人本管理思想的缺失制约了图书馆员潜能的开发。近年来很多图书馆学专家强调"以人为本"的管理方法，但在实践中往往得不到贯彻执行。强调管理监督功能的图书馆管理方法，暗示了对员工的不信任，在某种程度上挫伤了图书馆员的积极性。同时，管理层还认为员工工作的最终目的是经济利益，他们一旦获得学习的机会，更多考虑的是个人目的。从这个角度出发而形成的图书馆文化，显然是不利于员工个人发展的，员工的潜能也得不到重视。

其次，传统图书馆管理理念导致图书馆员的潜能低层次释放。图书馆的传统服务形式是一种消极等待的被动服务，而图书馆员只是作为文献资料的保管员和传递员来开展工作。在图书馆的管理活动中忽视了图书馆员的个性特长，忽视了各人所具有的潜能，把图书馆员的潜能定位在低度释放的范围内，这种低要求、低层次的能量转换，非但不能创造

出图书馆服务工作的高绩效，反而制约了馆员正常能力的有效发挥，更谈不上潜能的更大释放。

最后，封闭式的管理机制束缚了馆员的潜能释放。我国大多数图书馆的现行管理体制，仍是在计划经济条件下产生和发展起来的管理体制，具有强烈的自我封闭性。人们没有从社会与发展的角度去清醒地认识图书馆组织的社会地位和作用，而且在图书馆工作部门的设置上按照线性作业流程和工作环节进行架构，实现部门的管理职能。这种线性发展的组织结构造成了对外与社会需求严重脱节，对内只突出了行政管理上的领导与被领导的关系，没有形成业务上的指导与被指导的关系，局限了图书馆员的个人发展，也制约了图书馆的可持续发展。为了改变这种落后的人力资源管理面貌，就需要加大改革力度，开发图书馆人力资源，提高图书馆管理效率，激发图书馆工作人员的才能和活力，使之不断焕发出工作激情。

（二）图书馆人力资源开发的重要性

1. 人力资源开发是图书馆适应社会进步和技术发展的重要措施

社会的进步是推动图书馆事业发展的强大动力，而技术的进步又是图书馆为增强生命力和长远发展的重要手段。哈佛大学图书馆的格拉汉指出：技术的推动常常会引起一阵学习的浪潮，原有的挑战压力依然存在，而我们手中的工具已经改变，我们必须学会使用它们。因此，对图书馆人力资源的智力开发、职业技术开发、人力资源管理政策的开发以及使用性开发都成为图书馆人力资源管理和开发的主要内容，成为系统化的管理工程。图书馆必须认识到开发现有的人力资源，以提高利用先进技术为主导的服务能力，才是一条现实的发展途径。

2. 人力资源开发可以提高图书馆工作人员的素质

图书馆人力资源开发促进了员工能力的提高以及潜能的最大释放，而员工素质的提高又改变了图书馆服务落后的面貌，提高了工作效率。同时，图书馆人力资源的开发也极大地提高了图书馆员的工作积极性，使他们把更多的知识和才能投入到工作中去，从而促使图书馆工作向前发展。

3. 人力资源开发是图书馆获得竞争力的关键

目前社会上出现了越来越多的提供与图书馆业务类似的服务机构，同时，网络的迅速发展普及使图书馆不再是人们获得所需信息的唯一途径。要保持并提高自身的地位，图书馆就必须重视培养和开发人力资源，使图书馆提供更好更优质的服务，满足读者更多的需求，如此才能获得长期发展的竞争力。

4. 人力资源开发是促进馆员发挥潜能的有效途径

通过培训等有效的继续教育方式使图书馆员的个性和特长得到进一步的发挥，真正落实"以人为本"的管理思想。馆员的个人发展得到管理层的理解和重视，使他们感受到来自工作中的自我实现成就感，就能够极大地改善图书馆的工作氛围，从而使图书馆和馆员自身实现"双赢"。

四、图书馆人力资源开发的内容及方式

（一）图书馆人力资源开发的内容

现代社会的发展是复杂多变的，图书馆要在这样的一种环境下实现对本馆人力资源的充分开发，途径是多种多样的，所需实现的目标可能也是宽泛的。但是，为了应对层出不穷的突发事件，图书馆应有一个约束组织内全体成员行为的价值体系。这个体系是处于图书馆管理制度以外的，这一体系所体现出来的就是组织文化，它能够使图书馆员在图书馆组织文化的影响下，朝着整体目标自觉地调整和改变其行为。图书馆需要创建符合自身目标价值的组织文化。

由于图书馆组织文化具备导向、凝聚和约束等功能，其主要目的是达到组织的效能，因此，在构建图书馆组织文化时，应该注意弘扬传统图书馆文化中的精髓，如奉献精神、推崇智慧等，也要切实培育"以人为本"的文化，不仅应对读者发扬人文关怀的精神，对馆员也要关心爱护。同时，值得注意的是，倡导学习精神和创新精神更是在网络环境下图书馆组织文化所最应关注的课题。

随着社会对个人的学习能力提出的要求越来越高，图书馆员所应具备的知识技能和业务技能也应随之提高，这样才不会遭到社会的淘汰。而在这种多变的网络环境下，一个组织若没有足够的应对变化的智慧和能力，没有创新的精神，就是没有生命力的组织。图书馆一直以来都是渴求变化发展的组织，应该在创建组织文化的过程中注意倡导创新精神，对在事业上有所创新的馆员应该及时进行鼓励。

总之，图书馆的组织文化能够促进人力资源的系统开发，能对图书馆员的行为和思想产生规范和协调作用，使图书馆的人力资源得到充分利用，从而提升图书馆组织的社会效益和经济效益。

有学者认为，图书馆人力资源开发的内容应包括能力的开发和精神的开发。能力开发，指体能与智力的开发。精神开发，是指人力资源的政治观念、职业道德、敬业精神、合作意识等属于组织文化内涵方面的开发。具体包括：启发、调动人力资源已有的体能和智能；在原有能力的基础上，进一步培养、训练和提高人力资源的能力，特别是智能；营造图书馆的组织文化，提高图书馆员的思想素质水平，培养图书馆员应有的价值观、敬业精神；采取各种措施充分调动图书馆员的工作积极性、自觉性和创造性，改进工作绩效；

合理配置、使用图书馆的人力资源，根据个人的才能特点，将之置于恰当的岗位，做到人尽其才。

（二）图书馆人力资源开发活动的三个层次

1. 培养性开发

图书馆人力资源培养性开发主要指以教育培训的方式来进行开发，包括馆员知识的更新、技能的扩展、素质的提高。

在新的网络环境和社会环境下，图书馆员应成为咨询专家、知识导航员，这是图书馆员专业性的体现。根据这种社会需求，应通过对图书馆员的继续教育与培训提高其工作技能和自身素质。图书馆员不仅要加强图书馆学情报学专业知识的培训，还要重视其他相关知识和技能的学习。一专多能的人才是图书馆持续发展的保证。

2. 使用性开发

实际上，使用性开发是对图书馆员进行激励的一种手段，其内容主要是量才为用、职务晋升。

图书馆人力资源使用性开发的关键是用人。我们主张在充分考察图书馆员个人的专业、学历、特长、技能、发展方向和个性的基础上，为其提供更具挑战性的工作任务。图书馆员在工作实践中，将不断学习新的技能、积累新的经验、获取新的管理方法，这实际上也是对自身能力的一种挖掘与开发。图书馆在做出这样的工作设计时，不仅使本馆的人力资源得到了充分利用，也使馆员得到了个人的发展。此外，增加员工岗位轮换也不失为一种有效的开发方式。

3. 政策性开发

人力资源政策性开发是指通过制定符合人才成长规律和人力资源管理原理的一系列调整政策，来变革管理体制，充分运用激励机制等手段，促进人才的不断涌现。

目前，我国图书馆人力资源开发与管理的现状不容乐观，很多图书馆都没有形成相关的制度与政策，缺乏对人力资源开发管理的长期规划，对于馆员的开发和聘任等仍主要是遵从上级部门的分配，随意性大，岗位设置与人员结构不合理，造成了一定程度的浪费。对于图书馆人力资源的政策性开发，管理者应制定一套尊重馆员个人发展需要的规章制度，保障馆员的科学培训和合理使用。

国内一些具备领先意识的图书馆已制定了这方面的规章制度。例如，深圳图书馆于1998年颁布了关于馆员继续教育的政策，从政策的层面保证了该馆人力资源开发的连续性和制度性，使该馆馆员能够在这一系列的政策中感受到来自工作的压力以及该馆对员工个人发展的重视。

五、图书馆人力资源管理创新

1. 搞好图书馆人力资源管理的重要性

图书馆员的服务已经不仅仅是简单的借借还还，服务工作已由单一被动转向为开放、多方位和主动。图书馆员既是图书馆工作人员，又是知识经济的参与者，这就需要图书馆员必须具有较强的现代信息意识、广博的专业知识，有极强的洞察力、创造力、敏捷的思维和强烈的事业投入精神。只有这样，才能灵活地利用资源替读者做出决策，充分发挥本职业的巨大潜能，成为图书馆兼知识经济的主要参与者。总之，知识经济时代的图书馆员应当转变角色，使自己从"图书保管员"转变为"信息领航员"和"信息工程师"。图书馆肩负着传播科学文化知识，进行社会教育的职能。进入知识经济时代，知识更新越来越快，终身教育成为世界大趋势。图书馆公益性、公共性和开放性的特点，能贴近群众、服务社会，社会上每一位公民都可以在这里根据自己的需要进行终身学习。图书馆员要通过自己的工作，给群众提供帮助，为失业者做就业前的指导，为失学者提供自学辅导，为受损害者提供法律帮助，为病者提供医疗咨询，为有志创业者提供宝贵的致富信息，为涉世不深的青年提供必需的人生知识。

2. 人本管理

随着管理理论由"经济人"到"社会人""决策人""复杂人"进程的发展，企业管理理念也从"以物为本"到"以市场为本"再到"以人为本"。人本管理思想是以人为中心的人力资源管理思想，它把人作为企业最重要的资源，以人的能力、特长、兴趣、心理状况等综合情况来科学地安排最合适的工作，并且在工作中充分地考虑到员工的成长和价值，使用科学的管理方法，通过全面的人力资源开发计划和企业文化建设，使员工能够在工作中充分地调动和发挥人的积极性、主动性和创造性，从而提高工作效率、增加工作业绩，为企业发展做出最大的贡献。

3. 引入竞争机制，实行聘用制

图书馆要想充分发挥其社会功能和作用，提高其社会服务的有效性，就必须实行全员聘用制，对现有人员实行公平竞争，择优上岗，让所有员工能进能出、职务能上能下、待遇能升能降，只有这样，优秀人才才能脱颖而出，才能形成充满生机与活力的用人机制。

综上所述，知识经济时代的图书馆面临着前所未有的挑战，人力资源管理对一个图书馆来说具有极其重要的战略意义，只有用"以人为本"的理念创新图书馆的服务与管理，才能促使图书馆事业得到快速、持久的发展。

第四章 图书馆财力资源管理

财力资源管理是图书馆的重要业务工作，直接关系到图书馆的社会效益和经济效益，对推进图书馆事业持续稳定发展起着至关重要的积极影响。我国社会经济的飞速发展，推进图书馆由传统单一的国家投资的公益性、福利性体制逐渐向经营管理型新体制转变，此时，传统的财力资源管理观念和机制已经无法满足现行图书馆财力资源管理的需求，迫切需要采取有效措施促进我国图书馆财力资源管理改革，从而创新出先进的财力资源管理理念和方法，为实现我国图书馆持续、稳定发展提供基础保障。

第一节 图书馆的理财环境和经费

一、图书馆的理财环境

理财环境是图书馆财力资源管理（亦称图书馆财务管理）赖以生存的土壤，是图书馆开展财务管理的舞台。图书馆进行财务决策、制定财务策略都离不开对理财环境的研究。

（一）图书馆理财环境的概念

从系统论的观点来看，所谓环境，就是存在于研究系统之外的，对研究系统有影响的一切系统的总和。如果把图书馆财务管理作为一个系统，那么，图书馆财务管理以外的、对图书馆财务管理系统有影响作用的一切系统的总和便构成图书馆财务管理的环境。财务管理环境又称理财环境，是指对图书馆财务活动和财务管理产生影响作用的图书馆内外的各种条件。

图书馆的财务活动是受理财环境制约的，图书馆内外的各种因素对图书馆财务活动都有重要影响。也就是说，图书馆只有在理财环境的各种因素作用下实现财务活动的协调平衡，才能生存和发展。

（二）图书馆理财环境的分类

按照不同的标准可以对图书馆的理财环境进行不同的分类。

按照图书馆理财环境的范围，可将其分为宏观理财环境和微观理财环境。宏观理财环境是指在宏观范围内普遍作用于各个部门、地区的各类图书馆的财务管理的各种条件，通常存在于图书馆的外部。图书馆是整个社会经济体系的一个细胞，整个社会是图书馆赖以运行的土壤，无论是社会经济状况的变化、市场的变动，还是政策法律的调整、国际经济形势的变化等，都会对图书馆财务活动产生直接或间接的作用，甚至产生严重的影响。微观理财环境是指在某一特定范围内对图书馆财务活动产生重要影响的各种条件。这种微观环境通常与某些图书馆的内部条件直接或间接有关，从而决定着某种或某类图书馆所面临的特殊问题。图书馆的财务活动状况和成果同图书馆的组织结构、经营活动和管理工作有着联系，离开这些内部条件的制约，要搞好图书馆财务工作是不可能的。

按照图书馆财务管理环境的稳定性，可将其分为相对稳定的理财环境和显著变动的理财环境。图书馆的理财环境总的来说不是一成不变的，但有些理财环境一般变化不大，如图书馆的地理环境、根本宗旨、国家产业政策等。对这些条件一旦认清以后，如无特殊情况，在进行财务管理活动时，可作为已知条件或不变动因素来对待。然而，有些理财环境往往处于显著变动状态，对图书馆的财务状况有重要的影响，如文献价格、资金供求状况、国家的调资政策等。在进行财务活动时，一定要及时观察和发现其变动的苗头，分析其变动的趋向和影响，做出准确的财务预测和决策。

二、图书馆经费

图书馆经费是创办图书馆、发展图书馆事业和维持图书馆日常活动的资金。它是图书馆存在的基本条件。图书馆经费管理是图书馆管理的重要内容。图书馆经费是筹建新的图书馆、建立图书馆网络、开展和维持图书馆日常活动的基本条件。

(一) 图书馆经费的来源

1. 由国家或地方财政预算拨款

包括图书馆创办费、经常费和基建费。这是图书馆经费的主要来源。

2. 由政府资助或临时拨款

主要包括几种情况：①经营性资助：有些社会需求量大且具有较好社会效益的图书馆，由于经费不足，不能很好地运行，由政府提供经营性的财政资助，使其充分地开展活动。②辅助性资助：对少数民族地区、边远地区、经济科学文化不发达地区，凡图书馆事业不发达者，政府为其提供经济援助，促其发展。③专项性资助：对某些社会需求大、成本高、投资大的项目，或一个图书馆的财力无法承担，要由一个地区或多馆共同合作的项目，由政府财政进行资助，如数字图书馆建设、联机检索、联合编目等。④激励性资助：拨出一笔经费分别资助给所属图书馆，凡接受这笔经费的地区和单位，必须从自己预算中另拨出一定比例的经费补助同级图书馆,否则不予资助,其目的在于激励各级政府和企事业单位对图书馆投资的积极性。⑤业务研究开发性资助:对某些新技术研发、情报刊物的编译出版进行资助。

3. 单位为所属图书馆从本单位预算中拨款

例如,学校、科研机构、社会团体、企业、医院从本单位每年的预算总额中拨给所属图书馆一定经费。有的按一定比例拨;有的不按比例,而是根据总经费情况下拨,其金额不固定。

4. 社会捐助

这是一种选择性的公共资助,是图书馆经费的一种重要补充。社会团体和私人对图书馆的捐赠形式主要有两种:一种是长期经常性的赞助;另一种是一次性的资助。捐赠的内容有图书、购书专款,图书馆建筑专款,图书馆设备、科研项目费和某些服务项目费等。社会团体和私人对图书馆的捐赠一般都有一定的附加条件,如图书馆建筑要求使用捐赠者姓名,或要求利用这笔款项开展什么工作(如为儿童服务、为残疾人服务)等。

5. 自筹资金

主要有两种方式:一是通过与社会团体、地方政府、厂矿企业、科研机构的挂钩、协作、扩大服务范围来筹措经费;二是积极开展有偿服务,在搞好社会公益服务的前提下,利用代译、代查、复印、定题服务、销售信息产品等经营性活动方式筹措资金。

以上几种渠道中,政府或上级主管部门拨款仍是图书馆经费的主要来源。

(二)图书馆经费的种类

按经费的不同属性可以划分为不同种类的图书馆经费。

(1)按经费的来源可以划分为政府拨款、社会团体和个人捐款、图书馆经营收入等。

(2)按经费的下达方式可以划分为图书馆年度预算内经费、预算外经费、专项经费。

(3)按经费的用途可以划分为:

①人员经费,包括工资、奖金、补贴、保险费等;

②文献资料购置费,包括购买图书、报刊、数据库等文献资料费用;

③业务费,包括图书馆业务研究、学术交流、图书馆业务用品及加工费用;

④行政费,包括办公费、通信费、交通费、水电费、差旅费、绿化费、卫生费等;

⑤设备费,包括图书馆家具、汽车、计算机、视听设备、通信及联网设备、复印、照相器材、缩微设备、消防、空调、电梯等设备的购置费用;

⑥维修费,包括馆舍、设备的维修费用;

⑦基建费,包括征收土地、新建或扩建馆舍、基建中一次性设备购置等费用;

⑧经营支出经费,一般来说,年度事业经费包括人员经费、文献购置经费、业务经

费、行政经费及设备经费。

（三）图书馆经费预算控制

1. 图书馆经费预算

图书馆经费预算是图书馆在一段时间内（通常是一年）预计收入和支出的说明。根据图书馆的建设规划，制定出经费使用原则和使用计划。预算既是图书馆的财政计划，又是获得中央、地方或上级主管部门拨款的依据。图书馆的经费需要向上级机构的财务部门提出购置文献和设备费用等方面的预算项目。

（1）预算的作用。预算执行的任务主要有：对经费的使用项目、使用数量、经济平衡等进行全面的计划；对各部门工作与工作计划及相应的经费使用比例做出科学的论证与评价；在部门与个人之间、部门与上级及财务部门之间，形成一条经费收支控制网络和联系网络；正确地反映年度经费需求与使用情况。图书馆经费预算一般以本年度批准的预算为下年度预算的基础，同时还要列出图书馆基本建设的报表作为管理支出的依据，要列出本年度服务指标和工作指标的完成情况，以及年度计划的多少等。为了对图书馆的财力资源进行有效的管理，进行经费预算是很有必要的：①为图书馆的经费支出提供合法的基础；②为图书馆提供公共账目和年度结算的范围；③从计划的角度出发，为全年的各项活动提供可行保障；④预算的实施，有助于管理者对资金的控制，同时有助于责任制奖惩条例等制度的实施。总之，经费的预算是加强计划管理的重要环节，可以为图书馆工作的顺利展开创造条件。

（2）编制预算的原则。

①根据国民经济增长速度和图书文献资料出版数量的增长，图书馆经费预算应按比例每年有所递增。

②对每项工作或服务项目都应规定其支出的标准定额。标准有国家或政府规定而必须遵循的，如人员编制、工资标准、差旅费标准等；也有预算单位根据具体情况而制定的选用标准，如取暖、防暑降温、照明等。

③要遵守现行法令和法定的国家价格及物资标准和货币标准。

④要厉行节约，反对浪费。

（3）预算的支出项目。图书馆的预算中一般应有如下支出项目：

①人员工资。工资基金数应包括在编人员工资基金和非在编人员工资基金两大部分。其中在编人员工资基金要根据在编人数、职位、批准的工资额而定。编外人员工资基金是图书馆为了完成某些工作而招聘的临时工、合同工所应付出的报酬。编外人员基本工资的限额取决于上级批准的预算，不允许超出限额，所有工资支出都要在财务部进行登记。

②文献经费。文献资料购置费是极为重要的一笔预算。在制定此项费用预算时，要说

明年度必须购进的文献资料数量，预计平均价格，同时还必须考虑书刊价格上涨率和昂贵文献的专项购置费用。在综合考虑各种因素的基础上，提出年度购书费用款目和经费数量。

③信息化经费。包括计算机设备维护和更新、网络改造和数据库建设等费用。

④行政开支。该项开支预算项目包括办公用品费、会务、水电、防火保险、卫生环保、公务出差、事务交通等支出费用。

⑤设备开支。首先，要拟定出年度必要的设备用品，如书架、出纳台、桌椅、复印机、计算机、打印机等。其次，要注明所需种类的数量和价格及其各项支出的总数。

⑥业务用费。图书馆业务用费可分为两大部分，其一是基本需要部分，其二是开展业务研究活动部分。基本需要部分是保证正常业务工作开展所需要的开支，包括书标等业务用品，同时还包括宣传、展览、邮寄借书、馆际互借等方面的业务活动费用。业务研究活动包括学术研究、读者研究、现代技术研究与实验等方面的费用开支。

（4）预算计划的编制。通常而言，预算计划是由馆长负责、行政业务办公室会同财会部门进行编制并提交馆务会议通过。一般有以下三种方式：

①同以往支出相对应的比较方式。即在编制预算时，以上一年的经费支出为依据，按照当年的工作活动计划项目，列出预算开支。

②按照工作计划编制预算。即以工作计划为基础的预算，这种预算应包括固定费用、新的工作项目费用。固定费用包括图书馆原有的办公费用、人员工资、业务费用、设备费用等。新的工作项目费用指的是该年新投入的工作项目、设备、学术研究等新设项目投资。

③运用各种规范标准编制预算计划。主要是依据国家地方或行业系统制定的标准、条例编制预算。这意味着确定图书馆的财政开支与上属系统整个预算的比例，也意味着确定按读者数量、藏书规模、工作人员开支费用的确切数字。

2. 图书馆经费的管理

（1）完善财务制度。财务制度是指人们在经济活动中所遵循的规范。它把政府的方针、政策和国家的制度、法令具体化，规定着各级、各部门财务管理的职责和权限，供各级、各部门互相配合、协调一致地进行财务活动。在图书馆的经费管理活动中，应建立并不断完善经费使用制度以及支票、现金往来款项、固定资产等管理制度，并严格执行。

（2）合理分配经费。如何合理分配图书馆经费是其内部组织活动的重要组成部分，制约着各项活动的开展范围。因此，合理分配经费至关重要。在图书馆经费分配时要考虑文献购置费中包括图书、报刊、非书资料费用的比例；在业务经费中要考虑数据库建设的费用，包括调研费用、信息收集费用、数据录入费用、数据库维护费用等。设备购置费中要包括设备的维护费用、设备材料的消耗费用等。图书馆经费的分配随着图书馆的发展而变化，这个变化具有明显的时代特征。

经费分配的原则：

①轻重缓急原则。即经费分配首先应保证图书馆的正常工作开展，这种正常工作，首先是工作人员的工资、业务费用、购书经费，其次才是设备开支和行政开支。在经费分配时，以人和业务开支为主，才能保证正常业务与服务工作的开展。

②可行性与灵活性原则。即经费分配与客观实际要符合，不能有半点虚假与不适。经费的分配与当年的各项活动息息相关，任何失误都将造成严重的工作损失，要着重克服多年来部分机构的"上半年松，下半年紧"等不良现象。同时，经费分配还要有一定的灵活性，要留有余地，特别是要根据图书馆季节性用款的特点，为一些突然性活动项目做好事前准备工作。

③节约原则。即事事处处厉行节约，经费分配要合理安排，对各种开支项目要深入了解，要在调查项目实际环节及范围、程度的基础上，确定分配数额。

（四）图书馆经费的控制方法

1. 图书馆经费控制

所谓经费控制，就是审查经费开支、监督经费使用、保证经费按预算执行的过程。经费控制是图书馆财务管理的重要内容和手段。预算确定之后，大量的工作即表现为制度控制。

（1）编制计划。由于上级主管部门给图书馆的拨款不是一次性投入全年经费，而是分期分批下拨，所以每批经费如何使用，应编制经费使用计划并按计划使用经费，这是保证全年经费按预算开支的控制手段之一。

（2）严格审批手续。图书馆各部门使用经费是按业务工作的规律和特点进行的，这就避免了与经费分期拨款相矛盾，从而可避免业务工作需要开支但财务上无款可付的情况的出现。所以，财务管理工作要建立严格的审批手续，即馆长审批，行政管理部门、业务综合管理部门和具体业务部门配合的经费管理控制系统。馆长应根据业务工作的规律和特点，有步骤地审批开支项目，按预算监督开支，照计划使用经费，以使财务管理保证业务工作的需要。

（3）制定财务统计、检查制度。财务活动的日常管理，需要建立严格的经费控制手续。这就需要馆内财务管理职能部门制定有关财务统计、财务检查等规章制度。通过经费开支的定期统计，使馆领导和财务管理人员随时掌握预算执行情况，以避免预算的超支或预算未完成而造成空列预算等失控现象，从而影响下年度的财政拨款；通过财务活动的定期检查，可及时发现经费使用不当或预算项目超支等问题，以便及时控制或调整，保证预算的顺利执行。

2. 经费控制方法

（1）预算控制。编制预算本身就是有效的经费控制，一年的各项经费开支按照预算去执行。上级拨给一定数额的图书馆经费款后，图书馆为了便于控制，就要指定专人对每一项支出做出的记录，即"记账"。记账人员要经常向领导提供记录信息，以便领导根据图书馆经费预算的执行情况进行检查和控制，不得办理未预算、超预算的支出，也不得以领代报、以拨作支。国家规定的各种财务制度和费用开支标准，必须认真执行，不得任意改变。各项支出，必须注意勤俭节约，既要考虑完成图书馆工作任务的资金需要，又要合理节约地使用资金，做到少花钱、多办事、办好事。

（2）成本控制。成本控制是利用经济分析方法检查经费支出效益，以达到经费管理的目的。

①综合成本控制。指概括地计算出图书馆在一年工作中为每一个计算单位所支付的成本费用。计算方法：用图书馆全年经费总支出除以某项服务的总量（如全馆读者来馆总量、图书馆全年外借图书总量等）。

②单项成本控制。即计算出个别工作部门或跨工作部门的单项工作成本费用。例如，计算出图书馆每补充一本书、每加工一本书、每编一本书等所付出的成本费用。计算方法：完成该项工作量支出的费用＋日常行政管理费用＝完成的工作量

（3）审计控制。审计是对经费管理工作的一项控制活动，其目的是检查、监督财务管理工作，及时发现问题，纠正偏向，以实现有效的经费管理。审计按时间划分，可以分为事前审计与事后审计。事前审计是指在经费计划、预算确定之前所进行的审计工作，它可帮助馆长做出有效的计划或预算等决策。事后审计一般是指一年或某一项工作完成以后所进行的审计工作。按审计范围来分，可分为全部审计和部分审计。全部审计是对全部财务会计工作进行审计；部分审计是对一部分财务会计工作进行审计。审计工作方法很多，常用的有核对法、审阅法、查问法、分析法、推理法。

（4）决算控制。经费决算是在一个财政年度过去之后，及时地核算上一年度实际支出的费用，是年度财务收支情况的报告，该报告一般有年度会计报表和财务收支情况说明书两部分。它是图书馆年度经费收支情况的书面总结。通过决算可概括地反映并据以检查年度预算的执行情况，作为调整、纠正今后年度预算的重要反馈资料。

决算控制的主要内容：①预算执行检查。检查总结财务开支是否符合预算计划和政策，如有改变，应找出原因；如果合理，应予承认；如不合理，应予指出，吸取教训。②收支平衡检查。检查财务收支是否保持平衡，如失去平衡，应找出原因，尤其是对超支过多的现象，应认真检查分析，作为今后制定预算的借鉴。③预期目标检查。检查财务支出结果是否符合图书馆目标要求，是否达到了预期目的。

（5）效益控制。经费管理的目的在于提高经费的使用效益，因此，经费管理必须对支

出以后的效益进行检查与监督，即所谓的效益控制。效益控制指标有经费使用的有效率，书刊、设备购入的适用率等。

（五）图书馆经费短缺的缓解举措

近年来，图书馆事业经费不足，尤其是购书费短缺，是图书馆界所面临的最大困难。这一带有共性的问题，严重影响了图书馆事业的发展。

在这种严峻的形势下，大力开展开源节流工作是图书馆理财的关键所在，也是图书馆经费管理的一项长期工作。

1. 提高政府或主管部门对图书馆的认知程度，扩大其对图书馆的投资

图书馆事业是一项公益性事业，经费的主要来源是政府或主管部门，这一点在现实社会中是不会改变的。要想扩大政府或主管部门对图书馆的投资，图书馆必须引导政府或主管部门的行为，加强他们对图书馆价值的认识。一方面，图书馆领导要广泛开展公关活动，加强与政府或主管部门的合作和联系，多做宣传，争取与各种媒介建立良好的关系，将图书馆的地位、作用与困难及时反映到主管领导面前，做好领导决策信息服务工作，让事实说话；另一方面，图书馆要面向社会开展各种信息服务，提高自己的服务质量，在本地或本隶属单位建设中发挥作用，体现图书馆存在的价值，争取公众的支持，以提高政府或主管部门对图书馆的重视程度，增加相应的投资。

2. 努力做好有偿服务，增加图书馆收入

有偿服务是在免费服务的基础上，在不影响图书馆职能的范围内，对某些特殊服务对象和服务项目，以及成本昂贵的图书馆专用设备和场所，或通过图书馆工作人员劳动加工成的某些产品收取一定的费用，以补偿图书馆的消耗和经费的不足。

图书馆有偿服务可分为三种形式：①限制性的有偿服务。这是为维护图书馆广大基本读者的正当利益、完成图书馆主要任务、防止对图书馆资源过度使用实行的服务收费。如果不进行这种收费，就不能合理和恰当地向读者提供服务，从而会影响图书馆实现其最大的社会效益。②补偿性的有偿服务。这是指图书馆对某些服务项目进行收费，以补偿该项服务的成本耗费。随着图书馆服务项目的增多和利用现代科学技术程度的提高，图书馆开展了一些成本耗费较高的项目（如文献复制服务、联机检索服务等）。这些项目确为读者所需，但图书馆经费有限，如果无偿提供这些服务，势必会影响其他服务项目的正常开展，不利于图书馆社会经济效益的提高以及图书馆的可持续发展。因此，不少图书馆对这些成本耗费较高的服务项目实行有偿制，以弥补这类服务的成本耗费。这样做既能保证这类服务的存在和发展，以满足读者的需要，又不至于影响图书馆其他服务的正常进行。③营利性的有偿服务。营利性是指图书馆向用户提供某种服务时收费的目的是赚取利润。营利性有偿服务的收费由三个部分组成，即不变成本、可变成本和利润。图书馆应灵活运

用这三种服务形式，为图书馆创造合理收益。

3. 多渠道向社会融资

一是主动争取社会各界包括个人、公司和基金会向图书馆捐款捐物；二是图书馆与企业"联姻"，积极面向合作企业开展市场调查、技术分析、专利调查、产品前景预测等服务，吸引企业投资；三是国家应严格执行书刊呈缴制度，凡出版社的正式出版物均应向国家或地方政府指定的图书馆缴送一定数量的样本，以确保出版物的收藏，同时减轻图书馆经费紧张的压力。

4. 合理分配和使用经费

目前，我国还是一个发展中国家，依靠国家财政大幅度增加对图书馆事业的经费投入是无法在短期内实现的。因此，图书馆必须按照合理的比例分配人头费、书刊采购费与其他费用三大支出项目的经费，并通过优化藏书结构，将有限的经费用在"刀刃"上，提高图书馆经费的使用效益。此外，图书馆还应建立健全经费分配和使用的审议、监督和约束机制。

第二节　图书馆财力资源管理的任务和原则

图书馆财力资源管理的目标、任务和原则是图书馆财力资源管理理论的基石，决定着图书馆财力资源管理的方向、内容和方法。

一、图书馆财力资源管理的目标

图书馆财力资源管理的目标是图书馆财务活动所希望实现的结果，是评价图书馆理财活动质量的基本标准，是图书馆财务实践、财务决策的出发点和归宿，也是图书馆财务管理的行为导向，图书馆的一切财务活动都是围绕这个目标进行的。

那么，图书馆财力资源管理的目标到底是什么？

图书馆财力资源管理的目标是努力增收节支，合理安排支出结构，严格控制经费支出，提高资金使用效果，充分利用有限的资金。

二、图书馆财力资源管理的任务

图书馆财力资源管理的任务是依法筹集并合理有效地使用资金，对图书馆的各项财务活动实施有效的综合管理。具体包括：①加强图书馆预算管理，保证各项事业计划和工作任务的完成；②加强收支管理，提高资金使用效率；③加强资产管理，防止国有资产流失；④建立健全财务制度，实现图书馆财务管理的规范化和法制化；⑤按规定及时编报决算，如实反映图书馆的财务状况；⑥加强财务分析与财务监督，保证图书馆各项活动的合理性与合法性。

三、图书馆财力资源管理的原则

图书馆财力资源管理的原则是图书馆财务管理工作中应遵循的基本规范。它们来源于财务管理工作实践，是在图书馆理财实践过程中抽象出来的并且在实践中证明是正确的行为规范，是对图书馆财务管理工作提出的基本要求，也是评价图书馆财务管理工作质量的标准。它们反映着图书馆理财活动的内在要求，对于规范各类图书馆的理财活动，防止各图书馆自行其是，确保图书馆财务管理工作的质量，实现图书馆财务管理的目标，都具有重要意义。图书馆财务资源管理原则一般包括：①依法理财原则；②勤俭节约原则；③量入为出原则；④效益原则；⑤正确处理国家、图书馆和个人三者之间的利益关系原则；⑥责任性原则。

第三节　图书馆财力资源管理的内容

图书馆财力资源管理所研究的是资金的分配筹集、使用及经费支出是否符合预算、是否有利于促进图书馆事业发展的问题。一般来说，图书馆财力资源管理包括下列内容。

一、图书馆预算管理

图书馆预算是图书馆根据事业发展计划和任务编制的年度财务收支计划。

图书馆预算由收入预算和支出预算组成。图书馆的收入预算分为财政补助收入和非财政补助收入两个部分，包括财政补助收入、上级补助收入、事业收入、经营收入、附属单位上缴收入、其他收入和拨入专款等项内容；图书馆的支出预算包括事业支出、经营支出、基本建设支出、对附属单位补助支出和上缴上级支出等项内容。

目前，国家对文化事业单位实行核定收支、定额或者定项补助、超支不补、结余留用的预算管理办法。图书馆也不例外。

图书馆预算的编制应遵循几点原则：①根据国家有关方针政策、法规制度和文化事业计划编制单位预算；②坚持实事求是的原则，既要考虑单位的需要，又要考虑国家财力的可能性，保证重点，兼顾一般；③坚持以收定支、收支平衡的原则，图书馆预算应自求平衡，不得编制赤字预算；④坚持艰苦奋斗、勤俭节约的原则，挖掘内部潜力，努力增收节支，提高资金使用效益；⑤坚持严格划清经费渠道的原则，事业经费与基本建设投资不得相互挤占和挪用，并根据有关规定分别编制预算；⑥坚持完整性和统一性的原则，图书馆必须将全部财务收支项目在预算中予以反映，并按照国家预算表格和统一的口径、程序及计算依据编制单位预算。

图书馆编制预算的方法主要有两种类型：变量预算法和零基预算法。变量预算法是图书馆编制预算最普遍的方法，是以当年预算的具体数字为基础，根据实际执行情况和计划期各项业务的可能增减变动情况来确定下一年度预算比上年预算的增减变动额。因为这种预算方法是以现行预算为基础并预测变动量来编制的，所以也被称为"增量预算法"或"减量预算法"。与变量预算法截然不同，零基预算法对于图书馆任何一个预算期、任何一种费用项目的开支数，不是从现有的基础出发，也不考虑目前的费用开支水平，而是一切从零出发，以零为起点，即以无费用、无服务、无成本、无收益作为预算的起点，从根本上考虑各费用项目的必要性与规模。

二、图书馆收入管理

图书馆收入是指图书馆开展业务及其他活动依法取得的非偿还性资金，具体包括：①财政补助收入，即图书馆通过主管部门、上级单位或直接从财政部门取得的文化事业费，含经常性经费和专项资金。②上级补助收入，即图书馆从主管部门或上级单位取得的各种非财政补助收入。③事业收入，即图书馆开展专业业务活动及其辅助活动取得的收入。其中，按照国家有关规定应当上缴财政纳入预算的资金和应当缴入财政专户的预算外资金，不计入事业收入；从财政专户核拨的预算外资金和部分经核准不上缴财政专户管理的预算外资金，计入事业收入。④经营收入，即图书馆在专业业务活动及其辅助活动之外开展非独立核算经营活动取得的收入。⑤附属单位的上缴收入，即图书馆的附属独立核算单位按照有关规定上缴的收入。⑥其他收入，即上述规定范围以外的各项收入，包括投资收入、利息收入、捐赠收入等。

图书馆收入管理应符合几点要求：①图书馆应当在国家政策允许的范围内合法组织收入。②坚持把社会效益放在首位，同时注重经济效益。③必须使用财税部门统一印制的票据，并建立健全各种专用收款收据、销售发票、门票等票据的管理制度。④必须严格执行国家批准的收费项目和收费标准，不得擅自设立收费项目、自定收费标准。⑤应按规定加强账户的统一管理，收入要及时入账，防止流失。⑥图书馆的各项收入必须全部纳入单位预算，统一核算，统一管理。

（一）自营服务收入的管理

自营服务收入是指图书馆提供的打印、复印等服务性收入，包括打印收入、复印收入等。这些服务性收入一般是现金收入，要有详细的收入记录，有收费人员和学生的签字，同样要定期上缴给图书馆财务部门或图书馆专职财务人员。图书馆财务部门或专职财务人员在收取这些款项时，应开出内部收据，双方签字，收款人与款项保管人均有单证，定期核对，保证收入金额正确，避免出现资金流失、责任难以界定的现象。

（二）营业创收收入的管理

营业创收收入是指高校图书馆电子阅览室对高校开放，上网收费。目前在高校图书馆电子阅览室，学生一般采用上网卡上网，上网卡如何收费由高校财务部门与图书馆财务部门（或专职会计人员）协商而定。一种方法是由高校财务部统一收费，充值上网卡；另一种方法是由学生将现金交给电子阅览室值班人员，再由值班人员定期将款项交给图书馆财务部门或图书馆专职会计人员。上网卡收费是电子阅览室的主要创收收入，定期上缴此项收入是收入管理的重要内容。

三、图书馆支出管理

图书馆支出是图书馆开展业务及其他活动发生的资金耗费和损失。具体包括：①事业支出，即图书馆开展专业业务活动及其辅助活动时发生的支出，包括基本工资、其他工资、补助工资、职工福利费、社会保障费、公务费、业务费、设备购置费、修缮费和其他费用。②经营支出，即图书馆在专业业务活动及其辅助活动之外开展非独立核算经营活动发生的支出。③自筹基本建设支出，即图书馆利用财政补助收入以外的资金安排自筹基本建设发生的支出。④对附属单位补助支出，即图书馆用财政补助收入之外的收入对附属单位补助发生的支出。⑤上缴上级支出，即实行收入上缴办法的图书馆按照规定的定额或者比例上缴上级单位的支出。

图书馆支出管理的要求：①图书馆在开展非独立核算经营活动中，应当正确归集实际发生的各项费用数，不能归集的，应当按照规定的比例合理分摊。经营支出应与经营收入配比。②图书馆应当建立健全支出管理制度。各项支出在单位负责人的领导下，由单位财务部门在财政部门和主管部门核定的预算指标之内统一掌握使用。各业务部门的开支，应事先提出使用计划交财务部门审核后执行。③图书馆应严格执行国家规定的开支范围及开支标准；没有统一规定的，由图书馆做出规定，报主管部门和财政部门备案。图书馆的规定违反国家法律、法规和政策的，主管部门和财政部门应当责令其改正。④图书馆从财政部门和主管部门取得的有指定项目和用途并且要求独立核算的专项资金，应当按照要求定期向财政部门和主管部门报告专项资金使用情况；项目完成后，应当报送专项资金支出决算和使用效果的书面报告，接受财政部门和主管部门的检查和验收。⑤为了加强支出管理，提高经济核算水平，有条件的图书馆应当根据开展业务及其他活动的实际需要，实行内部成本核算办法。

四、图书馆资产管理

图书馆资产是指图书馆占有或者使用的能以货币计量的经济资源，包括各种财产、债权和其他权利，具体包括：①流动资产，指可以在一年内变现或者耗用的资产，包括现金、各种存款、应收款项、预付款项和存货等。②固定资产，指一般设备单位价值在500元以上，专用设备单位价值在800元以上，使用期限在一年以上，并且在使用过程中基本保持原有实物形态的资产。单位价值虽未达到规定标准但耐用时间在一年以上的大批同类物资，也作为固定资产管理。图书馆固定资产一般分为六类：房屋和建筑物；专用设备；一般设备；文物和陈列品；图书；其他固定资产。③无形资产，指不具有实物形态而能为使用者提供某种权利的资产，如专利权、商标权、著作权、土地使用权、非专利技术、商誉以及其他财产权利等。

对于不同类型的图书馆资产，应分别采取不同的管理办法。以图书馆固定资产为例，应遵循下列管理规定：①建立健全固定资产管理制度。加强固定资产维护和保养，制定操作规程，建立技术档案和使用情况报告制度。②购建和调入的固定资产，由图书馆财产物资管理部门负责验收，图书馆财务部门参与验收。购进贵重仪器等专业设备和新建的房屋及建筑物竣工时，应有专业技术人员参加验收。经验收后的固定资产要及时入账并交付使用。③接受捐赠的固定资产，应按市场价格和新旧程度估价入账，或根据捐赠时提供的有关凭据确定固定资产的价值。接受捐赠固定资产时发生的各项费用，计入固定资产原值。④图书馆固定资产报废和转让，一般经本单位行政领导批准后核销。大型、精密贵重设备、仪器报废和转让，应当经过有关部门鉴定，报主管部门或财政部门、国有资产管理部门批准，具体审批权由同级财政部门会同国有资产管理部门规定。⑤固定资产的变价收入，除国家另有规定者转入修购基金。⑥图书馆应当定期或者不定期对固定资产清查盘点。年度终了前必须进行一次全面的清查盘点，做到账、卡、物相符。对于盘盈、盘亏的固定资产应及时按规定处理。

第四节　图书馆财力资源管理的方法

图书馆财力资源管理的技术方法是图书馆达到财务管理目标、完成财务管理任务的重要手段，也是图书馆财务人员从事财务工作的基本技能。图书馆理财活动中，运用着一系列的技术方法，它们共同形成了一整套科学、完善的财务管理方法体系。根据我国传统的财务管理理论，财务管理包括财务预测、财务决策、财务计划、财务控制及财务分析五个环节。与此相应，图书馆财务管理方法体系主要由与之相联系的财务预测方法、财务决策方法、财务计划方法、财务控制方法及财务分析方法组成。

一、图书馆财务预测方法

财务预测是图书馆财务人员根据历史资料，依据现实条件，运用特定方法，对图书馆未来的财务活动和财务成果所做出的科学预计和测算。财务预测是财务决策的基础，是图书馆编制财务计划的前提，是图书馆日常财务活动的必要条件。

图书馆财务预测工作一般包括这几个步骤：①确定预测对象和目标，制订预测计划；②收集、整理相关的信息资料；③选择特定的预测方法进行实际预测；④对初步的预测结论进行分析评价及修正，得出最终预测结果。

图书馆财务管理中常用的预测方法可分为定性预测法和定量预测法两种类型。定性预测法亦称非数量预测法，一般是在缺乏完备、准确的历史资料的情况下，由图书馆领导、财务主管及其他有关专家根据过去积累的经验，利用直观资料，依据个人的主观判断能力及综合分析能力，对图书馆财务的未来状况和趋势做出预测的一种方法。定性预测法又可分为意见交换法、类推预测法、理论推定法、专家调查法、德尔斐法等。定量预测法亦称数量预测法，是运用现代数学方法对历史数据进行科学的加工处理，充分揭示各有关变量之间的规律性联系，建立经济数学模型进行预测的方法。定量预测法又可分为因果预测法和趋势预测法两种类型。

二、图书馆财务决策方法

财务决策是指财务人员在财务目标的总体要求下，从若干个可供选择的财务活动方案中选择最优方案的过程。当然，在可供选择的财务活动方案只有一个时，决定是否采纳这个方案也属于财务决策。财务决策是财务管理的核心，直接关系到图书馆财务管理的质量。

图书馆财务决策一般包括这几个步骤：①根据财务预测的信息提出问题；②根据有关信息制定解决问题的若干备选方案；③分析、评价、对比各种方案；④拟订择优标准，选择最优方案。

图书馆财务决策常用的方法有优选对比法、数学微分法、线性规划法、概率决策法、损益决策法等。

三、图书馆财务计划方法

财务计划是在一定时期内以货币形式反映图书馆业务及经营活动所需的资金及其来

源、财务收入和支出、结余及其分配的计划。财务计划是图书馆根据本单位的业务工作安排及定额定员等标准，以财务预测提供的信息和财务决策确立的方案为基础编制的，是财务预测和财务决策的具体化，也是控制图书馆财务活动的基本依据。图书馆预算、预算外资金收支计划、经营收支计划等都是图书馆的财务计划。

图书馆财务计划的编制过程一般包括这几个环节：①根据财务决策的要求，分析主客观条件，全面安排计划指标；②对需要与可能进行协调，实现综合平衡；③调整各种指标，编制出计划表格。图书馆财务计划的编制过程，实际上就是确定计划指标并对其进行综合平衡的过程。

编制图书馆财务计划的方法主要有平衡法、因素法、比例法、定额法等。

四、图书馆财务控制方法

财务控制是指在财务管理过程中，利用有关信息和特定手段，对图书馆的财务活动施加影响或调节，以便实现计划所规定的财务目标。财务目标是图书馆一切财务活动的出发点和归宿，是财务管理的行为导向，对图书馆财务活动进行管理和控制正是为了实现一定的目标。财务控制作为一种经济调控行为，其调节过程一般包括制定目标、分解目标、实施调控、衡量效果、纠正偏差五个步骤。

常见的图书馆财务控制方法：①防护性控制。又称排除干扰控制，是指在图书馆财务活动发生前就制定一系列的制度和规定，把可能产生的差异予以排除的一种控制方法。例如，为了合理使用资金，节约各种费用开支，可事先规定各项开支的范围和标准；为了防止图书馆滥用职权，杜绝乱收费现象，可事先对其收费的项目、范围和标准做出规定。在图书馆财务管理中，各项事先制定的标准、制度、规定都可以看作排除干扰的方法，这是最彻底的控制方法，也是图书馆财务管理中最常用、最重要的控制方法。②前馈性控制。又称补偿干扰控制，是指通过对图书馆财务系统实际运行的监视，运用科学方法预测可能出现的偏差，采取一定措施，使差异得以消除的一种控制方法。例如，为了控制图书馆的支付能力，保证图书馆各项业务的顺利开展，要密切注意图书馆流动资金（周转金）的数量，当预测到流动资金数量不足，可能影响以后各项业务活动的顺利进行时，就应采取措施，严格控制并合理安排资金支出，以保证图书馆有足够的支付能力。在图书馆财务管理中，前馈性控制是一种比较好的控制方法，它便于各图书馆及时发现问题并及时采取措施解决问题，尽量避免出现大的失误。但是，采用这种方法要求掌握大量信息，并要进行准确的预测，如此才能达到控制目的。③反馈性控制。又称平衡偏差控制，是在认真分析的基础上，发现实际与计划之间的差异，确定差异产生的原因，采取切实有效的措施，调整实际财务活动或调整财务计划，使差异得以消除或避免今后出现类似差异的一种控制方法。反馈性控制是根据实际偏差进行调节的，属于事后控制，在平衡与调节的过程中，由于时滞的存在，有可能导致新的偏差。这种控制方法运用起来比较方便，一般不需要太多的信息。因此，这种方法在图书馆财务管理中得到广泛的运用，特别是当干扰不能预计或发生很频繁时，它是一种典型的财务控制方法。

五、图书馆财务分析方法

财务分析是根据有关信息资料，运用特定方法，对图书馆财务活动过程及其结果进行总结和评价的一项工作。通过财务分析，可以掌握图书馆各项财务计划指标的完成情况，评价图书馆财务状况，衡量图书馆工作绩效，研究和掌握图书馆财务活动的规律性，改善图书馆财务预测、决策、计划和控制，提高图书馆财务管理水平，促进图书馆财务管理目标的实现。

图书馆财务分析过程一般包括这几个阶段：①确定题目，明确目标；②收集资料，掌握情况；③运用方法，揭示问题；④提出措施，改进工作。

图书馆财务分析方法主要有两种：

（一）比较分析法

即比较两个相关的财务数据，来揭示财务数据之间的相互关系，分析图书馆财务活动的一种方法。它通常采用三种方式进行比较：①将分析期的实际数据与同期计划数据进行对比，确定实际与计划之间的差异，据此考核财务指标计划完成情况；②将分析期的实际数据与前期数据进行比较，确定本期与前期之间的差异，据此考核图书馆的发展情况，预测图书馆财务活动的未来发展趋势；③将分析期的实际数据与同行业平均指标或先进图书馆指标进行对比，确定本单位与同行业平均水平或先进水平之间的差异，据此找出原因，改进工作。

（二）比率分析法

即把某些彼此相关联的指标以比率的形式加以对比，据以确定图书馆经济活动的变动程度，揭示图书馆财务状况的一种分析方法。在图书馆财务分析中，常用的比率有以下两类：①构成比率。又称结构比率，是某项经济指标的各个组成部分与总体的比例。通过构成比率，可分析指标构成内容的变化，从而掌握该项财务活动的特点与变化趋势，考察图书馆经济活动的结构是否合理。例如，通过计算图书馆各项支出在支出总额中所占的比重，可分析图书馆行政性支出与业务性支出之间、维持性支出与发展性支出之间、重点性支出与一般性支出之间的比例是否恰当，支出结构是否合理。②动态比率。即将某项指标的不同时期的数值相比而求出的比率。它反映的是同一财务指标在不同时期状态下的对比关系，说明的是图书馆财务活动在时间上的发展和变化程度。通过动态比率，可分析图书馆财务活动及相关指标的发展方向及增减速度。

第五章　图书馆知识管理的实施

第一节　图书馆知识管理的内涵

知识管理是知识经济时代的一种全新的管理。19 世纪末 20 世纪初，泰罗制科学管理以来的一次最伟大而深刻的革命，是信息化和知识化浪潮的产物。知识管理产生于知识型企业的管理实践并已得到了成功的验证，正在成为世界范围内企业管理的新趋势。图书馆作为知识的宝库，有必要及时研究和借鉴知识管理的经验，不断改进现有工作，与时代前进的步伐保持一致。

"知识管理"一词是 20 世纪 90 年代初美国麻省莱克星顿著名的恩图维星国际咨询公司首次提出的，但至今仍未有一个公认的明确定义。人们对知识管理的看法是"仁者见仁，智者见智"，但是多数观点都以企业为立足点。其实，知识管理是一种普适性很强的管理理论和方法。

一、知识是图书馆生存的基础，是图书馆职能的永恒主题

图书馆从诞生时起就以保存和传递文化知识为目的。无论记录知识的载体是竹帛、纸张还是胶片、光盘，图书馆在几千年的时代变迁中能够生存发展靠的是它保存着凝聚古今中外人们用智慧所创造的知识。这些文化知识是人类共同的精神财富，也是图书馆赖以生存的依托和基础。正是由于图书馆保存着人类共同的文化知识遗产，才能成为人们共同学习和交流的场所，它的社会性、科学性、教育性和服务性才具有稳固的根基。从纸和印刷术的发明，到电子计算机与现代通信网络技术的推广应用，图书馆经历了一次次的变革与挑战，并引发了图书馆职能的不断拓展与强化，但保存人类科学文化知识始终是图书馆特有的职能。用知识传递、交流来促进社会生产力的发展始终是图书馆神圣的职责。人类社会的发展历程是知识积累的过程，只要人类社会存在，还在向前发展，就离不开知识的保存和交流，就离不开图书馆。

二、图书馆应用知识管理是图书馆事业发展的需要

20 世纪 90 年代以来，图书馆面临着两个大的背景：一是知识经济的产生与发展，给

人类社会带来巨大的影响，知识成为最重要的一种资源，成为基本的生产要素。图书馆能否在管理知识和运用知识上发挥作用，成为一个现实问题。二是新技术特别是信息技术的飞速发展不断地改变着社会的文化，图书馆一直随着新技术的应用而在管理与服务方式上发生着改变。网络给图书馆带来更大的冲击，是由网络替代图书馆组织和传播知识，还是由图书馆利用网络将更高质量的知识传递给需求者，图书馆必须做出选择。

毫无疑问，图书馆应用知识管理的理论与方法，能够提高图书馆文献组织与管理的质量，能够提高信息资源的可存取性，能够提高图书馆服务的针对性和效益，从而更好地为经济建设和社会发展服务，最大限度地发挥图书馆的作用与潜能。

三、图书馆是国家知识基础设施的重要组成部分

发展知识经济必须加强国家知识基础设施的建设。所谓国家知识基础设施，主要指高校、科研系统、企业和知识机构与广大劳动者紧密联系在一起的社会网络。通过这个网络的协同和互动，使知识得以生产、传播和应用，使人们在经济活动的各个环节都可以很容易地获得和利用所需要的知识。可见，国家知识基础设施属于广义知识管理的范畴。

图书馆始终被誉为知识的宝库，是典型的知识机构，也是传播知识的中介机构，它的基本职能和任务就是对知识进行收集、加工、存储、管理、检索利用并提供服务。图书馆的文献、设备、技术人员本身就是知识经济中生产要素的组成部分，随着数字化和网络化的普及，许多图书馆已经成为整个知识网络的组成部分，成为知识传播利用的主要渠道。

四、图书馆具有知识管理的传统和优势

图书馆界自古即有知识管理的实践。印刷术发明之前，文献资源相对稀少，但是仍有知识管理的实例存在，例如，我国东汉刘向、刘歆父子，将能够收集到的文献材料与文献资源组织编制成《七录》《七略》，并把征集到的文献分为七大类，再予以摘记大要。2000年前这种编制目录与摘要式的文献管理，就是具体而有效的知识管理。古代的石渠阁、天禄阁等藏书阁就是知识管理的单位。明朝《永乐大典》的编制和清朝《古今图书集成》《四库全书》，都是极为重要的系统化知识管理。

此外，图书馆具有进行知识管理的独特优势：一是拥有丰富的知识资源，社会上没有哪一个机构所拥有的知识资源量能够与图书馆相比。二是图书馆馆员的职业技能优势。

图书馆员属于知识工作者中的一类，是知识与智慧的价值创造者。早在1994年，密歇根大学图书馆信息学院的 Rosenfield 教授就指出，图书馆员等信息管理人员对信息资源进行"重新包装"的知识和技能，使互联网变成一个有价值的信息空间发挥更为重要的作用。美国宾夕法尼亚大学的詹姆斯·奥唐纳教授更是这样推崇图书馆员："我们看重的不

是信息本身，而是通过筛选得到确实需要的信息。"

在大学体系内，图书馆员作为一种职业，他们一直都在搜寻、筛选、组织、编排各种信息，帮助人们直接获取信息。

柯平指出，图书馆知识管理就是运用知识管理的理论与方法，进行图书馆的业务、财务、人事等各个方面的管理。[①] 它不是要取代传统图书馆管理的全部内容，而是图书馆管理的一个新领域。广义的图书馆知识管理，包含着两大范畴：一个是对图书馆馆藏知识资源的组织与管理；另一个是运用图书馆的集体智慧开展业务活动，提高图书馆创新能力和可持续发展能力的图书馆管理。

事实上，图书馆知识管理的定义应满足的条件包括：比较全面地概括目前图书馆界对知识管理的各种认识和思考；比较系统地反映出图书馆知识管理的思想、方法和应用层面的内容；比较完整地分析图书馆知识管理的内涵和外延；比较科学地界定图书馆知识管理的应用价值。在此基础上，本书给出的图书馆知识管理的定义如下。

图书馆知识管理包括图书馆知识（含显性知识和隐性知识）的获取、整理、保存、更新、应用、测评、传递、分享和创新等基础环节，它通过图书馆知识的生成、积累、交流和应用管理，复合作用于图书馆的多个领域，以实现图书馆知识的资本化或产品化，最终提升图书馆的服务能力、创新能力、竞争能力和可持续发展能力。

这个定义凸显了图书馆知识管理的以下特征。

第一，图书馆知识管理依赖于知识。由于在图书馆知识识别、获取、整理等过程中，环节众多，作用机理复杂，因此必须加强对图书馆知识的基础管理，确保在一个图书馆系统内知识可以不断地生成和发展。知识的基础管理是整个图书馆知识管理的前提。

第二，图书馆知识管理是管理。图书馆知识管理是以知识为中心的管理。强调它的管理特性，就是要突出知识管理可以帮助图书馆实现隐性知识显性化和知识共享，是一条提升图书馆运营效率的新途径。图书馆知识管理不像对数据和信息的整理分析那样简单，也不以书本或教条来管理图书馆，而是把信息、流程与人这三大因素有机结合起来，在交流和互动中实现知识的共享、运用和创新，是利用知识提升图书馆效率、创造图书馆价值的过程。图书馆知识管理是管理理论与实践中"以人为本"主线的进一步发展，实现知识与人的能力相结合，才是"知识创造价值"的管理目标所在。

第三，图书馆知识管理是优化的流程。按照知识的存在过程与业务流程的结合，可将图书馆知识管理划分为知识的生成管理、知识的积累管理、知识的交流管理和知识的应用管理等四个独立的环节，它们之间存在首尾闭合的环路关系。这四个环节相互影响，形成一个有机的管理体系，构建起有效的作用传导机制。从各个环节的具体内容来讲，围绕

---

① 柯平. 图书馆知识管理研究［M］. 北京：北京图书馆出版社，2006.

"知识增值"这个核心,知识生成管理是基础和前提;知识积累管理是保障,是知识源与流、因与果之间的重要联系渠道,通过积累可以形成图书馆的集体智慧,提高图书馆对信息环境的应变能力;知识交流管理是动力,通过交流可以将各种知识整合成强有力的资源和力量;知识应用管理是手段,直接创造价值。

第四,图书馆知识管理是方法。知识管理作为管理方法,并不只在图书馆的个别领域中发挥作用,它与图书馆管理的各个层面的应用主题相结合,以基本方法和规律指导图书馆开展藏书管理、组织设计、人力资源管理、资源规划和馆读关系管理,成为辐射到图书馆各个层次的,以资源整合、潜力挖掘和"知识创造价值"为特征的管理活动。

第五,图书馆知识管理创造价值。知识管理在图书馆应用的核心是体现"知识增值"。因此,"知识创造价值"是知识管理对图书馆的业务流程进行改进和变革的基础要求,将在外延上促进图书馆知识的资本化和产品化,确保图书馆具备良好的服务能力、创新能力、竞争能力和可持续发展能力。

第二节 图书馆知识管理的基本内容

一、图书馆知识生成管理

知识生成管理作为整个图书馆知识管理的前提,要解决的问题是清晰知识的来源,它主要包括知识获取和知识创造两个环节。知识获取可以分为从图书馆内部获取和从图书馆外部获取。因此在图书馆知识生成管理中,可以把知识的来源清晰地分为三个部分,即从图书馆内部获取、从图书馆外部获取和创造知识。

图书馆中由个人实践所形成的经验,或工作伙伴所拥有并可被分享的知识,是内部知识的主要来源。图书馆做好知识生成管理,首先要面对的就是从图书馆内部员工获取知识,把零散分布在每位员工头脑中的知识聚合成能够解决业务问题的系统性知识。当个人拥有的知识没有应用于解决图书馆问题时,对图书馆来说就是无效的。

在图书馆的外部,知识的获取主要在于获得出版社、书商、信息服务公司、同行、读者以及行业和社会发展的相关知识。这些知识隐含在繁杂的商业数据、行业信息、调查资料、读者与竞争对手的个体知识之中,只有对外部信息不断地进行搜集处理并促进图书馆与外部的交流,才能确保图书馆获得外部知识来源。

创造知识是图书馆知识生成管理中的另一个来源。尽管知识的创造活动往往是伴随知识的应用和交流全过程进行的,但它终归体现为知识的重新生成和总量的增加。知识创造作为知识的来源之一，是最难以把握的，因为创造意味着要培育、创新知识，而不只是简单地发现或积累知识。为了保持图书馆的生命力，图书馆不断需要新的知识，但很显然，这些知识不可能纯粹来源于原有知识或外部。

成功的图书馆会通过提高各个部门员工的工作兴趣来增强图书馆创造知识的能力，包括设立鼓励创造知识的项目、思想观念竞赛、参与多种项目工作的机会，以及提供充分的知识创造条件，保证图书馆员具备接触外界大范围刺激和信息的条件。

二、图书馆知识积累管理

知识积累管理是确定图书馆知识的最终存在形式，因此也是图书馆知识交流和应用的基础。知识积累管理的目标是将知识生成管理中所获得的知识进行保存和安全管理，同时为知识交流和知识应用创造系统、及时、高效的环境，因此知识积累管理的实现途径主要依靠知识的整理、保存和更新三种方式。

知识的整理、保存和更新构成了知识积累管理，但从管理过程来看，知识积累管理要解决的根本问题是不同知识如何实现积累，而不是损耗。这就要从知识存在的基本形态入手考虑。知识存在的基本形态有显性和隐性之分。显性知识是指经文献记录下来的、公共的、结构化的、内容固定的、外在化的和有意识的知识；隐性知识是指个人的、未经文献记录的知识，它对语境敏感，是动态创造和获取的，是内在化的和基于经验的，常存在于人的思想、行为和感知中。

由于显性知识可以被编码、结构化进而存储在数据库中，成员可以通过计算机或网络直接调用，而隐性知识与知识的所有者没有分离，往往需要通过直接交流才能传播和分享，因而这两种知识的积累显然需要不同的方法。

对显性知识通常可通过知识数据仓库来管理，而对于隐性知识通常以专家系统或智囊团的形式来管理。根据知识存在的基本形态选择相应的管理方法是图书馆知识积累管理的关键。

三、图书馆知识交流管理

图书馆知识交流管理中要解决的关键问题在于如何通过通信、协作与交流，实现知识在分类、整理和存储管理的基础上满足不同主体对各类知识的需求，最终促进知识应用，为图书馆创造价值。

知识交流管理要求图书馆从技术和文化等多方面做出安排。技术是实现图书馆内部知识传播的重要方法，有助于建立鼓励知识共享、团队合作和互相信任的图书馆文化。在知识积累管理中，我们通过对不同知识可以采取不同的积累策略，如使用知识数据仓库来管理显性知识，使用专家团方式管理隐性知识。与此相应，在知识交流管理中也产生两种交流方式。

第一种方式是间接交流，表现为知识的贡献人与知识的使用人之间不需要直接接触，他们都面对共同的对象——图书馆知识数据仓库，即知识的贡献人将知识提供给知识数据仓库，知识的使用人从知识数据仓库中提取工作中所需要的知识。

第二种方式是直接交流，表现为知识的贡献人与知识的使用人之间直接进行联系，联系的方式多种多样，如可以是组织会议、培训，也可以是电子邮件或即时通讯软件等，通过一对一、一对多的方式获得解决问题的知识。

间接交流的基础是完善图书馆的知识数据仓库。健全的知识数据仓库和完善的信息网络是促进间接交流的技术基础。但对于直接交流来讲，最大的挑战在于如何结合知识的积累，推动隐性知识的显性化，使知识的传播、共享更加简便。在隐性知识的直接交流管理中，除了完善专家团的管理模式外，最重要的是创造和推动各种隐性知识共享的机会，让隐藏于各处的隐性知识不断交流、碰撞，推动知识的创新。

四、图书馆知识应用管理

知识应用管理就是在知识生成、知识积累的基础上，借助知识交流，实现知识价值的过程。知识应用管理的前期准备工作决定了应用的效率。好的前期规划，可以节省图书馆在寻找有价值的知识过程中的成本。图书馆知识应用管理的前期准备工作包括以下几个方面。

第一，分析图书馆各部门和人员对知识资源的需求。为确定知识应用的目标，图书馆必须全盘考虑各个业务部门（采编部、流通部、技术部、咨询部、网络部等）和行政部门（财务、人事、后勤、馆长办公室等）的具体需求，总结其中的特殊性和通用性，对知识的内容、关系结构、文件类型等进行总体规划。

第二，规划和设计知识分类体系，提高应用前的知识评测能力。在确定知识仓库的总体规划后，图书馆需要依据专业的分类模式（如公认的、行业通用的、技术领域通行的分类），结合自身需要，规划出详细的知识分类体系。为使知识应用有效开展，在准备工作中要高度重视知识的评测，分析整个知识库的框架性结构，不断充实和加入有针对性的知识资源，做到准确适用，并根据实际情况不断修正和完善知识。

第三，规划、开发知识管理系统。针对集中管理（通用性）和分散使用（个性化）的现实需要，知识管理系统的核心功能一般要满足生成、积累、交流的需要。图书馆往往要根据自身实际进行系统的规划和软件开发。

第四，建立知识管理部门和相应的运作机制。为推动知识的应用，图书馆一般需要设置独立的知识管理部门或职能小组，其主要职能包括搜集通用的知识资源，组织其他部门和人员提供专门的知识，对图书馆知识资源进行汇集、过滤、整理，推动知识管理的理念传播和实际运作等。

应用的前期准备工作是与知识的生成管理、积累管理和交流管理结合在一起的。通过应用管理的准备，不仅可以梳理知识管理活动各个环节之间的紧密关系，还可以通过知识评测分析各个环节知识的适用性，加强和密切彼此间的联系，更好地促进图书馆知识管理的开展。

为了推动知识的应用，图书馆还要从文化和环境入手创造"知识拉动力"，要在组织形式上建立跨职能的合作团队。

第三节 图书馆知识管理的方法

一、设立知识主管

知识主管是指在一个组织内部专门负责知识管理的官员，是近年来随着知识管理的发展而在企业内部出现的一个新的高级职位。图书馆作为知识收集、加工和传递的中心，同样应该创建知识主管机制。

为了使知识管理成功，知识主管应该设立在有支配权和有责任感的上层管理梯队里，譬如由一名副馆长专任或由馆长兼任。图书馆知识主管的主要职责：制定图书馆知识政策，提供决策支持，帮助员工成长。具体而言，图书馆知识主管应做到：了解图书馆的环境和图书馆本身，理解图书馆内的知识需求；建立和造就一个能促进学习、积累知识和知识共享的环境，使每个人都认识到知识共享的好处，并为图书馆的知识库做贡献；监督保证知识库内容的质量、深度、风格并使之与图书馆的发展一致；保证知识库设施的正常运行；加强知识集成，产生新的知识，促进知识共享。

知识主管必须了解哪些技术有助于知识的获取、储存、利用和共享。要实现有效的知识管理，仅仅拥有合适的软硬件系统是不够的，还要求图书馆知识主管把图书馆知识开发、共享和创新视为竞争优势的支柱，对包括信息在内的所有知识资源进行综合决策，实施全面管理。

知识主管的动力来源于想要有所作为的愿望和坚持不懈的决心。他们应能够孕育和提出新思想，善于倾听他人建议，如果意见合理并符合图书馆的知识远景则应支持它们。

二、改造图书馆的组织结构

知识管理倡导运用集体的智慧提高组织的应变能力和创新能力，而设计合理的组织结构是创建图书馆核心能力的一条有效途径。面对现代信息技术的挑战和不断变化的用户需求，图书馆必须积极引进企业为实施知识管理而进行的"业务流程重组"或称"企业再造"的管理思想，重新调整图书馆的组织结构和内部关系，进一步增强自身的适应性和竞争性。

图书馆组织结构的设计应以读者为中心，以用户需求为导向，充分实现服务的专业化、个性化，减少管理层次和重复作业，合理配置资源，增强图书馆运行的弹性，提高工作效率。通过业务流程重组，使图书馆建立一种能够迅速适应读者需求的新的服务机制，实现与各个信息系统的交融，给资源的共享、优化、合作和知识的创新带来勃勃生机。

在网络环境下，图书馆的组织结构应改变以往固定的等级模式，打破传统的图书馆职能部门之间的界限，以适应功能的不断拓展和变化。一是在图书馆内建立"柔性组织"，更多地强调组织形态的扁平化和组织行为的柔性化。例如，采用以团队或小组为基本组织单元的网络化结构的组织形式。将更体现跳跃与变化、速度与反应，更强调人的个性与创造力的发挥，具有灵活、适应性强、高度参与并富有动态性的特点。二是在图书馆外建立"知识联盟"，引进外部知识及经验，以获得能力的扩展和转换。在组织内知识清点的基础上，组建专家网络来提升图书馆的知识、资源和技能水平，增进图书馆之间的相互学习和知识交叉，协同发展。

三、组建完备的图书馆知识库

图书馆知识管理的目标之一是图书馆内部的知识共享。采用传统手段来传递知识往往受到多种主客观因素的制约，有时不能将适当的知识传送到最需要它们的人手中。若建立知识库，就可以解决这个问题。图书馆应有计划地建立图书馆整体以及各个部门、各个岗位的专业知识体系，将现有知识分门别类、提炼加工；同时还要及时搜集所需的新知识，以形成有本馆特色并不断发展的系统性知识库，协助馆员高效提取所需专业知识资源用于各个部门和各个岗位的实际工作，以获得良好的工作绩效。

图书馆知识库可分成以下四个子库。

（1）外部显性知识库。该库主要收纳社会公共知识。政府出版物、期刊、报纸、学术会议录、标准文献、专利文献以及信息机构制作的具有版权的数据库等，都是社会公共知识的载体，图书馆应根据自身实际跟踪分析并收集相关的部分，以形成自己的特色知识库。

（2）内部显性知识库。该库收纳内部已经或可以用文字形式保存并可检索使用的一类知识，如研究报告、咨询案例、访谈录等。建立该库的关键是有系统性和便于查找。

（3）外部隐性知识库。外部隐性知识库也可以称"外脑"或"智囊库"。用户中不乏各行业、各学科领域的专家，若有效地加以利用就可以形成图书馆宝贵的无形资产。因此，图书馆应在平时的知识服务过程中与用户建立良好的互动合作关系，并建立图书馆的外部专家人才库以及将专家解答的问题加以编码储存的知识库。

（4）内部隐性知识库。该库收纳存在于图书馆员头脑中的经验、数据、技巧等意会知识。组建内部隐性知识库的基础是尽量把这些意会知识编码化，以供馆员访问和咨询。另外，可以组建内部网络开展电子讨论，让图书馆员将自己的经验输入内部网络，并对别人的提问和建议给予积极的反馈，管理者再将这些内容全部存入子库。这样一来，一个包括图书馆员经验、见解和窍门的内部隐性知识库就建立起来了。

四、创立图书馆知识管理系统

图书馆知识管理系统是一种用来支持和改进图书馆对知识的创建、存储、传送和应用的信息技术系统。目前，知识管理系统涌现了多种模式，如基于层次模型的知识管理系统、基于一般系统框架的知识管理系统、基于知识生命周期的知识管理系统、基于知识实践框架的知识管理系统、基于资源的知识管理系统以及基于 XML 的知识管理系统等。

在开发图书馆知识管理系统时，应注意以下几个方面。

（1）用户接口设计。即要求知识库管理员在选择工具时，必须考虑是否有标准接口或是否可以按照与组织的其他应用一致的方式来定制。

（2）文本检索与多媒体检索。即要求所开发或利用的搜索引擎能够检索到与检索表达式不完全匹配但实际含有相关信息的文档，而且能够按照相关率高低对检索条目排序。

（3）知识地图。即要求把知识库中的资料与知识目录连接起来。

（4）标准查询。即要求知识库引擎允许知识库管理员定义标准查询，这种标准查询涉及所有用户专门配置文档的关键词，也允许用户公布个人查询。

（5）知识目录。即要求知识库引擎在用户检索知识时，能够识别相关主题专家和馆藏存储信息。

（6）合作与通信。即允许被地点和时间分离的团队成员共享那些解决新建议的必要信息，包括方案文件、工作计划、个人计划、讨论组等。

彼特·美索和罗伯特·史密斯认为，从社会—技术的观点来看，组织知识管理系统不仅仅是信息技术系统，还是由技术基础、组织基础、组织文化、知识与人组成的复杂综合体。因此，今后成熟的图书馆知识管理系统除着重于信息技术外，还应该考虑图书馆组织、图书馆文化与人力资源等问题，以保障图书馆的可持续发展。

五、建设学习型图书馆

图书馆知识管理的策略之一就是建设学习型图书馆。在学习型图书馆中，学习、知识共享、提高员工的素质将是图书馆的一项重要职能和目标，图书馆会开展经常性的培训以及团队学习活动。在学习型图书馆中，学习已经内化为图书馆的日常行为，融入图书馆的血液之中。主动学习、自觉学习将代替被动学习，制度性学习、系统化学习将代替零星式学习。总之，向学习型图书馆发展可以从根本上改变一个图书馆的处境。

在思维方式上，学习型图书馆具有以下特点：

（1）有一个多数人赞同的共同构想。

（2）在解决问题和人事工作时，摒弃旧的思维方式和常规程序。

（3）成员对组织过程、活动、功能与环境的相互作用进行思考。

（4）人们之间坦率地相互沟通（跨越纵向和水平界限），不必担心受到批评或惩罚。

（5）人们摒弃个人利益和部门利益，为实现图书馆的共同构想一起工作。

在组织结构上，学习型图书馆具有以下特点：

（1）适应于团队工作而不是个人工作。

（2）适应于项目工作而不是职能性工作。

（3）适应于创新而不是重复性的工作。

（4）有利于馆员的相互影响、沟通和知识共享。

（5）有利于图书馆的知识更新和深化。

（6）有利于图书馆增强对环境的适应能力。

建设学习型图书馆，需要进行五项修炼，即自我超越、改进心智模式、建立共同愿景、团体学习和系统思考。其中，系统思考是五项修炼中的核心技术。

（一）自我超越

自我超越是指突破极限地自我实现和获得娴熟技艺的过程。自我超越的修炼包括：首先，建立个人愿景，即树立个人的理想和目标；其次，保持创造性张力，即不断地从个人愿景与现实之间的差距中创造学习与工作的热情与动力；再次，解决结构性冲突，即排除阻止个人追求目标和迈向成功的结构性心理障碍；最后，运用潜意识，即发展潜意识与意识之间的默契关系，以增强意志力。

（二）改进心智模式

心智模式是指根深蒂固于心中，影响着人们认识周围世界以及如何采取行动的许多假设、成见和刻板印象。改进心智模式就是图书馆成员和图书馆自身打破既成的思维定式，解放思想，进行创造性思维的过程。改进心智模式的修炼包括：辨认跳跃式的推论；对事物的假设、探询与辩护；对比拥护的理论和使用的理论。

（三）建立共同愿景

这是图书馆成员树立共同的理想和目标的过程。通过建立共同愿景，把图书馆全体成员团结在一起，营造出众人是一体的感觉。共同愿景深入人心以后，每个员工都会受到共同愿景的感召和鼓舞。对图书馆来说，建立共同愿景，就是要确立新时期图书馆的目标和任务，树立图书馆的形象，将馆员的个人价值与整个图书馆的价值统一起来，将个人的责任与整个图书馆的使命统一起来。这样形成的图书馆规划与图书馆设计不只是代表图书馆馆长的意愿，还是图书馆全体成员的志向和符合时代需要的可实现的工作指南。建立共同愿景的修炼包括：一是鼓励个人愿景，即鼓励个人设计自己的未来；二是塑造图书馆整体形象，即培养图书馆成员的集体观念，从集体利益出发分担责任；三是融入图书馆理念，即将共同愿景融入图书馆理念之中；四是学习双向沟通；五是忠于事实，即从事实与共同愿景之间的差距中产生图书馆的创造性张力。

（四）团体学习

团体学习是发展图书馆成员互相配合、整体搭配与实现共同目标能力的过程。通过团体学习，可以获得高于个人智力的团体智力，形成高于个人力量的团体力量，在团体行动中达到一种"运作上的默契"，形成一种"流动的团体意识"。

在图书馆中，针对图书馆改革的需要、针对图书馆任务的需要、针对部门的需要等，都可以组织团体学习，让团体成员在学习中理解和创新。

以图书馆的人事改革为例，当图书馆的人事改革目标确立以后，要通过学习使全体馆员认识到改革的重要性和必要性，愿意去改革并努力为改革献计献策，解决改革中出现的个人利益与整体利益的冲突、短期利益与长远利益的冲突，变消极因素为积极因素，变被动改革为主动改革，变照搬模仿为开拓创新。

图书馆是社会教育、文化和学术的一个中心，是一个非营利性组织，当这个组织遇到复杂问题时，既要进行学习，也要发挥团队精神。图书馆团队精神以知识信息服务为己任，增强责任感和使命感，通过勤奋努力、团结协作、坚持不懈、不断创造，促进人类知识与信息的生产、传播与利用。

团体学习的修炼需要运用深度会谈与讨论两种不同的团体沟通方式。深度会谈要求团体的成员说出心中的假设，暂停个人的主观判断，自由而有创造性地探究复杂的议题，以达到一起思考的境界。讨论则是提出不同的看法，并加以辩护的沟通技术。通常团体用深度会谈来探究复杂的议题，用讨论来形成对事情的决议。

（五）系统思考

系统思考是五项修炼的核心，它教会人们运用系统的观点来看待图书馆的生存和发展，进而将图书馆成员的智慧和活动融为一体。系统思考能引导人们由看事件的局部到纵观整体；由看事件的表面到洞察其变化背后的深层结构；由孤立地分析各种因素到认识各种因素之间的互动关系和动态平衡关系。

五项修炼的每一项都呈现三个层次，即演练、原理和精髓。其中，演练是指具体的练习，原理是指导练习活动的基本理论，精髓指达到炉火纯青的境界。

五项修炼将创造出有利于图书馆成员自我激励、自我管理和自我评价的组织环境，造就整体搭配、互相配合的团队精神，达到管理的人性化和制度化之间的平衡，以及馆员个人事业发展与图书馆发展之间的协调一致。

第六章　现代图书馆信息管理及服务研究

第一节　现代图书馆信息服务水平的评价方法

一、定性评价

（一）图书馆信息服务理念评价

办馆要办出水平，有时代感，就要不断地吸取新的观念，提高自我发展的理念。评价也应当从这一角度拿出一系列指标来，促进理念的提高。

（二）图书馆信息服务开放性评价

图书馆从"藏"到"用"、从"个别"到"整体"、从"手工"到"上网"这样一个变迁过程让我们看到，是否走开放性办馆道路已成为成功与否的一个标志。开放性是指馆与馆之间、馆与社会之间合作与交流的程度如何。例如，由文献资源共享引申出来的共建话题；由资源缺乏引出了高校图书馆开门办馆，利用文献资源为地方经济服务的问题；由条块管理引发出了地区性的战略伙伴合作问题等。

二、定量评价

（一）经济评价

经济评价的方式主要是看投入与产出比。做什么事都要有一个成本核算概念，都有一个值不值得去做的问题。经济评价正是从这方面着手，评价要求对投入与产出、效率与效益进行科学核算。空间利用率、书刊利用率、人均借阅量、技术附加值等都可以作为指标进行评价。

（二）对图书馆信息服务的技术层评价

图书馆的技术水平目前多数表现在两方面：一是选购、加工、整理文献的水平；二是现代技术服务的水平。前者的评价可以通过一系列标准来进行；后者的评价就比较复杂。技术评价是可以检查出图书馆价值的一项指标，所以显得十分重要。图书馆整体的技术含量越高，越能说明办馆的水平高、价值大。现在，更多的技术评价要体现在计算机管理的水平上，其核心在网络和软件成熟程度上。

（三）服务评价

这种评价应当主要来自服务对象的心目中，通过问卷、电话、随机采访、座谈会等方式进行。服务评价的内容主要指服务的功能性、服务的层次性、服务的及时性、服务的周全性、服务的技巧与艺术性等。服务也有规范，也讲究快速、便捷和有效性。服务的表面性管理比较好检查，但内在的质量检查就不那么容易了。所以，要研究出一套具体的二、三级指标来。

第二节　图书馆信息服务绩效评估

一、绩效评估和图书馆信息服务绩效评估

（一）新型绩效评估管理方法——平衡记分法

随着信息技术、网络经济的出现及全球化知识经济竞争环境的发展，企业的核心价值以及企业的竞争优势不再完全反映在传统的有形资产上，企业的发展前景、人力资本、组织文化、信息技术、内部运作服务过程管理、顾客关系等无形资产的管理成为创造企业长期价值的关键角色。与之对应，传统的、以单一的财务指标为主要内容的绩效评估体系日益暴露出其不足之处，比如，财务评价指标反映的是企业过去的经营成果，不能反映企业现在和未来的业绩水平，具有滞后性；不能全面衡量企业的经营状况和管理者的业绩，有些活动不能用数据衡量，具有片面性；等等。这导致企业的短视行为，侵蚀企业的创造力，丧失顾客等不利于企业在新环境下协调、持续发展的情况出现。为此，业界和学界专家纷纷进行探索和研究，以发现适合新形式的绩效评估管理方法。20 世纪 90 年代，Kaplan 和 Norton 提出了一种全新的方法——平衡记分法（Balanced Score Card，简称 BSC）。平衡记分法是一种基于战略的、有效的综合绩效评估系统，它帮助组织把战略目标转化为一套相关的绩效指标，按组织结构从组织财务、顾客、内部业务过程、学习与成长四个维度层层分解地进行评价，再实现对企业的综合测评，并且定期及时地进行反馈，适时适当地调整组织的战略目标。而且，这四个方面的测评不是孤立的，也不是对各个方面测评结果的简单相加，这四个方面是相互联系的，如同树根、树干、树叶和果实一样具有因果关

系，学习与成长因素是组织生长的养料来源——根部，它的发达会促进作为枝干的内部业务过程的繁盛，而枝繁必定叶茂，进而促进顾客满意，最终在财务方面显示出整个系统良好的发展态势。因此，平衡记分法是一种综合了各关键因素，协调了长期和短期目标，平衡了财务和非财务指标，满足了内外多方需要的集战略管理控制和战略管理绩效评估于一体的管理系统。

平衡记分法的绩效评估管理适应了知识经济的需要，一经形成便引起许多企业的关注和运用，并带来了相当的凡响，也引起了一些非营利性组织的共鸣，纷纷响应和引入。已有专家指出"目前国际上流行的平衡记分法是衡量非营利性组织管理绩效的一种全面而有效的方法。对非营利性组织的存在、发展与战略规划有重要作用"。随着社会信息化和信息社会化的日益发展，非营利性组织引进竞争机制和市场意识是必然的，是有益于组织发展的，因此，注重绩效成为任何组织存在和发展的关键。

（二）图书馆信息服务绩效评估

图书馆信息服务同样离不开投入与产出。从大的经济环境和本身效益与效率的角度出发，图书馆信息服务面临着多元主体的竞争趋势，因此，图书馆信息服务组织应从图书馆信息服务的特点着眼，努力开发服务产品，运用先进的管理理念和方法做好成本管理，有效地控制图书馆信息服务各个环节的绩效，及时发现问题，及时调整战略或目标，形成图书馆信息服务组织，以评估促绩效，二者之间的良性互动能够促进图书馆信息服务质量的持续提高。图书馆信息服务绩效评估就是利用系统的原理和方法，评定与测量图书馆信息服务人员在服务中的工作行为及工作效果。图书馆信息服务绩效评估旨在提高服务人员的服务意识，增强服务人员的综合素质，以及内外部各种关系的协调，以管理者的垂范作用带动服务人员的满意，进而提高整体服务质量和发展后进，满意用户，留住用户。由于历史和经济大环境的阻碍，长期以来，图书馆信息服务系统虽然比较重视绩效评估，但图书馆信息服务系统的评估缺乏定量分析和人本因素，使得绩效评估流于形式或避而不谈，没有真正形成激励先进、鞭挞后进与积极向上、团结协作的组织机制和学习氛围，限制了组织的持续发展。而平衡记分法的出现给图书馆绩效评估的实施带来了切实可行的方法。

具体来讲，图书馆信息服务绩效评估可以从图书馆信息服务系统的财务、用户、内部业务过程、学习与成长四个方面全面、综合地反映图书馆信息服务系统的绩效。财务方面所考察的是图书馆信息服务价值的提高与服务成本的降低两方面。图书馆信息服务的对内服务和对外服务中，每部门、每单位、每环节所产生的附加价值和所消耗的资源成本，都可以作为图书馆信息服务系统的重要财务指标。包括诸如图书馆信息获取、整理、组织、保管、维护等的管理成本以及信息产品和提供的信息服务的附加价值等指标。除此之外，由于图书馆信息服务的特殊性，还要考虑到尽可能地对图书馆信息服务所创造的间接经济效益进行财务指标的量化，也要考虑图书馆信息服务所产生的社会效益。尽管图书馆信息服务属于知识服务，具有隐性的特点，不易量化，但就像有的专家指出的一样，评估知识不是计算其价值，不可能建一个像财务账目一样的知识账目，而应集中于组织追求和达到知识目标的过程评估，确定知识服务是否实现了组织的知识目标。

对用户方面的绩效评估，图书馆信息服务系统可以从用户满意度、用户增加率、用户流失率、用户反馈情况等方面进行考察。当前，在竞争日益激烈的环境下，用户忠诚度对一个组织的生存与发展至关重要。在强调成本效益的同时一定要兼顾服务质量的提高，否则会导致用户的不满，甚至流失。有关用户满意与服务质量的关系前面已有论述，这种以牺牲服务质量换来的暂时经济效益的短期行为弊大于利，是不可取的。一旦用户流失，图书馆信息服务的价值及图书馆信息服务系统存在的价值将无从体现，图书馆信息服务系统持续生存与发展的可能也将不复存在。

二、图书馆信息服务绩效评估过程

在新形势下，为使图书馆信息服务管理水平和服务质量不断提高，图书馆信息服务组织要进行相应的改进和完善，以促进图书馆信息服务及其管理取得突破性进展。平衡记分法在图书馆信息服务系统的引进，无疑将促进图书馆信息服务及其管理向纵深发展。

如果把图书馆信息服务绩效评估体系流程化，服务绩效评估过程应包含以下内容和步骤：

第一，作为一个完整的图书馆信息服务绩效评估体系制定图书馆信息服务组织战略。组织战略是组织发展的目标，绩效评估中各个环节的执行目的都是实现组织的战略目标。图书馆信息服务系统依据组织的远景目标和价值设定组织的使命，从而制定组织的战略目标，并确定实现战略目标的关键成功因素。战略目标和关键成功因素为图书馆信息服务组织的关键绩效评估指标和目标的制定提供了方向和基础。

第二，制定关键绩效评估指标和目标。这是整个绩效评估的起点和基础。关键绩效评估指标是组织内各项战略目标的可量化目标，是图书馆信息服务绩效评估体系中具体直观的方法。关键绩效评估指标的制定要注意两点：第一是要注意每一个关键指标应反映短期和长期目标的结合；第二是要注意各关键指标的制定应体现层次性，即首先是组织整体绩效评估的指标，再自上而下地分解为各个层级的指标，从而形成功能层级和流程层级的指标，进而体现各个环节的紧密联系和每一位员工应承担的职责和义务，确保组织整体战略的实现。需要注意的是，关键绩效评估指标是动态发展的，要依据图书馆信息服务的发展适时进行调整和完善。

第三，制定和执行绩效评估计划。图书馆信息服务系统依据各层级关键绩效评估指标制定相应的绩效计划。按照各关键绩效指标层层分解为各职能部门的职责与任务，为各层级提供具体的行动计划，是每一个绩效目标的阶段性分解。同时要注意各层级目标的一致性。图书馆信息服务绩效计划一经通过，各工作环节就应按计划运作和执行，并接受绩效评估体系的监督。

第四，监控和评价。这是根据计划对图书馆信息服务中各职能部门和各环节的实际表现进行考核和衡量，便于随时掌握情况，及时发现问题、解决问题。同时，在制定相应的指标和计划时，要注意各绩效目标在某一部门和单位的具体权重的设计标准。权重的选择，是组织管理者把握整体利益，鼓励部门和员工正确行动的重要手段。

第五，适时适当地奖励与指导。根据绩效评估体系的反馈信息，奖励先进与突出，处罚绩效低的人员。当然，这只是激励部门与员工努力工作以期完成组织战略的一种手段，不是目的。

因此，适时适度的指导是必要的。指导环节是绩效评估的关键一步，是对出现的问题进行及时调整和纠正，以达到组织整体进步，也是平衡记分法人文精神的表现。五个步骤相互联系，共同形成图书馆信息服务系统绩效评估的一个连续、良好的循环。

第三节 图书馆服务创新评价体系的构建

一、构建图书馆服务创新评价体系的意义

每项服务创新的背后都有图书馆的考察、设计、部署等一系列的准备工作，有大量的人力和财力投入，这些服务是否引起了读者的关注，是否在解决读者信息需求方面有所改善呢？图书馆是否通过服务创新提高了服务质量和水平，扩大了社会影响？对这些问题的研究需要依靠评价来完成。构建评价体系是服务创新研究的基础。

（一）更加贴近读者用户需求

图书馆服务创新的目标是为读者用户提供能被认同和接受的创新服务，为他们创造更好的信息获取环境。常有这样的案例：一项新服务被图书馆描绘成具有美好的前景，然而在实践中未能得到读者用户的响应和认可，因而被冷落，以至于最终被淘汰。这种失败源于服务创新的设计不是以读者用户真正的信息需求为导向。基于用户感知的服务创新评价体系的构建才是服务创新本质的回归。

（二）更好地测度服务效益

服务活动特有的无形性属性和图书馆特有的公益性属性共同决定了图书馆服务创新的产出成果难以度量，在制造业和其他服务行业使用的测度生产率、测度营业利润等传统指标和方法，难以运用于图书馆服务创新活动中，导致其无法定量描述。构建服务创新评价体系是将读者用户对新服务项目的满意程度赋以分值，通过统计测评结果来测度创新服务的效益，以此评价创新服务的价值和作用。

（三）有利于新一轮服务创新的开展

创新是一个不断完善的过程，在开始阶段，其设计不一定完全符合客观实际，经过评

估、修正和改进，项目得以顺利实施。同时，创新又是一个永无止境的发展过程，社会环境不断变化，一项创新服务经过一段时间后会变得陈旧过时，更新的服务又将出现。评价活动是完善和推动创新的工具和手段，通过评价测度和完善服务，能判断服务是否受到读者的欢迎，当服务失去受众之时就是新一轮创新开始之时。

二、图书馆服务创新评价体系的构建

（一）图书馆服务创新评价体系的构建基础

LibQUAL "＋" TM 是美国图书馆界利用 SERVQUAL 基本原理，结合图书馆实际情况而开展的比较成功的图书馆信息服务评价项目。它开展用户调查，通过服务对象的感知检验服务成效，这种评价思想得到了我国图书馆界的认同。因此，图书馆信息服务评价的模式也是服务创新评价的基础，服务创新评价可以借鉴 LibQUAL "＋" TM 项目的调查式和评价方法来开展。同时，吸收与整合制造业和服务业的创新评价经验，形成适合图书馆创新服务特点的评价体系。

（二）图书馆服务创新评价体系的特点

1. 差异性

图书馆服务创新评价体系是以单一的创新服务项目为评价对象，围绕某一新兴服务而开展，专门评测其服务质量、效果和价值等的评价体系。因此，它不同于以图书馆整体服务为评价对象的 LibQUAL "＋" TM 等服务评价项目，它是随某一项创新服务实施开始，通过调查读者对新服务的感受来评价创新的得失。

2. 相关性

创新服务产生于图书馆服务中，带有图书馆日常工作的积累，还将继续在图书馆工作范围开展和实施，因此，图书馆服务创新评价体系既评价创新服务项目本身，也评价图书馆环境、设施及馆员等与创新服务的适应性。由此可见，图书馆服务创新评价包含在图书馆整体服务评价之中，是其组成部分之一。

（三）图书馆服务创新评价体系的构建原则

1. 用户感知原则

我国图书馆服务质量评价往往注重投入评价和过程评价，如经费数量投入、阅览面积大小、读者到馆量、文献借阅量、下载量等。这种评价是从图书馆单方面统计出发，不能反映读者的真实感受。而创新服务评价借鉴 LibQUAL "＋" TM 的评价原理，以读者对服务的感知感受为出发点，这样的调查评价更接近服务实质，是具有人文关怀的服务评价。

2. 定量原则

定量指标评价能够清晰明了地反映评价结果。影响服务创新质量的不确定因素很多，以往的评价通过访谈和对话等方式取得的定性指标，不能准确地说明服务在读者中的影响，而创新服务评价将调查内容依照读者感受赋以相应的分值，通过计算每项得分，对创新服务给予评判。

3．一致性和可比性原则

基于图书馆服务本质而设计的评价体系能够对同一类型或性质接近的创新服务进行评价，这是评价体系的一致性。采用相同的评价标准在不同的创新项目和不同的图书馆之间进行评价，能够对比分析，对创新开展情况给以客观公正的评价。

（四）图书馆服务创新评价体系的内容

图书馆服务创新是图书馆管理者经过思考设计、制定实施方案，并实际开展运行的服务活动，这些图书馆主观设想的服务思路和实际服务情况，只有通过读者用户在接受服务中的感知体验，才能对服务创新的效果和价值给出定论，对读者用户的感知、感受和服务效果等进行结构分解，形成评价系统的子体系，以此为基础形成图书馆服务创新评价指标体系。

（五）图书馆服务创新的评价方法

图书馆服务创新评价体系的评价方法可借鉴 LibQUAL "＋" TM 的计分方法，要求读者用户对每个问题的回答，要根据自己对创新服务质量的感受打分，对最低的服务水平、理想的服务水平和感知的服务水平三者中的每一个选取相应的指标数值，数值范围为1—9，1 为最低，9 为最高。将评价内容转化为与读者真实感受相对应的分值，以量化的数据清楚明了地评价图书馆提供的创新服务在读者用户实际利用中的效果和价值。

服务创新是图书馆事业发展的永恒课题，评价是服务创新的组成部分，有创新就应该有评价，评价为创新保驾护航，因此，图书馆管理工作必须重视服务创新的评价研究。在文献调查和工作实践的基础上，建立基于用户感知的图书馆服务创新评价指标体系，其目的是研究、探寻一套科学、适用的创新评价体系，以完善我国图书馆服务创新评价研究，提升我国图书馆服务创新的能力和水平。

三、图书馆服务质量评价体系的构建

（一）评价指标的选取

对于评价指标的选取，先采用频度统计法、理论分析法初步设置指标，再采用主成分分析法、极大不相关法对指标进行筛选、分类，最后采用专家咨询法调整指标。本书所指的频度统计法指对目前有关图书馆流通服务评价研究的报告、论文提出的指标进行频度统计，选择使用频度较高的指标。理论分析法指对流通服务的内涵、特征进行分析综合，选择那些重要的层面指标。主成分分析法实现了指标分类，并删除对评价贡献率较小的指标。极大不相关法通过计算同类指标的复相关系数，删除相关性比较大的指标。最后专家对指标的选取和分类进行调整，如此设置的指标体系由 6 个核心指标和 24 个细分指标构成。

（二）评价方法的确定

本书设置的评价指标中，行业指标和用户指标是两类完全不同的指标，其中行业指标数据根据图书馆实际情况计算获得，而用户指标数据则根据问卷调查来获取读者的评价值，两类指标获取方法、计算方法、量纲完全不同。为减小指标属性带来的误差，本书不采取对所有指标统一分配权重的方法，而采取对行业指标和用户指标分别分配权重、分别计算两类指标得分的方法。

采用主成分分析法计算指标得分，进行流通服务质量评价。主成分分析法的主要原理是通过线性变换将原指标转化为另一组不相关的变量，这些新的变量按照方差递减的顺序排列，在线性变换中保持变量的总方差不变，使第一个变量具有最大的方差，称为第一主成分；第二变量的方差次大，并且和第一变量不相关，称为第二主成分。以此类推，n 个变量即有 n 个主成分。方差贡献率表明主成分代表原指标的信息量。当累计方差贡献率达 85％时，确定提取的主成分个数，即此时所提取的主成分可代表原指标 85％的信息量。最后根据提取的主成分计算分值。此方法的优点：一是得到的新的综合变量（主成分）之间彼此相互独立，从而从根本上解决了指标间的信息重叠问题，使得分析评价结果具有客观性和可确定性；二是确定的权重是基于数据分析而得到的指标之间的内在结构关系，不受主观因素的影响。

第四节　现代图书馆信息管理及服务的优化

一、图书馆图书信息管理的优化方式

（一）现代图书馆图书信息管理优化的必要性

首先，信息社会的快速发展促使现代图书馆图书信息管理实施优化，这是一种必然的趋势。随着信息时代的来临，图书馆的图书管理衍生出了信息化的管理模式。由于信息技术在图书馆中的快速应用和网络化的迅速发展，传统的单纯依靠图书获取信息的观念已成为历史。现在，先进的信息技术已经在社会的各个领域全面覆盖，因此，现代图书馆图书信息管理的优化是当今信息社会发展的客观需要。现代图书馆作为社会信息系统的主要组成部分，在当今信息社会中扮演着重要角色，为了有效地完成信息社会赋予的使命，就要

对现代图书馆图书信息管理实施优化，从根本上改变其传统的图书管理模式和管理思想。因此，传统的图书管理向现代图书馆的图书信息管理方向转变，已是图书馆图书信息管理发展的必然趋势。其次，现代图书馆图书信息管理优化是深化信息服务的需要。在当今社会信息技术快速发展和信息量快速膨胀的环境下，现代图书馆的专业化程度和社会化程度与日俱增。所以，现代图书馆信息管理方式的优化成为现代图书馆能够切实实现各种信息的共同使用，加快图书馆信息服务的客观趋势。信息管理的优化将从整体上改善传统图书馆的工作，能够更好地实现搜集、整理、存储和传播文献信息，为读者提供更优质的服务，进而促进全民素养的提高。最后，使用现代信息技术已成为现代图书馆图书信息管理优化的发展趋势。目前，在信息化社会中占主导地位的是数字化信息，而占据人际交流平台的是虚拟空间。因此，随着社会信息化程度的日益增加，图书馆引入信息管理成为现代图书馆发展的必然趋势。当今，人们获取信息的途径已不单单是依靠书本，主要信息来源是依靠快捷、方便和全面的网络资源。网络资源依靠以计算机为基础，以网络传播为核心的现代信息技术的快速发展。因此，现代图书馆通过信息管理的优化，能够清晰地把握读者的需求，进而提高图书馆服务读者、服务社会的能力，有利于图书馆的优化发展。

（二）现代图书馆信息管理优化方式策略

1. 图书馆自身落后的管理模式的改变

信息管理优化的关键是摒弃固有的管理观念，大力解放思想，积极开拓新型信息化管理模式。在信息管理优化方式下，更需要强化信息服务意识，重新树立信息化、竞争、创新、资源共享等服务理念。现代图书馆要转变传统的管理与服务模式，在传统的管理模式中，融汇信息化环境下先进的管理和服务模式，从而为读者更好更快地提供优质服务。

2. 信息服务意识和理念的加强

现代图书馆的图书信息管理要重点以一切为了读者，为读者提供快捷、方便的服务为目标，全面推动现代图书馆为读者服务水平健康快速地发展。现代图书馆图书信息管理就是要让图书馆服务意识坚持一切为了读者、为了一切读者的服务理念。现代图书馆信息管理的优化目标是想读者之所想、急读者之所急，使信息资源共享机制健全，实现利益互补，进而能够更好地为读者提供优质的服务。

3. 硬件和软件投入的增加

现代图书馆信息管理的信息化是一项复杂的系统工程，在这个系统工程中的技术设备、人力资源、业务流程重组等其他方面，都需要投入大量的资金。现代图书馆信息管理的优化，一方面加快了图书馆的网络化进程和服务现代化的发展，并且使图书馆传统业务技术手段得以改变，改变了传统图书馆信息资源的现状，使图书馆信息资源得以深度开发和普遍共享，信息服务能力和文献保障水平得以提高；另一方面要不断为现代图书馆添置专业性的设备，在开发为读者提供特殊服务方面独辟蹊径，加强现代图书馆网络导航服务。综上所述，图书馆在硬件和软件方面应不断增加经费的投入，进而能为读者提供形式多样的服务，促使现代图书馆图书信息管理优化中网络信息之间互动的形成和信息资源保障制度的创建，进而能够在实现网络化上提供软、硬件的保障。

4. 加强图书馆管理与服务的信息化与数字化

现代图书馆信息管理的优化不仅是信息资源的数字化，还是图书馆管理与服务的信息化和数字化。在信息技术高速发展的今天，电子产品快速普及，图书馆的功能已不是仅仅为公众提供文献资源，这就要求现代图书馆要紧跟时代发展，把电子信息资源建设作为重点建设内容之一。

（三）推动图书馆信息服务作业系统优化管理

1. 图书馆信息服务作业系统

所谓图书馆信息服务作业系统，就是把能够产生图书馆信息服务质量的各种资源按系统方式组织起来，形成一个有机的服务整体。在服务提供者的眼里，这一作业系统或许是由几个独立的部分组成的，但用户则把这一系统看成一个统一的整体。在这个整体中，用户是服务生产的参与者，是服务质量的最终评判者，用户与图书馆信息服务作业过程发生互动作用。因此，用户成为图书馆信息服务作业系统的一部分。图书馆信息服务作业系统是一个由两部分（接触部分和辅助部分）构成的统一体。

接触部分是用户与组织提供的服务发生关系时所能够看得见和体验到的事物，包括用户及用户直接接触到的能够产生服务质量的各种资源。用户与服务组织在直接接触过程中，产生了服务管理学所谓的"真实瞬间"——它是顾客对组织服务质量最集中的体现和感知。图书馆信息服务作业系统中，直接接触的部分包括：第一，介入服务作业系统的用户。由于服务生产和消费的不可分离性，用户不再只是被动的服务接受者，而是在消费服务的同时积极参与服务生产的重要组成部分。用户参与的态度、用户素质、用户心理、参与程度等直接影响着服务组织的服务生产及质量。第二，服务组织的一线员工。一线员工即直接与顾客或用户接触的服务人员。服务过程中，不管以怎样的方式，不论是谁，只要与用户或顾客进行了直接接触，都可以被看作一线员工。一线员工是服务作业系统的关键资源，起着承前启后的作用。一线员工在与顾客或用户接触的关键时刻，把组织的服务文化、组织的优质服务质量提供给了顾客或用户，同时，通过观察、询问了解顾客或用户的相关信息并反馈给组织，以便更好地满足顾客或用户，提高组织的服务质量。员工与顾客或用户间互动营销对确保服务质量，使每一个真实瞬间都能够达到顾客或用户满意具有十分重要的作用。第三，服务组织的经营体制与规章制度。任何一个组织都有相应的经营体制和规章制度作为员工或用户行动的指引。一定的经营体制和规章制度反映了一个组织特定的经营理念和文化内涵，它会影响到员工的工作状态、用户的服务消费、服务生产的协作，进而影响服务质量提升等，因此具有正面效应作用的经营体制和规章制度是服务导向型的，反之，需要调整改进。第四，服务组织的设施设备。在图书馆信息服务作业系统中，服务组织的设施设备包括计算机、缩微阅读机、复印机、网络系统、文献或电子网络资源、环境等，用户在接受服务时会或多或少接触到，因此，这不可避免地会影响到服务质量，包括技术质量和功能质量（如美感、舒适度、便利等）。

根据现代服务管理理论，用户、一线员工、经营体制与规章制度、设施设备与物质资源共同构成了一个完整的服务作业系统。这四方面相互作用，协调一致，才能保证服务系统整体功能的实现和服务作业系统服务质量的提高。

2. 图书馆信息服务作业系统辅助部分及其作用

用户在与服务组织的接触过程中，很少看到或想到前台后面的情况，并不知道服务生产与提供同样离不开后台辅助部分系统的支持和帮助。后台辅助部分包括管理人员、后台职能部门人员和相关物资部门。在图书馆信息服务系统中，图书馆信息服务过程中的信息收集、组织、编纂以及网络系统的运行、维护等人员及其工作不易被用户直接看到或理解，有时后台良好的服务甚至被前台一时的不周到服务全部抹杀。因此，高质量的服务是一个整体系统行动的结果，其中的每一环节之间都是紧紧相扣的。辅助部分具有支持作用，芬兰著名服务营销学家格鲁诺斯认为后台辅助体系应为前台操作体系提供三类支持，即管理支持、后台工作支持和系统支持。

（1）管理支持。管理支持是指有关管理者在自己的日常工作中给予下属的支持。管理者的支持是服务人员创新的关键，是服务质量提高的基础。管理人员应加强组织战略的设计和建设，营造平等、开放、创新的服务环境，培育全员服务的组织文化，树立服务导向，努力加强为内部和外部顾客服务的意识。为此，图书馆信息服务作业系统的管理者在不断提高能力的同时，应努力建立与服务人员的伙伴关系，鼓励他们更好地服务内外用户，同时应身体力行地做好垂范作用。

（2）后台工作支持。提供给用户的最终服务的实现往往离不开后台辅助部门员工的工作支持。从管理学的角度分析，服务组织内同样存在顾客与服务，可以说内部服务与外部服务一样重要。图书馆信息服务各环节无不体现了这一相互服务与支持的关系，每一个员工都应形成良好的服务意识和行为，把用户第一的理念贯穿于图书馆信息服务的全过程。

（3）系统支持。现代信息技术和网络技术的发展，大大改善了服务组织的工作环境和工作条件，也提高了服务员工的工作效率和热情。从大的服务环境来看，图书馆信息服务组织应从组织系统结构、组织授权方面给予员工充分的自由，最大限度地开发员工的主动性、积极性、创造性潜能，让员工能够灵活自主地为用户提供优质服务，切实起到系统支持的作用。

以上讨论是基于把图书馆信息服务作业系统看成独立的组织单位。实际上，图书馆信息服务作业系统和其他系统共同形成了一个更大的网络系统，共同发挥着服务用户的作用。同时，每一个系统又由若干个子系统组成，并相互作用。图书馆信息服务作业系统应认清自己作为子系统的地位和作用，协调好同其他服务系统的关系，处理好内部各子系统间的关系，如此才能更好地为用户提供更优质的信息服务，确保图书馆信息服务的整体质量。

3. 图书馆信息服务作业系统的要素及其关系

按服务理论，在服务方与用户的互动接触中，关键时刻至关重要，用户的感知质量不仅仅是部分服务的体现，也是图书馆整体系统服务功能的再现，为此，图书馆信息服务组织应合理恰当地组织安排图书馆信息服务作业系统的各种资源（要素）。图书馆信息服务作业系统的要素可以引进企业系统的要素来分析和阐释。

首先，考察服务观念与用户的关系。图书馆信息服务作业系统在自己战略目标的指引下确立全员服务观念，通过开展用户调研工作和其他渠道的信息反馈来确定用户需求，并在此基础上合理调配作业系统资源，围绕用户需求提供服务以满足其需求。用户成为服务生产的一部分，用户的素质、情绪、参与程度等对服务质量有着直接的影响，因此，用户的相关信息对服务系统整体服务策略的实施、服务效益的体现十分重要。同时，用户与服务人员接触的关键时刻，是作业系统服务观念与用户互动沟通、服务承诺兑现的过程，通过服务的技术质量和功能质量的体现，实现用户服务质量的感知。如果用户满意，系统的服务观念就得到了贯彻，反之，服务观念则需进一步改进。二者的互动、协调统一成为服务质量过程控制的关键。

图书馆信息服务作业系统要努力维持和发展与用户的长期伙伴关系，以实现生产和提供优质服务的能力和目标。

其次，考察服务观念与员工的关系。服务观念从本质上来看，是服务作业系统组织文化的一部分，而组织文化是通过员工的服务活动和综合素质体现出来的，这些都对服务绩效的好坏起着至关重要的作用。因此，组织内部员工构成服务过程控制的重要组成部分。员工包括一线员工和辅助员工。就图书馆信息服务作业系统来说，员工主要包括图书馆信息服务提供者和图书馆信息收集、组织、加工、保管和网络系统维护人员及相关管理等服务人员。将图书馆信息服务观念转化为具体的行动，需要作业系统采取各种措施对员工进行培训、吸引和留住员工，积极有效地激发图书馆信息服务人员的主动性、创造性、积极性，努力将服务观念与图书馆服务人员的态度、行为保持一致，通过上下一致的服务步调，体现图书馆信息服务系统的组织文化和战略目标，提升图书馆信息服务的整体质量；反之，将影响图书馆信息服务的整体质量和形象。

最后，考察服务观念和管理体制的关系。管理体制包括经营方式、规章制度、技术装备和物质资源的利用与配置等方面。如果上面的称为服务过程控制的"软件"，则这些是服务过程控制的"硬件"装备，是服务观念转化的物质基础，它们的好坏以及利用状况，决定着服务观念转化为实际产出的多少。当然，这里不是完全绝对的，实际中不能忽视"软件"的作用及其他情况的介入。而内部管理体制服务观念的一致性相当重要，因此，就图书馆信息服务而言，内部的一些管理规定、服务制度、技术装备等的管理要与图书馆服务人员执行服务观念的行为相一致，否则会影响和制约服务人员的服务质量。

此外，用户与管理体制之间的关系也是图书馆信息服务作业系统需要协调的重要方面。管理体制的制定要以用户需求为导向，体现为用户服务的观念。同时，要让用户明确图书馆信息服务的各项规定、服务内容、承诺等，对此不能模棱两可，否则会适得其反。用户与服务人员的关系，同样是图书馆信息服务作业系统控制的关键环节。服务员工是图书馆信息服务系统管理好服务质量的关键，尤其是与用户接触的一线员工。服务员工作为一个跨越边界的角色，构成了组织和顾客的持续纽带。图书馆信息服务人员必须有意识、有能力应对灵活多变的环境，富有创新精神，具有现代信息环境要求下的多种综合素质，以提供高质量的信息服务。因此，图书馆信息服务人员要不断地学习，图书馆信息服务系统要注意服务人员的素质建设。

4. 图书馆信息服务作业系统的内部营销

图书馆信息服务各要素之间的关系通常比较错综复杂，而图书馆信息服务本身就是一个复杂多变的活动或过程，因此，图书馆信息服务作业系统服务过程的各个环节都是相互联系和作用的，只有对每一个环节都加以合理控制，才能确保整个服务系统的协调，保证图书馆信息服务整体质量的控制。

因此，按照服务营销管理理论，图书馆信息服务作业系统内同样存在内部营销和服务，即图书馆信息服务系统内部存在内部供求关系。图书馆信息服务系统的每一个员工既是服务提供者，又是服务接受者，最终才是外部用户感知的服务。内部顾客或用户的观念和意识为图书馆信息服务组织内部运作建立了全新的衡量标准。正如上文所描述的那样，图书馆信息服务系统的服务流程中，每一个服务环节都是前一环节的顾客，同时又是下一环节的服务提供者，任何一个环节出现问题，都会影响顾客或用户可感知的总体服务质量。例如，图书馆咨询服务的完美实现，依赖于图书馆信息服务系统高水平的信息组织以及图书馆网络维护部门的大力支持。只有满意的员工，才有满意的用户，才有图书馆信息服务的最大价值。内部顾客或用户所得到的服务要像外部顾客或用户所期望得到的一样，这一点必须做到。这就意味着，服务质量绝不仅仅是外部用户可以看到的那些职能部门所独有的责任，提供良好服务质量的责任遍及整个图书馆信息服务系统。为此，图书馆信息服务系统的管理者应努力营建组织文化，强调和贯彻服务意识，使每一位员工都认识到服务于人的意义和重要性，并以身作则，将意识转化为服务行为。同时，在组织服务文化的指引下，以用户导向为原则，合理组合与配置图书馆信息服务作业系统中所有能产生服务质量的各种资源要素，使各要素相互协调和平衡，实现内部用户的忠诚，以保证图书馆信息的高效益。

图书馆信息服务作业系统的管理也是对图书馆信息服务的一个个工作环节整体过程的控制，其包括两方面：一是开发图书馆系统中能够产生服务的各种资源；二是协调这些资源之间的相互关系。图书馆信息服务作业系统的整个管理过程，包括从信息的收集、整理、加工、存储到信息服务的提供等各个环节的管理项目、管理重点等，尽管各有区别，但是从宏观来看，都包含服务质量的管理、服务创新的管理、服务效益的管理三方面，对图书馆信息服务作业系统的管理就应从这三个方面进行整体的把握和理解。

（1）图书馆信息服务质量管理。服务质量管理是服务管理的核心，它一直是服务管理领域关心和研究的热门课题。由于服务本身的特点以及更多的人为干预，使得服务质量很难控制和评价。为此，服务管理研究人员做了相当的努力，尽量做到服务标准化、程序化、规范化。

对于图书馆信息服务而言，图书馆信息服务有其自身的特点。例如，图书馆信息服务的知识化特点，使一些指标不易进行量化评估，这样图书馆信息服务质量就很难得到控制。尽管如此，将服务管理领域先进理论与图书馆信息服务及其管理自身特征结合起来，进行理论和实践的探讨，努力将图书馆信息服务质量控制在最好的状态是现实的需要和当务之急。此处，依据服务管理和全面质量管理的相关理论，提出进行图书馆信息服务质量管理的相关原则，即顾客导向原则，授权和员工受教育原则，系统与过程持续改进、创新原则。

第一，顾客导向原则。图书馆信息服务质量是由图书馆信息服务用户感知质量的优劣程度决定的，因此，只有满足用户的服务，才能真正体现图书馆信息服务的价值。事实上，多数的服务质量与服务提供者、顾客面对面的接触瞬间有关。服务接触是服务质量和顾客满意建立的区域。因此，只有图书馆信息服务系统与用户及时有效地互动，才能充分实际地研究用户的需求，了解用户的期望，分析用户需求心理和需求变化，满足用户的相关需求。顾客导向促进服务利润的关系说明顾客需求是企业生存的基础。因此，图书馆信息服务系统在用户研究的基础上，保障保健因素，创造和开发激励因素，不仅要满足用户的需求，甚至要超越用户的需求与期望，以提升用户的忠诚度，从而提升图书馆信息服务的市场占有份额，增强图书馆信息服务的竞争力和生存力。图书馆信息服务系统要制定服务战略，一切图书馆信息服务工作都应服从和支持用户满意服务战略，实施全员服务战略，制订用户发展的远景规划，为用户提供最好的服务。

第二，授权和员工受教育原则。服务组织中服务质量优劣的关键是服务员工，特别是与顾客或用户接触的一线员工的表现。图书馆信息服务是一个系统的整体的服务过程，服务质量的提升不是一两个人的事情，它需要全体员工的共同努力和参与。图书馆信息服务系统要具备相互配合的工作作风与团队精神，要充分调动和发挥服务人员的积极性、主动性、参与性和创造性，这对服务质量起着至关重要的作用。那么，就服务人员的管理问题来说，管理学家进行了相关的研究，认为授权是提高员工满意度、提高工作效率和服务价值的有效途径。授权是一个建立在合作基础上的交互式的过程，是组织中的成员通过合作、分担工作任务和共同工作来树立、发展和增加员工的权利。授权使得服务员工在服务传递的过程中有一定的自主性，它会带来许多利益：一是服务员工在服务实施中能对顾客要求做出更快的现场反应；二是服务员工在服务补救中能对不满意顾客做出更快的现场反应；三是服务员工对工作及其自身感觉更好；四是服务员工会更热情地与顾客互动；五是被授权的服务员工是服务创意的源泉；六是顾客眼中的活广告。图书馆信息服务是一种知识化的服务，有时其各服务环节难以管理和控制，这更要求对服务人员加以人本管理，进行适时适度的授权，增强其服务中的自主权，以便他们在责任和权利范围内及时、灵活地处理解决图书馆信息服务中的问题。为此，图书馆信息服务管理系统应在平等、开放的平台上确立组织的共同愿景（即图书馆信息服务系统试图实现其目标的战略规划或蓝图）。具体来讲，是让员工充分参与组织目标的制订，合理足够地采纳图书馆信息服务员工的建设性意见，将组织的愿景与服务人员的个人发展目标合理衔接。并且，管理者要充分信任员工的能力和智慧，要对员工的工作给予很高的期望，同时设立员工管理和精神上的目标，谨慎使用职位权利，限制使用强制权利。图书馆信息服务系统通过这种信任、平等、沟通与参与的授权管理，不仅增强了员工的工作积极性、主动性和创造潜力，增强了员工自我价值的实现意识，也促进了组织内员工之间人际关系的改善，促进了图书馆信息服务系统整体服务质量的提升。图书馆信息服务系统员工必须不断地学习，以更好地行使授予自己的权利，创造性地完成赋予的任务。管理者要鼓励员工进行各种形式的学习，同时创造机会培训和继续教育员工，一来使员工对组织的目标及其重要性有统一的认同；二来使组织的共同愿景与员工的个人目标相统一；三来可以开发员工的创造力，促进组织持续的竞争力，提升图书馆信息服务质量的整体效益。需要指出的是，授权管理要求建立切实的员工反馈机制与系统，否则，授权的真正意义将无从谈起。

第三，系统与过程的持续改进、创新原则。在《第五次修炼》中作者指出，系统是一系列相互联系的实体，这些实体接受输入，然后通过转换增加价值，产生输出，来完成所设定的系统目的、使命或目标。图书馆信息服务组织也是一个具有明确目的或使命的系统——其目的就是为用户提供优质的信息服务。同时，每个系统又是更大系统的一个子系统，并且每个服务系统同时由若干个子系统组成。而过程是指获得结果的一系列活动。一个系统通常包含若干个运作过程。图书馆信息服务系统通过信息收集过程、保管过程、组织过程、系统维护过程和信息传递过程服务于用户，满足他们的需求。系统对图书馆的服务质量起着支持性的基础作用。图书馆信息用户需求的动态性要求图书馆信息服务质量动态发展，而作为基础支持的图书馆信息服务系统必然要进行不断的改进和创新以适应这种变化和需求，保证优质服务质量的持续提供，保持用户的忠诚。创新是一个组织持久的竞争优势，是服务质量的保证。系统各个部分之间是相互关联和相互依赖的，要达到各个环节和各个过程中服务质量的高效，在图书馆信息服务改进与创新中必须系统地思考和处理面临的问题。实际上，整个图书馆信息服务的全过程都应进行系统思考。系统思考，就是要求全面细致地分析图书馆信息服务各个环节或过程，要求动态思考问题，防止静止思考。系统思考强调系统内的合作和平等参与，因为组织运作只有在整体和谐的情况下，才能实现组织的既定目标。

（2）图书馆信息服务创新管理。创新是一个组织持续的竞争力，组织只有不断创新才具有不断发展的生机和活力。组织的授权和员工的不断学习奠定了组织的创新机制，尽管如此，还是有许多因素阻碍创造力的发挥。例如，过于强调管理、短期思维或企图以较少投入获取较大利益（紧缩预算、裁员、压缩生产周期等）都会导致创造力的窒息。因此，在实践中，组织应尽量减少和克服这些阻力，努力营建组织不断创新的环境和氛围。就图书馆信息服务作业系统来说，图书馆信息服务系统应在组织服务管理观念、服务管理组织形式、服务管理制度、服务管理技术等进行创新和完善。图书馆信息服务系统中，员工共同参与制定共同愿景以及人性化管理的实施等无疑都促进了图书馆信息服务人员智慧的发掘和创新潜力的开发。在共同愿景的驱动下，图书馆信息服务人员积极参与组织的各项工作，发挥聪明才智，勇于创新，使图书馆信息服务从平庸走向辉煌，实现图书馆信息服务的最优化。

（3）图书馆信息服务效益管理。效益实际就是组织投入和产出的关系。图书馆信息服务效益具体表现为经济效益和社会效益。经济效益指通过信息的利用带来的生产、经济和科学教育等方面的间接利益以及图书馆信息服务本身所获得的直接利益；社会效益主要体现在文化、教育等社会领域内的利益或效益。图书馆信息服务的目的是降低总体服务成本，最大限度地挖掘图书馆信息服务的效益。同时，正确处理好图书馆信息服务的经济效益和社会效益的关系也是过程控制，是提高服务质量的关键。要把二者的关系正确地处理和协调好，从全面的、协调的可持续的科学发展观来考查和衡量图书馆信息服务的经济和社会效益，以保证图书馆信息服务事业全面健康地发展。

二、图书馆信息管理系统优化与发展

（一）现代图书馆信息管理系统优化发展的必要性

1. 现代科学技术已经渗透到图书馆管理的各个环节

毋庸赘言，图书馆不仅是传播文献信息资源的枢纽，而且是保存和传播人类文明成果的重要场所。随着信息时代的到来，各种现代信息技术被广泛应用于图书馆的各个工作环节中，计算机在图书馆办公自动化领域的应用日益广泛，图书馆信息化建设得到了迅猛发展，在信息资源的保存、管理、传播、使用的过程中，采用现代化管理方式和手段，克服了传统信息资源得不到有效利用和共享的弊病，所以产生了深远的影响。同时，按照信息社会的要求，图书馆充分利用现代信息技术，组织、开发和管理图书馆的信息资源，并建立信息管理系统，为图书馆用户提供优质信息服务。图书馆信息管理系统运用信息化的手段来收集、存储和处理各种文献信息，从而形成新信息资源的生长点和辐射点。

2. 现代图书馆信息管理系统的应用是信息社会发展的需要

信息时代的到来对人们生活的各个方面都产生了深远的影响，图书馆的管理也随着时代的发展出现了信息化的管理方式。在传统的观念中，信息的来源主要以图书为主。随着信息技术的应用和网络化的发展，这种观念已经过时了。目前，先进的信息技术已在各行各业得到普遍应用，因此加强信息管理成为图书馆活动的客观需要。图书馆拥有丰富的文献信息资源，是社会信息系统的重要组成部分，在信息社会中的作用愈来愈重要。图书馆要有效地完成社会赋予的任务，就要实施信息管理，有了图书馆的信息管理，就会产生图书馆管理知识的不断飞跃，这就使传统的图书管理模式及管理思想不断发生变化。图书馆管理向信息化管理方向发展成为必然趋势。

3. 现代图书馆信息管理系统的应用是图书馆深化信息服务的需要

图书馆是普及科学文化知识、提高公民素质的重要场所，是实施终身教育的大课堂。随着信息技术的发展和信息量的快速膨胀，新型的载体形式大量涌现。与此同时，在新技术革命浪潮的冲击下，作为搜集、整理、存储、传播文献信息的图书馆，其专业化程度和社会化程度越来越高。因此，现代图书馆信息管理系统的应用成为公共图书馆实现资源共享、深化信息服务的客观需要，它将从整体上改善图书馆工作，并为基层读者提供更好的服务，从而促进公众素质的提高。

4. 信息技术的现代化已成为图书馆优化管理的发展趋势

当今时代，数字化信息已经占主导地位，虚拟空间将成为人际交流的主要平台。随着信息化程度的提高，将信息化管理引入图书馆管理是图书馆现代化管理发展的必然趋势。现代信息技术是以计算机为基础、以网络传播为核心的技术。现代社会人们的信息来源已不仅仅是书本，更多的是能更快、更好、更全面地获得信息的网络资源，信息技术的现代化已是大势所趋。如今，通过知识信息化管理，能够更清楚地了解读者的需求，从而提高图书馆为读者服务的能力，这使得信息资源的开发与利用被提高到一个更高的层面。同时，信息存贮、加工、反馈和处理技术的发展以及信息意识的强化，都对图书馆信息服务工作提出了新的更高要求。

（二）现代图书馆信息管理系统优化发展策略

1. 全力改变传统管理方式

图书馆要想实施信息化管理，当务之急是摆脱传统观念的束缚，彻底改变固有的管理观念，解放思想，破除陈旧的"封闭式服务"和"重藏轻用"的管理模式；要强化信息服务意识，树立信息化、竞争、创新、资源共享等服务理念；要充分认识信息化资源具有的传递性、实用性、商品性和知识性等重要特征；要把图书馆由传统的管理与服务模式转化为依托于信息化环境的先进的管理与服务模式；要从现代人的实际读书需求和信息需求出发，更好地为读者服务。

2. 进一步强化信息服务意识和理念

科学发展观的核心是"以人为本"。图书馆要为读者提供更加方便、快捷的服务，就必须以科学发展观为指导，推动图书馆为读者服务的事业不断发展。"读者第一，服务至上"是图书馆永恒的主题。因此，图书馆要坚持"以人为本"的服务理念，要重视读者、尊重读者、善待读者、方便读者、关心读者，更好地服务于读者；要想读者之所想、急读者之所急，不断健全信息资源共享机制，实现利益互补，从而更好地完成读者服务工作。

3. 不断增加硬件和软件投入

信息化是一项复杂的系统工程，涉及图书馆众多的技术设备、人力资源、业务流程重组等各个方面，这些均需要资金的投入。信息化在图书馆管理系统中的实际应用，不仅强有力地推动了图书馆网络化进程和服务现代化的发展，改变了图书馆传统业务的技术手段，而且实现了信息资源的深度开发和普遍共享，全面提升了图书馆信息服务能力和文献保障水平。因此，图书馆应不断增加硬件和软件的经费投入，添置专业性的设备，不断开发为读者提供特殊服务的功能，加强网络导航服务，向公众提供多层次、多样化、专业化的数字图书馆服务，促使图书馆网络互动的形成和信息资源保障体系的建立，为实现网络化提供各种软、硬件保障。

4. 全面推进图书馆的电子信息资源建设

图书馆的信息化不仅是信息资源的数字化，也是图书馆管理与服务的信息化和数字化。近年来，电子信息以其用户群体广泛、制作传播快捷、内容生动形象，已逐渐成为图书馆的重要资源。因此，我们必须全面推进图书馆的电子信息资源建设，进一步把图书馆建设成为服务规范、勇于创新、尊重人才、尊重知识、尊重科技的重要场所，从而更好地满足人民群众的文化生活需要。

三、图书馆服务环境的优化

（一）图书馆服务环境的构成要素

关于图书馆服务环境的构成要素，国内学术界目前尚未达成一致意见。有学者认为，服务环境包括物质和设备；也有学者认为，图书馆服务环境应该包含情境、资源、支持工具、人和服务活动五大要素。纵观国内外学术界关于图书馆服务环境的研究成果，结合图书馆的构成要素和网络化信息化的时代背景，笔者认为，图书馆的服务环境应该包括服务资源、服务空间布局、信息技术条件、服务制度以及服务活动五种构成要素。

1. 服务资源

图书馆的服务资源主要是指图书馆的人力资源、文献信息资源以及图书馆的设施设备。人力资源是图书馆服务环境中最具能动性的要素，图书馆工作人员是联系文献信息资源和读者的纽带，不仅是文献信息资源的组织者和传播者，还是图书馆服务活动的提供者，在整个图书馆服务活动中起着导航的作用。文献信息资源在图书馆的服务环境中处于基础与中心的地位，既包括现实馆藏，又包括虚拟馆藏。毫无疑问，文献信息资源是图书馆存在的最主要标志，也是图书馆开展各种服务活动的基础和重要保障。图书馆的设施设备主要包括外部环境、馆舍建筑、内部装修、导引标识以及各种电子设备、打印设备、语音设备和为残疾人提供的各种必要设施，这些都是图书馆开展服务活动的重要物质保证。

2. 服务空间布局

图书馆的服务空间布局主要包括图书馆建筑的整体空间设计、各功能区的科学布局、设施设备的布局和摆放等。图书馆一般分设五个功能区，即书刊典藏区、书刊阅览区、电子文献阅读区、读者咨询区和读者休闲区。服务空间的布局关系到读者对图书馆的第一印象，良好的空间布局有利于树立图书馆的美好形象和读者对图书馆的高效、合理利用。

3. 信息技术条件

信息技术条件主要指与图书馆服务有关的信息服务技术和网络技术。信息服务技术主要指集成平台技术、信息推送技术、信息跟踪技术、信息聚类技术、跨库检索技术以及信息交互技术等；网络技术则包括网络信息平台、网络化图书馆服务系统及网络安全技术等。它们既是当前复合式图书馆提高其服务质量的重要条件，也是构建信息服务平台的重要支撑。在现代社会，信息服务技术显得尤为重要，它不仅标志着图书馆的服务模式实现了由传统被动服务向现代主动服务的巨大转变，还延伸了图书馆文献信息服务的范围和功能。例如，在图书馆Web2.0中，RSS和Podcast就被广泛地应用于信息推送服务，从而满足了读者个性化信息的需求。作为图书馆开发与利用文献信息资源的重要工具，信息技术条件将发挥越来越重要的作用。

4. 服务制度

图书馆的服务制度主要包括国家机关制定发布或认可的有关图书馆服务活动的法律、法规及政策，同时还包括图书馆自行制定的各项服务制度与规定。图书馆服务制度的作用主要在于：第一，指引和规范图书馆服务环境的构建，保证图书馆机制的有序运行；第二，协调图书馆服务环境的各种构成要素之间的关系，提高图书馆工作的效率。总之，服务制度是图书馆服务环境的重要组成部分。

5. 服务活动

图书馆是服务性机构，它的一切工作都是围绕服务来展开的，服务是图书馆的终极目标和根本目的。因此，服务活动在图书馆环境中处于核心地位。有学者指出，图书馆的服务活动主要包括服务管理、服务手段、服务方法、服务交流等。笔者认为，在服务活动中所体现出来的服务理念、服务态度也应包括在内。总之，优化图书馆服务活动应该是一个系统工程，需要全方位、多层次地考虑。

（二）优化图书馆服务环境的重要意义

1. 服务环境是图书馆服务的前提与条件

文献信息资源体系奠定了图书馆赖以存在和发展的物质基础，任何一个图书馆如果失去了文献信息资源的支撑，就会成为无本之术、无源之水。图书馆工作人员是图书馆服务的组织者和管理者，他们不仅是联系读者和图书馆文献信息资源的桥梁和纽带，还直接或间接地影响着读者对图书馆服务活动的评价。建筑设备为图书馆服务提供了物质条件，图书馆建筑的整体空间设计，图书馆设备设施的布局、设计与现代化程度都会对图书馆服务的功能和水平产生极大的影响。信息技术条件是做好图书馆服务工作的主要手段，在现代社会中，图书馆的技术水平将在很大程度上决定图书馆所能收集的文献信息资源数量以及服务的方式与手段。服务制度能为图书馆服务活动的开展营造一个良好的秩序，对图书馆服务工作的开展起着规范协调的作用。服务活动在图书馆服务环境中处于核心地位，图书馆所开展的各项活动只有面向广大读者才具有价值。因此，服务环境是图书馆存在的依据，是图书馆服务的前提与条件。

2. 服务环境制约着图书馆服务活动的内容

图书馆服务活动的内容受到历史条件、经济水平、科学技术等诸多因素的影响，是各种因素综合作用的结果。处于特定时期的图书馆，其自身的服务环境极大地制约着服务活动的内容。在传统图书馆时期，由于受到技术条件等诸多因素的影响，其开展服务活动的权限仅仅局限于本馆可以利用的现实馆藏文献信息资源；在网络环境下，图书馆通过利用各种现代信息技术，不仅极大地丰富了馆藏文献信息资源，还实现了文献信息资源的共建共享，使读者不仅可以利用一个图书馆的现实馆藏文献信息资源，还可以方便快捷地获取图书馆可以共享的馆外文献信息资源。

3．服务环境影响着图书馆服务管理的过程与功能

图书馆服务环境的各构成要素彼此相互影响、相互制约，任何一个要素发生变化，都会影响图书馆服务环境整体功能的发挥。图书馆工作人员作为服务活动的设计者和管理者，其地位十分突出。面对大量分散杂乱的文献信息资源，图书馆工作人员要能够运用各种信息技术，对文献信息资源进行搜集、选择、加工、分析、整序，并使之得到优化。此外，在网络信息时代，图书馆工作人员还充当着文献信息资源导航者以及文献信息资源利用培训者和教育者的重要角色。可以说，图书馆工作人员综合素质的高低直接影响着图书馆服务管理的过程与功能。因此，作为服务管理主体的图书馆工作人员应该努力提高自身的综合素质，使图书馆的服务管理能够更加高效有序地运行。图书馆作为服务性社会文化机构，其最大的功能就在于满足读者对文献信息的需求。为了最大限度地发挥为读者服务的功能，图书馆必须提供优质丰富的文献信息资源，营造良好的实体环境和人文环境，并致力于现代化环境的打造，这些都是图书馆服务环境的重要组成部分，在很大程度上影响着图书馆服务功能的发挥。

（三）图书馆服务环境的优化策略

1．建设高素质员工团队和优化图书馆文献信息资源体系

图书馆工作人员的综合素质、工作态度和工作方法等都会直接影响读者利用图书馆的效果，因此，对图书馆服务环境进行优化，首先就应该建设一支高素质的员工团队，要通过学习和培训的方式，提高图书馆工作人员的业务素质和综合素质。文献信息资源建设是图书馆服务环境优化中最基础的一环，为图书馆的整个服务活动提供物质保证。在网络环境下，文献信息资源种类繁多、形式多样、分布广泛，并呈现出急剧增长的趋势。图书馆作为信息与知识的集散地，有必要对分散无序的文献信息资源进行组织整序，并使之优化升值。

2．改善图书馆的功能布局

图书馆建筑和设施设备的设计与布局，读者能够直观地感受到，对读者的影响也最直接。优良的图书馆建筑设计与布局，首先应该与自然环境融为一体，并具备现代化的设施设备和各种人性化的便民服务。其次，应该对各服务功能区进行合理的规划和布局，根据各功能区的特点进行装饰并设置合理的交通线路。例如，图书典藏区应该布局在楼层比较低的地方，这样既方便图书馆运送书籍，也便于读者借还图书；书刊阅览区应该布置在附近区域，以便实现书刊互补，既为读者提供丰富的图书资料，也方便读者通过阅读期刊，获取最新的知识与信息。总之，图书馆应该本着"以人为本"的原则，对其空间设施中的功能布局进行合理设计，以便充分发挥所藏各种文献信息资源的作用，提高读者利用图书馆的效率和水平。

3．实现技术环境现代化

随着电子计算机的日益普及和通信技术与网络技术的不断发展，图书馆传统的工作模式已经发生了明显的改变，图书馆的服务环境逐步走向现代化，特别是技术环境日益走向

现代化。复合式、一站式的服务环境需要现代化信息技术作为支撑，图书馆服务集成平台的建设更加需要现代化信息技术。可以说，实现技术环境的现代化和自动化已成为大势所趋。为了实现技术环境的现代化，图书馆首先应重视技术设备的现代化建设，加大对现代化设施设备的投入力度。同时，应充分利用各种网络技术丰富虚拟馆藏建设，建立与完善本馆的文献信息数据库。此外，为了给读者提供更加优质的服务，图书馆还应不断探索新的服务模式，通过构建融信息资源、信息技术和服务活动于一体的信息共享空间，实现专业的知识门户站点服务、网络资源导航服务以及图书馆 Web2.0 服务，使读者能够不受时间、空间的限制，随时随地获取自己需要的文献信息，实现图书馆服务环境优化的目标。

4. 建立和健全图书馆的规章制度

图书馆的规章制度包含丰富的内容，一个完善的图书馆规章制度体系，应该包括图书馆法、图书馆组织政策、图书馆文献信息资源政策、图书馆读者服务政策、图书馆人事政策、图书馆经费政策、图书馆建筑政策以及图书馆现代化政策等。每个图书馆都应该以图书馆法为依据，并结合本馆的实际，制定出一套科学合理、健全完整的规章制度体系。在优化图书馆服务环境的整个体系中，建立和健全图书馆规章制度处于全局性的指导地位，对于图书馆的健康有序运行以及图书馆管理水平的提高起着至关重要的作用。

5. 服务活动人性化

"读者第一，服务至上"是图书馆工作的主旋律。图书馆一切工作的开展都是为了最大限度地满足读者的文献信息需求，都是围绕服务活动来展开的。在网络信息时代，读者对文献信息的需求越来越个性化、精品化，对图书馆服务环境的要求也越来越高，这就迫切需要图书馆开展更加人性化的服务活动。所谓服务活动人性化，就是针对各层次、各类型读者的需求，为他们提供具有针对性的、更加深入细化的服务。在当前环境下，图书馆服务活动的人性化已经成为促进图书馆服务功能发挥的重要因素。

四、高校图书馆数字化服务管理及优化

（一）优化组织结构

在新的发展形势下，物理馆藏不再是知识传递的重心，传统的服务方式也不再是数字化服务的主要内容，原来以揭示文献资源外在特征的采访编目工作将被以主题、文摘等文献内容为特征的组织工作所取代。深层次的知识挖掘和组织工作、信息服务工作等数字化工作和服务已成为图书馆的核心竞争力。例如，参考咨询服务已成为国内本科院校图书馆评估的一项指标内容，可见它在图书馆的建设中起着举足轻重的作用。在这种情况下，适时考虑图书馆的业务重组，才能更好地开展数字化服务。借鉴国外一些大学及中山大学图书馆实行编目外包的方式，将传统服务工作简化，包括人员简化、资金简化。将人力、物力、财力进行调整，业务流程进行重组，切实将图书馆的重心放在加强数字化服务上，按照科学、规范、合理、高效的原则确保图书馆各项工作的顺利进行，并不断地迈向新的发展高度。在业务机构调整的前提下，优化人员配置，科学实行人力资源管理，将最优秀的人员集中在数字化服务项目上，积极设立学科馆员，加强交流，拓宽对外服务的窗口。

（二）实施标准化管理

建设数字图书馆要有一定的标准，同样，开展数字化服务也要遵循一定的规则。新技术、新需求推动了图书馆的发展，如果不按照统一的标准做工作，就有可能让建设的项目支离而不成体系，不仅不利于整个图书馆数字化服务环境的发展，也不利于整个图书馆的可持续发展，更不利于馆际之间的共建共享。图书馆标准化管理，包括图书馆建设中的方方面面，数字化服务的标准化，包括服务实行的标准和服务评价的标准。目前，由中国图书馆学会牵头组织的《公共图书馆建设标准》编制工作已经初步完成。高校图书馆应该联合起来，对数字化服务的方方面面制定相应的标准与规范，进一步推动高校图书馆数字化的发展。这些标准应包括数字化服务资源建设与评价标准；数字化服务技术应用标准；数字化服务人员的从业标准、考核标准等。

要建立综合质量评价机制，真正强化服务质量与效益。要确保服务质量，就要建立标准并进行评价，图书馆的服务不具备实体商品的特性，因而评价其质量也不能从传统的物品特性出发。图书馆的服务是以用户的需求为出发点的，因而评价标准应该是以用户满意为尺度。跟踪用户反馈，及时调整服务策略。创建服务主导的服务质量评价机制。质量评价制度要注重细节，从用户体验的角度换位思考，切实从用户需要出发。工作要常态化，图书馆的各项服务工作是需要不断充实调整的，读者的需求也是不断变化的，不断有新情况出现，因而建立常态化的质量评价机制尤为重要。只有这样，才能使各项工作在良性循环下得到发展，实现效益最大化。

（三）实施人文管理

1．研究用户心理，做好用户需求分析

满足用户需求是图书馆作为信息服务部门一切工作的出发点，也符合"以人为本"的管理理念，而只有对用户需求进行准确分析，才能使工作开展有的放矢，满足用户需求，取得预期效果。因此应该采取多种形式，灵活多样地调查分析来收集用户的需求，如开通荐书系统，让每一个用户，甚至每一名学生参与到资源建设中来，切实从他们的需要出发；开展网上问卷，或是馆长信箱，并有专人负责进行问题的汇总与回复，让读者的每一条意见或建设都有回声，而不能让他们觉得说了也白说，从而挫伤他们利用图书馆的信心和积极性。用户需求分析应实行长效机制，如新生入学后一段时间内对他们的需求进行了解，了解每一期的毕业生在进行毕业设计和论文写作时有什么样的需求，要始终如一地进行下去，成为图书馆的一项常规工作。

2．应用新理念，切实服务用户

（1）组建学生课业辅导。人性化的服务，并不一定需要多么高端的技术才能开展，哪怕只是一个小小的理念，一种为读者着想的思维，就能够开拓出全新的服务方式。例如学

生课业辅导，学生进入大学以后，学习比较自主，但这并不意味着他们不再需要课程辅导，而大学中往往没有这种平台。图书馆作为一个信息获取和交流的中心，正好可以充当学生课后辅导的角色。图书馆可采取咨询馆员和院系教师专家联合的方式，甚至高校图书馆还可以联合公共馆等，或者只是充当其中的一个桥梁或中介，提供一个交流平台，创造一种交流环境。"以人为本"的服务和管理理念，就是要了解人的需求，满足人的需求。

（2）建设图书馆多功能学习中心。吴建中在《转型与超越：无所不在的图书馆》一书中指出，当人们可以从网络获得所需要的一切信息时，为什么还要到图书馆去？这是因为网络并非应有尽有。[①] 人们到图书馆是为了获取其拥有的馆藏，在很大程度上也是为了在那里亲身体验。在西方，人们普遍认为，没有图书馆，社会就失去灵魂。图书馆的物理空间实际上是给用户（包括个人或小组）提供一个适合思考、学习和讨论的空间，而 IT 就可作为一种优化图书馆实体的有力措施，使这种空间转变为具有多功能的学习中心，为学生解决学习上的特殊需要。图书馆中充满着文化氛围，学习气氛浓郁，读者大都喜欢在这种环境中学习。所以不管网络多么便利，资源多么丰富，读者还是会到图书馆中来。在这种情况下，图书馆一方面要加强网络数字化服务，另一方面应该优化图书馆实体，参考国外建设"多功能学习中心"的理念与方式，把图书馆构建成多功能学习中心，充分利用其人文环境与便利的一次二次文献获取方式，为学生提供一定的物理馆藏空间，并以提供上网卡或是允许自带或租用馆内手提电脑的形式，让学生可以自主地在图书馆中进行资源和服务利用。

---

① 吴建中. 转型与超越：无所不在的图书馆 [M]. 上海：上海大学出版社，2012.

第七章 图书馆服务模式创新

第一节 基于信息服务领域的模式创新

一、"一站式"信息服务模式

图书馆"一站式"信息服务其实质就是服务的集成、整合和利用。图书馆通过对各种不同资源、不同数据库以及图书馆服务对象的有效整合，使用户能够随时随地利用最简单的方式一步到位地检索到所需要的信息资源或者享受到图书馆提供的人性化的资源和服务。这是基于网络搜索引擎和网络导航服务的一种服务，也是基于图书馆提供人性化、个性化的一种服务。"一站式"服务可以提高图书馆资源的利用率、服务质量和服务效率以及用户的满意度。

高校图书馆"一站式"信息服务模式由两大类组成，即"基于图书馆 OPAC 一站式信息服务平台"和"基于图书馆专业馆员的信息服务平台"。OPAC 一站式服务内容主要是各种资源的整合，包括本馆纸质资源馆藏目录和部分电子资源全文及本地数据库、购买的各种中外文数据库、各种数据平台、知识元数据库等。将这些来源不同、类型不同的资源进行整合，使之与图书馆 OPAC 之间建立有机的联系，从而形成一个信息资源整体。专业馆员的信息服务系统是图书馆通过识别用户身份，由图书馆专业馆员对其需求进行分析和归类，建立个人个性化知识库，为其提供相应的个性化信息服务，实现"一站式"信息服务。用户可以根据自己的需求选择不同的服务平台，也可以根据需要在二者之间来回穿梭，以满足自己个性化的需求。

二、参考咨询服务模式

参考咨询服务模式包括传统的参考咨询服务模式和数字化参考咨询服务模式。传统的参考咨询服务模式主要指到馆参考咨询、电话咨询、表单咨询等。数字化参考咨询模式主要有参考咨询馆员在线实时解答的同步参考咨询服务和利用表单、网页提交咨询的异步参考咨询服务。异步参考咨询服务因操作简单、方便易行、不受时间地点的限制而在高校图书馆中得到广泛应用和发展。随着泛在化知识环境的深入，参考咨询工作的咨询模式和咨询工具等都在发生着巨大的变化，网络在线咨询、短信息咨询、手机图书馆互动咨询、微博咨询、可视化咨询等数字参考咨询方式纷纷涌现，为用户提供了实时、高效、便捷而泛在的参考咨询服务。

数字参考咨询可以分为数据库导航服务、特色数据库服务、电子邮件及网络表单服务、常见问题解答服务、实时在线服务、BBS 和留言板服务、在线学科服务、馆际互借的电子文献传递服务和网上用户教育服务。

除了常规的数字参考咨询服务之外，国内各图书馆也在积极摸索有特色、有优势的咨询方式。以清华大学图书馆咨询服务为例，主要有六种：①智能聊天机器人"小图"。图书馆改变以往由咨询馆员在后台实时咨询的方式，推出智能聊天机器人"小图"全天候与用户实时交流咨询服务。②馆藏地图服务。将馆藏详细的架位信息以地图的方式呈现给用户，用户可以此服务自动定位和查询馆藏所在架位，浏览或查看某区域附近架位的馆藏信息。③短信服务。利用手机短信与图书馆交互的功能，将和用户相关的通知及时以短信的方式发送给用户，包括个人借阅信息、预约、续借等，同时方便图书馆图书催还。④订阅。订阅服务是图书馆通过读者的订阅将最新的信息即时主动推送到读者桌面，内容涵盖图书馆的最新消息、图书馆中西文新书通告和商业数据库服务等。⑤图书馆工具条服务。通过加载图书馆工具条帮助用户实现"轻轻一点，即可访问图书馆的资源和服务"，用户可以检索文章、馆藏书目、数据库、电子期刊、搜索引擎，可以快速链接到学术信息资源门户、期刊导航、数据库导航，还能自动获取图书馆最新公告等。⑥清华图书馆参考咨询系统和 CALIS 虚拟参考咨询系统。系统提供了比较完备的网上咨询服务，内容涉及实时咨询、表单咨询、浏览查询、问题征答、个人信息管理、咨询专家查询和管理等功能，同时提供了包括表单咨询、实时咨询、微博咨询等在线咨询方式，并提供了一些传统咨询的联系方式，如各个部门的咨询电话、面对面咨询的接待时间和地点等。一些常见问题可通过系统中的浏览和检索这两个功能得到解决。

目前，我国高校图书馆比较常见的数字参考咨询服务模式除以上模式之外，还有一些研究和服务比较深入的模式。

（一）基于个性化提问的层次化参考咨询服务模式

针对用户的不同层次信息需求和专业类型等为其定制的体现个性化服务的层次化参考咨询服务模式，这是一种针对用户的个性化提问给予专门解答的主动服务模式。提供个性化咨询服务可以是对单一用户提供专业的服务，也可以是对某一特定群体的服务。针对单一用户提供专业服务时，图书馆需要利用信息聚合功能，将图书馆馆藏资源、某些相关专业的信息资源使用情况、特定用户群体的资源阅读习惯等进行个性化聚类分析，生成具备该用户使用偏好的统计报告后通过网络的各种访问形式单独呈现给用户。

（二）基于知识库的联合参考咨询服务模式

这是由多个成员图书馆联合起来，形成一个基于知识库的分布式的虚拟参考咨询网络，为全部成员馆的用户提供数字参考咨询服务的模式。知识库是开展数字参考咨询服务的有效工具，其主要数据来源是电子邮件、网络表单、实时聊天记录、咨询馆员之间的信息交流、咨询馆员的日志与博客等。在图书馆联合参考咨询系统下，中心系统知识库整合来自不同的成员馆之间的知识库提供分布式的合作虚拟参考咨询服务。联合参考咨询服务模式弥补了单一机构或单一学科咨询专家无法满足多领域用户多层次需求的缺憾，为用户提供了更多学科、更长时间、更广阔领域的服务，也是节约和共享图书馆服务和人力资源的一种方式。我国 CALIS 联合参考咨询服务平台已经为这个模式的成功推行提供了宝贵经验。

三、学科服务模式

学科服务最早始于 1950 年美国内布拉斯加大学图书馆，在我国自 1998 年清华大学图书馆建立学科馆员制度起，逐渐发展并显示出强大的生命力和影响力。学科服务主要适用于高校图书馆、科研图书馆，其目的是加强图书馆与各院系的联系和沟通，帮助师生或科研人员充分利用图书馆的知识资源和服务，同时让图书馆能够及时了解院系的需求。图书馆学科服务又称学科馆员制度，是指一种具有开拓性、创新性的主动参与式服务，由学科馆员深入对口院系开展深度的知识服务。图书馆学科服务具有个性化、专业化、知识化、集成化和前沿化的特点，是动态式的信息服务。

（一）学科服务模式的类型

1. 学科馆员模式

学科馆员模式是利用学科馆员的专业技能和信息素养，面向学科用户通过沟通、交流和协作而提供服务的一种模式。以学科馆员为核心，为图书馆与用户之间搭建资源利用的桥梁，促进图书馆信息服务向知识服务转变。学科馆员模式正由"学科馆员—图情教授"的协同服务模式向"学科馆员—嵌入式"的合作服务模式发展。学科馆员模式是图书馆提供学科服务的重要模式。

2. 学科分馆模式

学科分馆模式是根据相关学科的需要按照学科分类，根据一级学科、二级专业、三级研究方向及课程体系等分层次有侧重地开展与之对应的信息资源的建设，并提供检索、收集、加工和利用等的信息获取过程的服务模式。以建设分馆为核心，集中收藏了某一学科的文献资源，更利于提供深层次的服务，是重要的学科服务发展模式。

3. 学科导航模式

学科导航模式是基于网络平台按照学科分类集成了多种信息资源类型并给出了查找路径和获取方式的一种模式。学科导航模式重点在于"导航"，引导并领航用户查找和获取所需资源。

4. 学科知识库模式

学科知识库模式是以特定学科内的专家、数据库信息、纸质文献和网络信息资源为知识来源，以知识单元为基础存储对象，利用计算机来表达、存储和管理的关于特定领域知识的集合。该模式重在建设知识服务领域，内容集中在某一个学科专题上，通过信息过滤和资源筛选等方式深度整合相关的知识，为用户提供深入且有序的知识。学科知识库模式是深层次的学科知识服务模式。

5. 学科信息门户模式

学科信息门户模式是一种在开放式的数字信息服务环境中将特定学科领域的信息资源、工具与服务集成到一个整体中，为用户提供方便的学科信息检索和集成服务入口的服务。分为综合性学科信息门户、多学科信息门户和单一学科信息门户。用户在学科信息门户中可以进行知识的共享和交流。

6. 学科服务平台模式

学科服务平台模式学科服务平台是学科服务的虚拟延伸，是依托先进的软件，组建不同学科应用功能模块，集知识资源、学科馆员、用户与计算机技术为最优化整体的一站式服务平台，具有良好的多向交互作用。比较典型的学科服务平台有维普资讯推出的图书馆学科服务平台 LDSP 和 CALIS 学科服务 LibGuides 平台。LDSP 平台充分整合并利用了图书馆各类电子资源，如异构资源库的收集、遴选、保存管理，集成了各种服务与检索工具，如主动推送服务、在线参考咨询、学科定题服务、短信/邮件服务等功能，并以具有专业背景的学科馆员开展针对特定读者的个性化服务或者大众读者服务，是基于学科馆员的网络服务平台。LibGuides 平台是美国 Springshare 公司 2007 年利用 Web2.0 技术开发的可方便灵活地分类发布信息的一个开源软件系统，尤其适合用作图书馆学科服务平台或研究信息门户，集成揭示学科资源与服务，是内容管理和知识共享系统、图书馆学科指南的创建与发布工具，能够在最短、最快、最方便的时间内满足读者的知识需求，是高校图书馆深化学科服务使用最广的服务平台。

目前，我国应用学科服务平台较好的图书馆有上海交通大学图书馆、南京大学图书馆、浙江大学图书馆等。学科服务平台最早是由上海交通大学图书馆提出并引进的，上海交通大学图书馆借鉴国外图书馆学科服务经验，创设了以学科馆员制度为支撑的从资源导航到学科服务的不同服务阵地。浙江大学图书馆的学科服务平台不仅按照学科分类建设平台，还集中整理了校内优势资源，建设系列专题，创新学科服务。南京大学图书馆开发了个性化图书馆平台，实现了用户登录与互联网账户的无缝对接，将传统图书馆功能拓展至其公网资源和校内电子资源。

（二）学科服务模式的发展趋势

1. 基于信息共享空间的泛学科化服务

美国艾奥瓦大学 1992 年提出了信息走廊概念，1994 年扩建后将名称改为信息共享空间（IC），是将图书馆提供的文献、网络资源和图书馆员的服务融为一体，为用户提供一个相对独立的物理或虚拟的空间服务，体现的是以用户为中心的一体化的服务模式。上海交通大学图书馆依托 IC 服务理念，以"学科服务"为主线开展服务，根据用户个性化需要，营建支持主题学术交流和创造的环境，提倡与读者的互动与交流，鼓励读者参与，支持协同研究，启迪创新思维。人员地协同、资源体系、空间布局、服务基地、服务对象、知识环境、虚拟空间等各要素均巧妙与各"学科"融合，面向学科、针对学科组织开展和科研项目相关的各项服务，为学校教学、人才培养、科学研究提供全方位的立体支撑，逐渐形成全馆协同服务的"泛学科化服务体系"。

2. 建立学科服务联合体

随着泛在信息环境的深入发展，用户对信息需求的要求越来越细化和专业，学科间的交叉与渗透越来越明显，靠单个图书馆和学科馆员的学科服务已很难满足用户深层次的需求。因此，多个图书馆之间的合作以及与其他信息机构的交流与联合将是深入开展学科服务的趋势。多个图书馆通过成立学科服务联合体，建立联盟内的学科信息和服务的互动平台，构建学科服务良好的内外部环境，提升各成员馆的服务质量和服务水平，共同为用户提供系统化、深层次的学科服务。

第二节 基于移动图书馆的服务模式创新

移动图书馆是新技术环境下图书馆服务的新形态，是数字图书馆基于移动终端设备的延伸，是图书馆服务模式的创新性表现，也是图书馆顺应时代技术进步的表现。图书馆丰富的馆藏资源为移动图书馆服务的开展提供资源支持。移动图书馆根据用户信息需求，确定合理的移动图书馆服务系统、服务内容和服务模式，创新移动图书馆服务，与传统图书馆服务、数字图书馆服务共同组成图书馆服务集合，满足用户泛在化的需求。

一、移动图书馆及其特点

移动图书馆也叫流动图书馆、无线图书馆、掌上图书馆、手机图书馆等，最早是以汽车图书馆或流动图书车的形式作为公共图书馆的一个服务项目服务于分散或偏远地区用户。随着远程网络通信的发展，出现了通过电子传输把图书馆信息服务直接送到用户家中的电子流动图书，后来逐步演变为用户可以通过互联网远程在线访问图书馆的数字化馆藏资源的数字图书馆。20 世纪末，伴随无线通信网络和移动接入技术的逐渐成熟，用户通过手机、笔记本电脑等手持移动设备可以随时随地接受或访问图书馆信息服务，实现了由流动的实体图书馆向移动的虚拟图书馆的进阶转变。进入 21 世纪后，国内各图书馆相继开展模式和内容丰富多样的移动服务，逐渐迎来真正意义上的移动图书馆服务。移动图书馆是指依托于国际互联网、多媒体、无线移动网络等，用户不受地点、时间、空间的制约，通过使用一些移动设备（如手机、苹果平板电脑、笔记本电脑、E-books 等），方便、快捷地获取图书信息的查询、浏览的一种新兴的图书馆信息服务，是数字图书馆电子信息服务的延伸与补充。移动图书馆服务具有移动性、便携性、实时性、丰富性和主动性的特点。目前，移动图书馆服务主要包括读者账户、馆藏查询、书刊导航、热门推荐、参考咨询、服务指南、新书通报、开馆时间、相关新闻、意见反馈、活动通知、讲座信息等。

二、移动图书馆服务模式及服务功能

（一）移动图书馆服务模式

1. 短信息服务

是率先被普遍应用的移动图书馆服务模式，特点是速度快、效率高、费用低以及操作简便，主要有信息推送服务和短信咨询服务，提供如新书推介、讲座通知、欠费提醒、逾期催还、资料预约、图书续借、借阅查询、参考咨询等服务。

2. WAP（一般指无线应用协议）移动网站服务

是继短信息服务后逐渐兴起和推广的一种服务模式，是对短信息服务模式的一种拓展和补充，内容主要涉及移动网站的模式推介、绩效评价、应用现状以及移动 OPAC（基于网络的联机公共检索目录）等。WAP 网站服务模式是通过智能手机访问专用和通用网站的形式提供服务，是目前用户利用互联网与移动图书馆的主要方式。

3. 客户端应用服务

是一种移动增值服务模式，是移动图书馆、数字图书馆与移动终端应用紧密融合的产物，具有功能强大、扩展性强、内容丰富、可定制、趣味性强等特点。目前，该模式在国外图书馆事业中逐渐普及，国内图书馆正逐步引进和尝试，利用 APP 新技术提供服务便是其中之一。因为具有独特优势，APP 自被运用到图书馆以来一直备受关注。

（二）移动图书馆服务功能

目前，国内利用短信、WAP 模式、应用程序这三种模式开展图书馆移动服务，主要有常规性的服务、馆藏服务、个性化的服务、WAP 创新服务和手机阅读服务等，实现的主要服务功能如下。

（1）常规服务：主要包括开闭馆时间、图书馆新闻、服务介绍、新书通报。

（2）馆藏服务：主要包括书目查询、资源导航、数据库检索、联合资源平台。

（3）个性化的服务：主要包括我的图书馆、图书馆博客、微信公众平台、学科化服务、参考咨询、信息推送。

（4）WAP 创新服务：主要包括深化传统服务、拓展全新移动服务、直接面向用户服务、与用户互动交流。

（5）手机阅读服务：主要包括手机二维码、电子阅读器、手机电子书下载、手机全文阅读。

三、移动图书馆应用现状和发展趋势

我国开展移动图书馆服务的时间相对较晚，一些图书馆的移动服务均以短信息服务和 WAP 网站服务模式为主，主流服务模式为 WAP 网站服务模式，主要是基于图书馆的基本服务、延伸性和拓展性的服务。北京理工大学图书馆是国内最早开通基于 SMS 短信服务模式的图书馆。湖南理工学院 2006 年开通 WAP 服务，成为国内第一家开通 WAP 手机服务的图书馆。目前，随着越来越多的图书馆开通 WAP 网站移动服务，服务功能已从短信通知、图书续借、预约通知等简单的功能逐渐向书目查询、数据库检索甚至统一检索、全文阅读等复杂功能转变。客户端资源建设与应用主要集中在各高校图书馆，客户端应用功能强大、使用便捷，丰富了移动图书馆服务的模式与手段，受到广大用户的欢迎，但目前尚缺乏必要的资源支持。

（一）手持式终端设备智能化

上网速度、屏幕尺寸等越来越人性化，处理速度及存储能力越来越强大，操作系统界面也越来越友好，服务内容和形式更趋多样化和人性化，内容和格式将会分离，将致力于解决不同数据库平台无法统一检索、不同手持设备无法实现统一访问以及不同数据存储格式的兼容等问题。

（二）服务模式体系化

为致力于实现服务模式的全面化和多样化，跟踪移动技术的进步与变化，建设系统的服务模式体系化，图书馆要科学规划、合理分配三种服务模式的位置与角色，既要保留并充分挖掘短信等传统模式的效能，又要充分发挥 WAP 主流模式的核心作用，在此基础上积极发展客户端模式。三者之间相互渗透、相互作用，形成一个全面而系统的服务模式体系，以满足不同层次人群多样化的信息需要。

（三）服务功能层次化

按照服务层次由低到高的顺序排列，形成一个层次化的体系，可以较好地满足用户的不同需要。以美国康奈尔大学为例，康奈尔大学主要有常规服务、课程帮助和研究帮助等服务项目，进行层级化服务。服务内容主要包括开馆时间、个人账号管理、借阅与传递服务、资源的一站式检索、检索与预订课程、主题和课程指南等。该馆最富特色的服务功能由参考咨询、馆藏综述、研究介绍、引用管理、研究咨询、情报跟踪六大部分组成。

（四）服务方式人文化

服务系统设计简捷、实用，把方便用户操作放在首位，重视服务功能，提供的信息多种多样，服务更加贴近生活。

（五）宣传推广科学化

改变移动图书馆只不过是传统图书馆服务辅助手段的观念，重视推广工作，制定合理的宣传推广方式，在图书馆主页提供全局导航并将与移动图书馆服务相关的宣传推介内容置于主页醒目位置进行宣传。

（六）客户端资源丰富化

加大客户端应用软件的开发力度，深化馆藏资源的开发，加速更多的纸质资源与电子资源向客户端应用资源的转化，充实特色馆藏。

第三节　基于图书馆联盟的服务模式创新

任何一个图书馆都不可能利用自身拥有的文献资源完全满足用户的全部需要，产生资源共建共享、利益互惠的图书馆合作群体是必然趋势，并逐渐发展为图书馆联盟服务。各种类型的多个图书馆相互之间的合作和图书馆资源共建共享的联盟服务，其服务力量远远超越任何一个独立图书馆。随着科学技术的不断进步和网络环境的飞速发展，移动网络成为网络发展主体，移动图书馆联盟模式也必然成为未来发展的主体模式。

一、图书馆联盟及其目的

图书馆联盟是指各图书馆之间为了共同的目标，通过某种协议建立起来的以若干图书馆为主体，联合相关的信息资源系统，按照统一的技术标准和工作程序，执行一项或多项合作功能的联合体。最早的图书馆联盟是由传统的馆际合作发展而来的。图书馆联盟须是多个图书馆联合构成，有共同需要遵守的制度和协议，有专门的成员组织进行管理、监督和协调联盟的运作，为的都是降低成本，实现资源共建共享、利益互惠并更好地为用户服务。图书馆联盟的发展将直接影响图书馆联盟的研究发展方向及服务方式。

二、图书馆联盟的作用和类型

越来越多的用户对信息的需求超越了地区、国家限制而转向全球的信息需求。图书馆联盟可通过虚拟馆藏，用联合共建的方式打破地域限制，克服传统图书馆合作中各自为政的条块障碍和合作中完全由行政主导的缺陷，将分散的资源经过有序的组织后，提供一个海量信息通道来满足读者的需要。

在国外，图书馆联盟的基本类型主要有基于大规模计算机自动化系统运作的大型联盟、读者服务与处理日常业务的小型联盟、限于某一特定专题领域的专业联盟和为解决馆际互借或信息参考合作而建立的联盟。例如，国际图书馆联盟协会（ICOLC）是最早的国际图书馆联盟组织，该组织拥有世界各地的图书馆成员馆；联机计算机图书馆中心（OCLC）是最著名的图书馆网络联盟组织，已经发展成为世界上最大的图书馆网络联盟，向世界多个国家和地区的图书馆提供信息服务。

在我国，主要有全国性图书馆联盟与区域性图书馆联盟、专业性图书馆联盟与综合性图书馆联盟等。全国性图书馆联盟主要包括中国数字图书馆工程、中国高等教育文献保障系统、国家科技图书文献中心和全国文化信息资源共享工程，其中以中国高等教育文献保障系统最具代表性。区域性图书馆联盟有代表性的主要有上海高校网络图书馆、湖北五十多所高校共同签署的通借通阅与文献传递协议、浙江大学等单位承担的中美百万册数字图书馆建设项目等。中美百万册数字图书馆全称为中国教育科技数字图书馆。

三、图书馆联盟的服务模式

依托联盟的资源优势开展服务是联盟合作的根本。

（一）馆际互借与文献传递

馆际互借服务分为用户自行借阅和图书馆代借。用户自行借阅是指联盟成员馆的读者凭有效证件，自行到成员馆借阅文献；图书馆代借是指读者通过馆际互借中心网站申请，由本校图书馆代为借阅文献的服务。文献传递服务是图书馆工作人员根据用户需求，通过传真、复印邮寄或 E-mail 电子文本等形式，为读者提供本馆文献或获取其他图书馆的文献原文的服务。

（二）统一检索

图书馆联盟提供了基于异构系统的资源跨库统一检索服务，用户可按学科、数据库名称、文种等方式同时检索多个系统中的多种资源，包括数据库、电子期刊和电子图书，并得到详细记录和全文下载，也可选择单个数据库进行具体资源的检索。

（三）参考咨询

是在联盟内网络平台上，运用各联盟成员的专家及学科专门知识而进行的问答式服务。通常采取实时咨询和非实时咨询相结合的方式。实时咨询是咨询馆员在线与读者进行实时交流；非实时咨询是用户在咨询系统内以表单的方式填写咨询内容等待馆员的咨询回复。

（四）定题服务与代查代检

是联盟根据用户的特定需求而开展的全程文献的检索服务，提供的是针对性较强、专指度较高的信息服务。代查代检服务是联盟根据用户的具体要求，依据用户描述的课题或特定需求的主题词、关键词作为检索入口，从开题立项到成果验收全程开展的文献检索服务。

（五）科技查新

指通过计算机检索和手工检索等手段，运用综合分析和对比方法，为读者的科研立项、成果鉴定等提供事实依据的一种信息咨询工作，以避免用户重复研究工作。

（六）网上培训

分为馆员培训和用户培训。馆员培训是为提高联盟成员馆从业人员的专业技能和服务水平而进行的在职培训；用户培训是为了让用户了解可获取信息服务的类型和实现方法而进行的联盟服务项目培训。

（七）个性化服务

是用户可自主设定所跟踪的学科领域中的专题，自动获取联盟中心最新相关专题信息，可直接调取相关内容，或者联盟信息专家根据用户个性化需求主动推送或提供个体专题信息的服务。

（八）科技评估

是指由科技评估机构根据委托方明确的目的，遵循一定的原则、程序和标准，运用科学、可行的方法对科技政策、科技计划、科技项目、科技成果、科技发展领域、科技机构、科技人员以及与科技活动有关的行为所进行的专业化咨询和评判活动。

四、图书馆联盟的发展趋势

图书馆联盟的发展经过了为实现图书馆之间馆藏文献资源联合编目、联合目录、文献传递、参考咨询的共建共享而形成的以地域式资源共享模式、主题式资源共享模式、组织协作共享模式为主的传统图书馆联盟阶段，进入了以数字化信息资源共享为标志的数字图书馆联盟发展阶段。目前，随着泛在知识环境的深入发展，图书馆联盟又逐渐进入了一个全新的发展阶段——移动图书馆联盟。

（一）移动图书馆联盟

是图书馆以无线网络技术为知识资源推送手段，以合作方成员自有资源与网络资源为知识仓库，与移动运营商、数据库开发商、网络信息技术公司等网络运营商、服务商等以商业化运作的形式组织起来的，受共同认可的协议和合同制约，以实现资源共享、互惠互利为目的，以实现读者任何时间、任何地点都能无限制地获取信息资源为目标的联合体。移动图书馆联盟是一种完全不同于以往图书馆联盟与数字图书馆联盟的全新的组织形式，是一个面向用户的信息服务平台，也是图书馆信息资源共享发展的新趋势。

（二）移动图书馆联盟信息服务平台功能

移动图书馆联盟信息服务平台主要有用户管家、学科服务、移动定制、特色生活服务、专业信息咨询以及联盟 BBS 等服务功能，是用户与联盟服务人员进行信息交流的媒介，用户可以通过信息服务平台更快捷、方便地从图书馆联盟内获得所需信息资源，用户之间也可以实现知识的交互传递，是面向用户需求的全方位、多层次、多元化的移动信息服务。

（1）移动网络终端选择。移动网络终端主要包括可接收短信息的智能手机、可运用无线网络的无线上网设备以及其他随网络技术不断发展而产生的可随时随地进入网络的设备。

（2）用户管家功能。在用户进行图书浏览和检索过程中主动为用户提供检索帮助、图书收藏以及联盟文献资源推荐服务，提供信息导航，指引用户快速获取所需信息并自动整理和更新用户浏览过的图书供用户选择使用。

（3）移动信息定制服务功能。随时为用户提供用户定制的相关内容，根据用户查询内容分析用户资源利用动向和信息获取方向并进行推送，提供全程式的跟踪服务，是针对性较强的学科专业化定制服务。

（4）学科服务和咨询服务功能。整合各专业学科及相关学科信息，方便用户能够在任何环境下获取所需的信息资源，提供个性化的服务和定题服务，为用户提供多种在线咨询服务和表单咨询服务，帮助用户解决服务过程中遇到的任何问题。

（5）特色服务和联盟 BBS。为用户提供天气、交通、生活百科等特色服务和个性化的定制服务。通过联盟平台进行交流，可以是馆员间的交流，也可以是用户和馆员的交流，还可以是用户之间的交流。

（三）移动图书馆联盟的意义

移动图书馆联盟由供应商提供整套的移动数字图书馆系统解决方案，解决了以往图书馆联盟信息资源有限的问题与版权问题，其管理体制与运行机制为移动图书馆联盟的运作提供了良好的内外部环境，有利于获得稳定的财政支持，拓宽资金来源渠道。移动图书馆联盟可以有效地整合联盟图书馆海量的纸质馆藏资源、数字信息资源与优质的信息服务，真正达到让用户在任何时间、任何地点都能够方便快捷、无限制地访问并共享任何一个图书馆的信息资源，成为图书馆联盟科学发展的共享模式，是图书馆联盟可持续发展的有效途径。可以预见，未来的图书馆联盟必将是移动图书馆联盟，必将成为图书馆信息资源共享发展的新方向与理想模式。

第八章 图书馆全面质量管理的实施

第一节 图书馆全面质量管理的依据与要素

一、图书馆全面质量管理的依据

全面质量管理是美国著名统计学家 W.爱德华-德明在 20 世纪 50 年代提出的一种全新的管理理论和方法。全面质量管理理论特别强调管理过程中质量控制的核心地位和决定性作用，强调人对质量控制的支配意义，认为质量既是科学管理的一种要素和措施，又是实施科学管理的一种目的和要求。全面质量管理理论风靡全球，走俏于各行各业，对提高各个领域的产品质量和服务质量起到了巨大的推动作用。那么，全面质量管理是否适用于图书馆呢？答案是肯定的。

（一）图书馆实施全面质量管理的可行性

1. 从管理的目的看，全面质量管理的实质与图书馆的宗旨一致

图书馆以服务用户为己任，质量一直是图书馆工作的一个具有战略性的问题。各个图书馆所采取的质量改进策略可能会有所不同，但改进服务从而提供最高质量的产品这一目标永远是职业精神的一个组成部分。因此，对图书馆来说，建立一种评价绩效的机制是很必要的，而全面质量管理正是一个以了解用户需要、提高服务质量和满意度为中心的系统过程。此外，全面质量管理还强调持续改进，一个承诺满足用户要求、保证用户满意的图书馆就可以把全面质量管理作为持续评价和改进图书馆服务的有效战略。图书馆一直在努力改进服务和更好地满足用户需求，这两个目标与全面质量管理是直接相关的。因此，全面质量管理在本质上与图书馆的宗旨是一致的。

2. 从理论上看，图书馆全面质量管理的研究不断深入

（1）文献数量不断增多。我们以"图书馆+质量管理"为题名检索式在中国知网上进行检索，结果显示：20 世纪 80 年代，研究图书馆质量管理的文献记录只有 3 条；20 世纪 90 年代，研究图书馆质量管理的文献记录有 19 条；进入 21 世纪后，研究图书馆质量管理的文献记录持续上升。

（2）内容丰富多彩。研究者从不同角度探讨了质量管理在图书馆的应用，其研究主题

几乎涉及图书馆工作的各个方面，诸如图书馆人力资源质量管理、图书馆读者工作质量管理、图书馆清产核资质量管理、图书馆采访工作质量管理、图书馆文献资源建设工作质量管理、图书馆编目工作质量管理等。

3. 从实践上看，全面质量管理理论在图书馆管理中得到了证实

全面质量管理已为各种类型的图书馆所采纳。为了满足对服务增长的需要和减少由于成本提高而引发的问题，图书馆应运用全面质量管理来提高工作效率，加强对资源的开发利用。

英国女王大学图书馆利用全面质量管理改变了图书从订购到上架的整个流程，大大缩短了用户获得图书的时间。一些图书馆将 ISO9000 认证体系引入质量管理实践并获得了成功，如英国泰特伍德罗公司的 Taywood 信息中心，我国的大连海事大学图书馆、海南大学图书馆。

（二）图书馆实施全面质量管理的必要性

图书馆实施全面质量管理，不仅是可行的，而且是必要的。

1. 可提高服务质量

图书馆引进质量管理的思想和方法，对图书馆工作的各个环节采取有效措施进行质量控制，建立质量约束机制，对于树立馆员的质量意识、改善图书馆的服务质量无疑起到了积极的作用。

图书馆读者服务工作是需要一个部门的多个人员和多个部门共同配合完成的。质量管理体系不仅对直接与读者打交道的流通、阅览、咨询、检索等环节的工作做出详细要求，而且也要对间接为读者服务的部门提出上一环节为下一工序服务的要求。即凡是接续上一部门工作进行再加工的下一部门都是上一部门的"顾客"，必须替下一部门着想。例如，对采访部门来说，分编部门就是它的"顾客"，而阅览、流通等部门又是分编部门的"顾客"，它使得图书馆每个部门、每个人都明确自己工作的"顾客"是谁，从而保证自己所完成工作的质量如果达不到质量要求就不能流向下一个部门，而且要使下一个部门的"顾客"满意才行，从而提高了整个图书馆的工作质量。

2. 可保证工作质量的稳定

在管理中，应确定本馆的质量方针与目标，应确定各岗位的职责与权限，还应建立质量体系并使其有效运行。质量管理不仅注重人的主导地位，更注重管理活动各环节质量的测度与调控。质量体系的文件化，增加了图书馆工作的稳定性。图书馆质量管理体系的有效运行，是图书馆为读者提供长期优质高效服务的保证。

3. 可促进工作的规范化

引进质量管理方法，建立起图书馆的质量体系，可确定组织机构与职责、程序文

件、岗位工作指导书等。明确各部门、各岗位人员职责与权限，明确各项工作的程序及其控制原则与方法，明确各工作环节接口的处理方法及各自的责任，明确各个工作岗位的具体工作流程与行为规范，从而增强图书馆工作的个体规范性，提高馆员的工作规范化意识。

4. 可持续改进

传统的管理方法常常以维持现状为重心，其座右铭是"如果没破，就无须修理它"。而全面质量管理则把重心转向对系统和过程的持续改进，奉行"即使没破，也要不断改进它"。为了改进机构任务中关键的流程，持续改进使用了一系列特有的方法、工具和测度，以便系统地收集和分析数据。持续改进的要素包括两个方面：一方面是改进哲学；另一方面是一系列问题解决的工具和技巧，其中问题解决工具有头脑风暴法、流程图、控制图、因果图等，利用这些方法和图表可以显示出一个机构的工作流程如何，它的基准是什么，变动出现在什么地方，需解决的问题的相对重要程度及所产生的变化是否已达到预期的影响，要进行持续改进，需具备一个简单的前提，即一个结构化的解决问题的过程比一个非结构化的解决问题的过程会产生更好的效果。不像传统方法仅仅是以一种不明确的、直觉的方式，持续改进以量化绩效指标为基础，使图书情报机构能建立起可测度的目标，并监控趋向于这些目标的进程。

二、图书馆全面质量管理的要素

所谓图书馆全面质量管理，是指图书馆为保证和提高信息服务质量，动员图书馆的各个部门和全体员工，综合运用管理技术、专业技术、思想教育、经济手段和科学方法，建立健全服务质量保证体系，对服务的全过程实行有效控制，从而开发、生产和提供用户满意的信息产品与信息服务，做到最适质量、最低消耗和最佳服务，最终实现不断提高服务质量的目标。

图书馆全面质量管理包含下列几个要素。

（一）对质量的全面承诺

在全面质量管理中，"全面"一词特别重要，因为图书馆若想实施全面质量管理，首先要做的就是进行全面承诺。图书馆高层管理者必须承诺执行全面质量管理工作的原则，并且这种承诺要在整个图书馆中表现出来。吴汉华认为，来自上层管理者的牢固承诺是最重要的步骤。[①]

高层管理者不深入全面质量管理，将给其他工作人员不充分承诺提供借口。图书馆管

---

① 吴汉华. 民间图书馆实践调查与发展战略 [M]. 武汉：武汉大学出版社，2018.

理者要保证为全面质量管理计划提供必需的资源，通过全面质量管理为用户提供产品和服务，认真检查、研究图书馆的工作程序和过程，从而找出质量不高的原因，而不是从员工身上找原因。图书馆管理者应在整个图书馆中全面普及质量管理，增强全面质量意识。

对全面质量管理的全面承诺还要反映在图书馆的使命、愿景声明、长短期目标中，战略计划也应强化这一承诺。在图书馆开展关于全面质量管理的哲学、期望和利益的有效交流是一项必不可少的程序，图书馆高层管理者在准备的最初阶段就应充分利用这一举措，通过宣传栏、小册子、简报等形式宣传有关全面质量管理的知识，使其遍及图书馆的每一个角落。

（二）以用户为导向的服务

一个组织的质量是由顾客满意程度所决定的。当一个组织把为顾客提供满意的服务作为使命时，它自然会在实施全面质量管理中获益。长期以来，图书馆一直把为读者服务作为工作哲学。

然而，随着环境的变化、社会的发展以及技术上的突破，用户对图书馆的要求也在不断发生着变化，可以说，用户对图书情报服务提出了越来越高的要求，他们渴望从图书馆获得更多样化、更高级的产品和服务。因此，作为以服务为导向的组织，图书馆只有对这种不断变化的需求做出反应，不断改进服务质量，为用户提供满意的服务，才能保持自身的存在和发展。

全面质量管理强调对外部顾客（用户）的关注，但也对内部顾客，也就是图书馆工作人员的需求给予同等关注，这正是全面质量管理优于其他管理方法的特征之一。图书馆工作人员是图书馆重要的资源之一，为读者提供满意的服务，从根本上说来自高素质的图书馆工作人员的工作，因此，为他们提供自身发展所需要的机会和条件，是图书馆成功的关键。

作为全面质量管理的一部分，图书馆应对其所处的环境有一个整体了解，也就是说，对用户满意程度要经常进行调查，从而了解他们不断变化的需求，并通过各种努力加以满足，只有这样，图书馆才能繁荣发展。

（三）消除重复工作

全面质量管理的主要原则之一是把工作做得更好和为用户提供增值产品和服务。图书情报人员应明白自己的工作是与用户的需求直接相连的，应常常自问"我们为用户做的事情正确吗""如果没有，我们如何能改进我们的工作过程""为什么我们要做这项工作，它将对谁有益"等问题，而不是不加思考地一味埋头按固有的方式做固定的工作。

全面质量管理要求图书馆根据用户需求，简化工作过程，将做一些不必要的工序取消，并且保证工作一次性做好，消除返工的可能性。重做无用工作即不会给产品或服务增值的工作，不但会导致巨大的人力、财力、物力浪费，而且不会给用户带来任何利益。据统计，在一个图书馆中，重复工作所造成的花费相当于整个开支的20%。改进工作流程所必需的技巧之一是进行工作抽样，抽样方法对检查现在工作活动中是否存在错误或不合理的地方是很有帮助的。

（四）协同工作

在执行全面质量管理原则时，若没有协同工作的精神是不可能取得进展的。无论是一个部门内的问题还是各个部门间的问题，都应在团队中加以解决，因为团队更好地显示了"自我指向的工作组"的特点，团队把在一个区域内工作的员工集中起来，去改进各自区域的质量。全面质量管理团队的所有成员将共负责任，从团队学习中获益。

团队可以由来自图书馆一个部门的人员构成，也可以是跨部门团队。团队工作重心可以集中在图书馆的多个方面，既可以对他们工作的结果进行评估，也可以通过研究如何改进工作方式来改进某项特定服务。

（五）培训

要实施全面质量管理，适当的培训是必不可少的。那些实施全面质量管理而没有收效的机构，其失败的一个重要原因就是急功近利，缺乏对工作人员进行适当的培训。一个有效的全面质量管理过程，需要对资源特别是对高强度的培训的承诺。领导培训、图书馆员培训、特定计划培训和部门培训是提升全面质量管理过程所必需的人力资源投资的一部分。如果图书馆的领导认为无须任何额外支出就能实施全面质量管理，那么，全面质量管理计划成功的可能性就不大。

当员工们接受培训时，他们将会对改进服务对用户的重要性有一个更充分的理解，而这种意识将是以后所进行的全面质量管理活动的基石。培训计划的目标之一应该是发展图书馆工作人员的技巧和能力。此外，培训计划还应鼓励每个图书情报人员的创造力和革新潜能。

适当的培训将为图书馆提供全面质量管理骨干，然后，管理骨干可以再向其他人传授在他们各自的区域中如何实施全面质量管理的知识和技巧。通过培训来传授如何能适当使用全面质量管理工具和技巧，将给图书馆带来巨大回报。卓越的图书情报服务是一个永恒向前移动的目标，而培训则能够创造框架和结构，帮助指导图书馆追求质量改进。

（六）授权员工和尊重员工

全面质量管理的特点之一就是引起图书馆内文化的变化，决策将由图书馆中最基层的员工做出。今天，许多大型图书馆仍是等级结构，大多数决策仍是由最高管理者做出的。

在这种等级结构中，图书情报人员未受到应有的尊重。

戴明认为，85％的质量问题是由过程本身造成的，只有15％的问题是由员工造成的。因此，应把更多的注意力放在严格地检查过程或系统上。全面质量管理因授权员工而闻名，一般说来，人们都想把事情做好，都希望因自己的工作而自豪。

关于"图书馆馆员为什么要选择图书馆工作作为他们的职业"这一主题的调查表明，大多数反映者认为之所以进入这一领域，是因为他们喜欢为其他人服务，喜欢与信息、知识资源打交道。全面质量管理强调，图书馆管理者要赋予那些做实际工作的人员以权利，以便纠正明显出错的工作和消除为用户服务的障碍。

（七）持续改进

全面质量管理不是一项一蹴而就的工作，它不应仅仅在图书馆陷入困境时才被重视，也不应当被看作解决图书馆所有问题的"万灵药"。从某种意义上说，不应把全面质量管理描述成一个"事情的变化"，它应是一种"生活方式"，图书情报服务和知识信息产品质量的持续改进是使用全面质量管理的主要理由。

不像传统的计划那样，全面质量管理应被看作一个长期作为图书馆一部分的管理过程，尽管全面质量管理的实施会遇到各种不同的困难。但当全面质量管理得以充分实施时，它将对图书馆有一个重大改进，整个图书馆工作流程中的有形方面将会得到显著提高。

对图书馆来说，更重要的利益是全面质量管理所创造的文化变化，图书馆工作人员参与评估各种不同的操作，参与决定图书馆的战略方向，为一个团队发挥作用。服务质量改进只是一个现象，其更深的意义在于它提供了转变图书馆的一些领域和实施以质量为驱动的计划，更多集中为给用户和图书馆提供一股健康的"新鲜空气"的机会。

第二节　图书馆全面质量管理的实践

一、海南大学图书馆的全面质量实践

2004年8月，海南大学图书馆启动在国内通行的ISO9000质量管理体系。2005年3月6日，海南大学图书馆宣布正式实施全面质量管理，同时发布《海南大学图书馆质量手册》《海南大学图书馆程序文件》和《海南大学图书馆工作手册》，作为质量管理体系实施的准则，并成立了质量管理办公室，作为运行质量管理的常设机构。2005年7月19日，海南大学图书馆获得了方圆标志认证中心海南分中心颁发的认证合格证书，成为我国第一家以图书馆为独立单位通过 ISO9001 质量管理体系认证的学术机构，开辟了图书馆界进行全面质量管理的先河。

从管理评价机制上看，海南大学图书馆质量管理属"三方审核型"管理评价机制，包括第一方、第二方和第三方审核。第一方审核是图书馆内部质量管理体系审核，由图书馆自己或以图书馆的名义对质量管理体系进行自我评价和审核，它是图书馆自我合格声明的基础。第二方审核实行的是管理评审，管理评审对该馆全面质量进行评审，确保质量管理体系以持续的适宜性、充分性及有效性，迎接第三方即方圆标志认证中心的审核、认证。第三方审核是图书馆与读者没有直接利益关系的第三方（认证/注册机构）对申请认证/注册的图书馆进行的质量管理体系审核。

实施全面质量后，海南大学图书馆全体员工能够认真贯彻"以质量体系为核心，促进内部管理，以用户满意为目的，持续改进服务"的质量方针，"质量第一，用户至上"的意识不断强化。该馆制定了七项质量目标：一是开放时间 80 小时/周以上，文献外借时间 70 小时/周以上。二是网上资源和书目检索（OPAC）服务时间每天达到 24 小时。三是文献年借阅量生均 30 册以上。四是年读者到馆阅览次数 30 人以上。五是年电子书刊访问量，点击量 100 次/人以上。六是用户投诉处理率 100％。七是用户满意率 85％以上。在上述七项质量目标中，2005 年内审时，除年读者到馆阅览人次和年电子书刊点击人次两项外，其他五项质量目标都顺利完成；2006 年和 2007 年内审时，七项质量目标均已完成或超额完成。

二、俄勒冈州立大学图书馆全面质量的实践

1990 年，美国俄勒冈州立大学图书馆开始实施全面质量。首先组织了图书馆管理者和各部门的负责人参加有关全面质量理论知识的学习班，探讨在图书馆实施全面质量的可行性。然后成立了两个质量改进小组：一个是解决新学年第一学期归还的大量书刊不能及时上架的改进小组，一个是政府连续出版物流程质量改进小组。

质量改进小组的成员均由与之相关的部门人员组成，由读者代表任协调员。通过对馆内、外用户的调查，确定整个流程中有待解决的问题，并提出改进办法，制定新的工作流程。两个质量小组都圆满实现了目标，并达到四个目的：第一，使从事这两项具体工作的馆员有更多的机会参与到解决问题的决策中去。第二，通过对用户的调查，使图书馆真正了解用户关心和对图书馆服务不满意的问题。第三，质量控制小组能监控工作流程的改进和全过程以及最终结果是否实现计划目标。第四，使图书馆逐步构建了一切从用户实际需求出发来做好各项服务工作的文化氛围。

三、澳大利亚伍伦贡大学图书馆的全面质量管理

澳大利亚伍伦贡大学图书馆是一个中等规模的地区性大学图书馆，共有员工 80 多人，为近 1 万名学生和教职工提供服务。

1994 年，该馆正式开始实施全面质量管理。经过两年的努力，到 1996 年获得了澳大利亚质量委员会（AQC）颁发的业务成就卓越奖。在实施"质量和服务卓越"计划时，图书馆主要加强了七个方面的工作。

（1）领导。通过质量改进和使所有员工参与到制订战略计划的过程，在整个图书馆中发展领导技巧。

（2）战略、政策和计划。进一步检查和精化制订战略计划的过程，保证所有人员都能参与进来，并与大学的计划相结合。

（3）信息和分析。根据图书馆的愿景规划，确定图书馆成功的关键因素、所要达到的关键目标及关键的绩效指标，并让每个改进小组根据自己的情况，发展关键绩效指标。

（4）员工。在实施质量改进期间，图书馆把人力资源战略与整个图书馆的战略计划结合起来，通过授权和改进小组使员工可在多个小组中工作，发展多种技巧，并通过问卷调查，了解员工是否满意，是否能有效沟通，是否能接受图书馆的价值观等。

（5）面向用户。利用用户反馈机制（如置于服务区的意见表），获得用户对图书馆服务的评价（表扬、批评等）或建议等方面的信息。

（6）流程、产品和服务的质量。利用技术革新、与供应者建立起良好的关系及用数据表示变化和发展趋势来改进流程和服务。质量小组根据对用户的咨询和用户反馈，决定需要优先改进的流程和问题。例如，上架小组通过改进上架流程，提高了用户获得所需资料的机会；保存小组通过改进保存流程，使其能更好地发挥作用；空间小组改进了图书馆的座位、书架等方面存在的空间问题。

（7）机构绩效。发展整体绩效指标，进行标杆瞄准，争取在关键服务中达到一流水准。

四、英国女王大学图书馆的全面质量实践

在英国女王大学"全面质量管理促进组"的帮助下，英国女王大学图书馆开始实施质量改进计划。图书馆成立了"质量改进委员会"，由来自图书馆各个部门的代表构成，其任务是制定"质量改进政策"，负责组建解决具体问题的质量改进小组。质量改进小组一般由 4—8 名成员组成，任务是解决与他们的工作直接相关的问题。

因为满足用户需求是整个计划的重心。因此，图书馆用了 4 个月的时间安排所有员工

参加一系列关于关注用户的培训班，对每个小组都进行了关于计划的目标、小组建设和基本技巧，如头脑风暴法和流程图等知识的培训，从而使小组能系统地分析问题和解决问题。

两个质量改进小组的工作是检查图书从订购到经过处理直至上架所经历的整个流程中存在的问题，通过利用质量管理工具，小组对流程进行了系统分析，提出了切实可行的解决办法。

实施的结果：为文献供应者制定了一个规格标准要求，在执行解决办法的两个月期间，图书在编目部停留的时间缩短了30％，弥补了流程中的一个漏洞，提高了向其他图书馆提供文献的及时性，更加有效地利用了员工的时间。

第三节　图书馆全面质量管理体系的构建

一个有效运行的体系是一个完整的整体，它通过制定质量方针、质量目标，明确职能，确定权限，互相沟通了解，减少或消除由于职能不清导致的障碍，可系统地考虑资源的投入，减少浪费。所以，我们应该考虑建立图书馆全面质量管理体系。

一、建立图书馆全面质量管理体系采用的主要方法

（一）业务流程管理

业务流程管理是指通过对业务流程的分析研究，明确所需完成的任务和在执行任务过程中存在的问题与障碍，通过用户和工作人员通力合作，使供需双方顺利对接。

（二）定标赶超

即预先确定一个参照目标（可从单位内外选定），然后把现存的系统同该目标进行对比，找出差距，从而不断加以改进、提高。

（三）再设计

不仅涵盖了流程的改进，而且还在总体高度上对整个流程进行重建。

（四）PDCA 循环

即"计划—执行—检查—处理"工作循环，四个阶段周而复始地运转：计划阶段制订质量目标、活动计划、管理目标和实施方案；执行阶段按预定计划要求扎扎实实地去做，

以贯彻实现计划、目标；检查阶段对照执行结果和预定目标检查计划；处理阶段实际上就是工作总结阶段。

（五）成立质量控制小组

在实施全面质量时，通常成立一个质量控制小组，由图书馆内相关部门的人员参加，同时还聘请用户担任协调员。

（六）应用服务质量方法评价图书馆服务质量

美国服务市场营销学家依据全面质量理论提出了一种称为服务质量的方法。国外图书馆学家对此很感兴趣，他们根据这一方法设计了五个层面，作为用户评价、衡量图书馆服务质量的客观标准。这五个层面分别是有形设施、可靠性、服务效率、保障及情感移入。每一个层面又分成若干问题，要求用户打分，最终获得用户对图书馆的客观评价，而管理者根据用户的评价制订出战略计划和改进图书馆服务质量的指南。

二、图书馆建立全面质量管理体系的要点

（一）领导参与

企业要迈向全面质量成功之路，很关键的一点是要认识到"质量是经营者亲自参与领导所创造出来的"，这也就是当年石川馨大声疾呼日本的经营者应把全公司质量管理当作经营上的一种思想变革的理由。

（二）"以人为本"

在实施全面质量过程中，成败的关键在于人。美国质量管理专家韦弗曾一再强调，在推动全面质量时，领导者陈旧过时的观念应加以改变，即由监督改为协助，由命令改为沟通，由训诫改为建议，由注重产量改为注重质量，处事方法由封闭改为公开，对下属由担心改为信任。实际上这是管理学上麦格雷戈所提出的 X 理论和 Y 理论以及奎奇所提出的两种理论思想的延伸。

（三）用户中心观念

用户是图书馆的顾客，是图书馆生存与发展的基础。图书馆内的各个部门都应树立用户中心的观念，凡未能满足内部、外部用户需求的工作过程均应加以改进。每位员工在其工作内容与质量上，必须时时考虑用户的需求，以生产出用户真正满意的产品或推出用户信赖的服务。只有以用户为中心，才能使图书馆的作业过程合理化并成为用户心目中产品

和服务的最佳提供者。

（四）持续的过程改进

持续的过程改进是图书馆不断提高产品或服务质量的重要途径。好的过程不一定产生好的质量，但好的质量一定是好的过程中产生出来的。在实施持续的过程改进时，图书馆应将其内部的人力资源组成团队。团队的主要任务是对图书馆内部的关键过程和影响其生存与发展的重要方面不断地加以改进，使其常具竞争力。

三、图书馆建立全面质量管理体系的步骤

（一）统一思想

建立全面质量管理体系，实行全面质量管理，首先图书馆的领导要统一思想，让员工明确实行全面质量管理的必要性和可行性，尤其是管理者必须认清其作用和目的。方法：收集有关全面质量管理的信息，特别是应用于教育部门、服务部门、非营利组织以及图书馆的重要论述；组织访问考察已成功实施全面质量管理的图书馆，获得关于全面质量管理的第一手资料；聘请全面质量管理专家和顾问到图书馆开办讲座，参加有关全面质量管理的会议、研讨会和培训班等。通过这些活动，使图书馆员工对全面质量管理的概念、历史背景和它在非营利机构中的应用有比较充分的了解，明确图书馆实施全面质量管理的意义和它在改进图书馆工作质量和服务质量中的作用。

（二）组织保证

实施全面质量管理，领导是关键。应成立由馆长为组长，业务副馆长为副组长，各中层负责人参加的领导小组，具体负责管理体系建立的组织实施工作。中层干部既是具体指挥者又是实施者，他们的参与是图书馆成功实施全面质量管理的重要基础。

（三）员工培训

实施全面质量管理，必须全员参与。这就要求大家不仅要明确图书馆实施全面质量管理的意义和它在改进图书馆工作质量与服务质量中的作用，而且要掌握实施全面质量管理的技术和方法，如产生思想和收集信息的工具（头脑风暴法、调查表、访问等）、达成共识的工具（标准评价表、投票等）、分析和显示数据的工具（因果图、直方图、排列图等）和计划行动的工具（流程图等）。这些工具和技巧在分析问题、实施改进和评价结果中是非常有用的。培训可以通过多种途径，如全体员工大会、板报、快报、办培训班、组织参观等。

（四）全面质量管理体系的策划

首先是制定实施全面质量管理体系的目标，即实施全面质量管理后要实现的长期目标和近期目标。制订目标要围绕上级主管部门制定的图书馆在若干年内的发展总体规划，根据上级的规划和要求，制订出合乎实际需要的质量管理计划，再结合本馆的实际情况（图书馆的服务对象、经济状况、馆舍条件等）和上级的要求确定自己的基本任务、近几年的目标以及实现上述任务的战略步骤。

（五）机构绩效评估

通过用户满意度调查或特定测度指标来反映用户对图书馆提供服务的满意程度，这是进行持续改进的基础。因为只有把当前绩效同用户期望进行比较，从中找出差距，查出质量管理上存在的纰漏，才能瞄准改进的方向，设计出新的管理体系，提供高质量服务，达到满足用户需要的目标。

（六）全面质量管理体系结构的设计

全面质量管理体系的结构一般是根据全面质量管理的流程即策划、实施、评价及设计，并依据各馆的实际情况和理解，给各个阶段加入不同的内容，根据体系的结构绘出管理体系的模型。

（七）组织与实施

在质量管理体系策划和体系结构设计的基础上，应具体落实组织机构、职责权限和分工，通常要制定两图一表，即组织的《行政机构图》和《质量管理体系结构图》以及《各职能部门的职能分配表》，明确各个部门的职能。职能分配表具有十分重要的作用，因为它使体系的运行有了组织保证。

要调整机构、配备资源，要使职能部门按计划完成自己的任务和目标，就必须赋予其一定的职责和权力，配备一定的人力资源、物资资源、基础设施，营造相应的工作环境。

（八）编制文件

实施全面质量管理，必须进行文字记载，以便保持行动的连续性和进行前后效果的比较。记载的内容包括实施全面质量管理的方针政策、保证体系正常运转的规章制度，以及平时会议、讨论和工作的记录。

（九）图书馆效率的测量和审计

图书馆开展全面质量管理活动后，必须了解活动开展后工作效率提高的情况和使读者满意方面达到了何种程度。因此，除了对读者进行必要的调查，以了解读者的需求和对图书馆的满意程度外，还必须运用图书馆统计学知识，从质和量方面对所做工作做出评估，如统计出图书馆机读数据库被检索的次数、采购部门所采购的各专业图书数量、各专业图书的实际使用量等。

将全面质量管理开展前后的统计数据进行对比，从而测量出质量管理开展后图书馆工作效率的提高状况，这种测量对图书馆质量管理系统来说是至关重要的。

图书馆效率测量的另一种特殊形式是审计。所谓审计，指的是采用一些专业化的标准对图书馆的工作进行评估并给出结论。图书馆的审计工作通常可由馆内外各方面专家和读者组成的审计小组来进行。

通过读者调查、效率测量和审计，可以对开展全面质量管理时制订的任务计划的完成情况进行全面检查，总结经验教训，为下一步开展新一轮的质量管理做准备，从而形成新的质量管理循环。

第九章 图书馆管理的创新研究

20 世纪 90 年代,"管理创新"一词被引入图书馆学研究范畴,图书馆实践界和理论界开始从不同视角、不同层面和不同领域探讨图书馆如何在不断变化的环境中进行管理创新,以满足自身的发展需求和用户对知识信息的需求。

现代图书馆管理的本质在于创新,管理创新是图书馆用新思想、新技术、新方法对管理系统或者组织、技术、文化某一方面的方略组合进行重新设计、选择、实施与评价,以促进图书馆管理系统综合效能不断提高的过程。图书馆管理创新是多层面、全方位、全过程、全员性的,包括管理观念创新、管理模式创新、管理体制创新、管理机制创新、管理方法创新、管理流程创新等。

第一节 图书馆管理的创新

管理创新是指管理者用新思想、新技术、新方法对企业现有资源重新组合,以促进企业管理系统综合效益不断提高的过程。运用先进的、科学的管理方法创新图书馆的管理可以更好地体现现代图书馆为科研、教学充分服务的功能。图书馆管理创新的方向首先是观念的创新、图书馆管理战略的创新;其次是创新管理制度以及创新管理文化等。

一、管理创新概论

管理是一个动态的、不断创新的过程。只有不断地创新,图书馆才能适应时代的要求,不断发展和进步。20 世纪 30 年代美国的唐纳德·科尼将现代管理理论引入图书馆管理,在相当长的一段时间内促进了图书馆迅速发展。今天,传统的图书馆管理理论已经不能满足图书馆师生日益多元化的信息需求,众多图书馆开始尝试并实行管理各个方面的创新。

创新是当今时代发展的趋势,现代图书馆管理体制也在创新之列,图书馆的决策者和管理人员是图书馆行业的主力军,其作用具有不可交换性,是不可替代的,只有不断地进行管理创新,才能适应经济社会快速发展的需要。

（一）创新的意义

1. 创新是时代发展的鲜明特征

创新是一个国家民族发展和壮大的法宝。在激烈的国际竞争中，唯创新者进，唯创新者强，唯创新者胜。这些精辟论断不仅揭示了创新的历史意义，也提出了创新的现实要求。创新这一概念的内涵和外延在不断变化并随着时代的发展而不断被赋予新的内容。根据人们的认识和需要，创新目前已形成了多种类型，如有促成物质实物的发明或革新的实物创新与提出解决问题新对策的创新对策，有设计某种新的制度、体制、管理方式方法的制度创新与提出某种理论构想的理论创新，还有提出观察事物的新角度、新认识、新观点的认识创新等。

2. 现代图书馆管理的本质在于创新

知识经济时代的来临将不可避免地从根本上动摇各类组织的管理思想、管理制度和管理方式。图书馆是知识的载体，是信息的阵地。所以，图书馆的管理创新概莫能外，从一定意义上说，这也正是现代图书馆管理的本质所在。

（1）管理创新是图书馆自身发展的原动力。在科学技术发展日新月异，知识量、信息量剧增和市场剧变的 21 世纪，谁能感觉敏锐、抓住时机、当机立断，快速做出反应，力争处处先行一步，谁就会在竞争中获得胜利。管理上的创新能使图书馆打破常规，改革管理工作流程，大大提高管理效率；能使图书馆以敏锐的观察力密切关注未来变化的新趋势、新动向、新问题，从而能以超前的意识果敢决策，适应未来发展的要求。

（2）管理创新是迎接知识经济挑战的外在需要。以往图书馆的管理制度和管理模式的设计通常以规范人的行为、使人不犯错误为出发点，有着过多的管制和约束，这种过细过严的规则通常会窒息那些最初很难识别的新生事物的嫩芽，致使图书馆管理僵化，抑制了首创精神。国内外管理理论研究表明，决定社会发展竞争优势的是人才和科学技术，而决定人才、科学技术发展的主要因素是创新，所以强调创新已成为现代管理的时代趋势。

（3）管理创新是深化图书馆改革的内在需求。新世纪是一个孕育着巨大变革的时代，是一个从计划经济形态向市场经济形态的转变时期。随着我国政治体制与经济体制改革的纵深发展，原有的一套管理模式已不能适应新世纪图书馆的运行发展，图书馆要继续生存与发展，就必须对传统的管理理念和管理方法进行改革，通过改革创新建立起一套崭新的管理运行机制，以适应其发展的趋势。

3. 领导者是图书馆管理创新的主体

管理创新总是不断以新的观念、新的措施和新的方法使管理系统总体功能不断优化，在保持一种最佳效果的状态的同时也创造条件引导系统环境，向有利于管理创新的方向发展。从我国图书馆目前的状况来看，管理创新的关键是观念的转变，就是要将管理的重点放在对人的能力的开发、积极性的调动、创造性的激发上，在管理机制上要使人们总能得到一个正确的、奋发向上的信号。

（1）创新意识是领导者创新的基本素质与先决条件。创新意识是人脑在不断运动变化着的客观事物刺激下自觉产生的改变客观事物现状的愿望和理念。领导者即领先、引导、组织、协调者。创新意识之所以成为其重要的根本素质，是在新世纪知识经济和信息社会里，在科学技术快速突破的背景下，由经济和社会发展的要求与领导者的根本职能和职责决定的。这一背景要求图书馆领导者必须具有高度的适应性，不仅要适应变化的对象和内容，而且要适应变化的力度和节奏，要善于敏锐地发现变化的动向，善于果断地捕捉变化的契机，善于促进本馆工作的变革与更新。这也正是图书馆领导者与一般员工的根本区别之所在。

（2）学习是领导者创新的内在动力与关键环节。图书馆领导者必须要有深厚的文化基础与渊博的知识，这不仅是当前形势发展的需要，也是领导工作的客观要求。作为创新主体的领导者，其综合素质的高低不仅直接影响到自己的个人形象、创造力的发挥，也直接关系到单位事业的兴衰成败。因此，领导者不仅要大力提高自己的思想政治素质，还应该提高自己的创新思维和理论思维能力，同时还要大力提高自己的科学文化素质，要潜下心来致力于构建符合创新要求的科学合理的知识结构，要伴随着大胆的实践和探索，使理论与实践、知与行相统一。

（3）良好的环境是领导者创新的外在动力与根本保证。设计和维护一种环境可以使身处其间的人们在集体内一起工作，以完成预定的使命和目标。因此，一个健全的创新环境成为管理创新能否有效、健康开展的根本保证。如同阳光、空气和水分之于植物生长一样，管理创新也需要有适宜的环境和营养，需要有激发人们突破陈规陋习、大胆创新的原动力，切忌当领导者的管理创新出现失误或问题就采取横加指责的态度。适当的政策扶持、激励、引导和保护是管理创新的催化剂，具有不可替代的效果。同时，还必须在馆内外营造一种健康有序、宽松和谐、鼓励创新、支持探索、"百花齐放，百家争鸣"的文化氛围。

（4）创新机制是培养领导者创新的催化剂。图书馆创新要有人才。在人才的问题上要鼓励和支持冒险，鼓励和支持当领头雁，鼓励和支持一马当先。目前，我国图书馆界的论资排辈现象仍相当普遍，压制了大批年轻的创新骨干人才的脱颖而出。这就需要图书馆本着珍惜人才、人才为本的原则，选好、培养好、用好杰出青年人才，在物质待遇和精神待遇上向创新人才倾斜，使他们真正感受到自身价值的实现、地位的崇高和责任的重大。

（二）创新的方式

管理是对组织资源进行有效整合以达成组织既定目标与责任的动态创造性活动。管理创新是指一种新的更加有效的资源整合范式，这种范式既可以是新的有效整合资源以达到组织目标和责任的全过程式管理，也可以是新的具体资源整合目标制定等方面的细节管理。综合上述两个方面来考察管理创新，可以得出这样一种观点：管理创新是在创造和掌握新的科学管理知识的基础上，主动适应外部环境，提高组织各要素，在质量上发生新的变化和新的组合的过程。

1. 创设一种新的适合高校图书馆事业发展的新思路及与其相配套的组织机构

这种新的发展思路应该对整个行业而言都具有普遍的指导意义，而组织机构是高校图书馆管理活动及其他活动有序化的支撑体系，因此，这种新的组织机构要能够有效运转。

2. 提出一种或一套新的管理方式方法

这是一个组织新的文化氛围和精神风貌的开始。形成新的方式方法对高校图书馆来说能提高服务效率，或使人际关系更加协调，或能更好地激励工作人员等，这些都将有助于高校图书馆各种资源的有效整合，以达到既定的目标。

3. 设计一种新的管理机制

新的管理机制是指在高校图书馆各类资源最佳配置的基础上使高校图书馆的各种活动能规范、优质、高效地完成。这样一种管理机制对高校图书馆的管理而言是新的，自然是一种创新。

4. 进行一项制度创新

管理制度是高校图书馆资源整合行为的规范，既是高校图书馆行为规范，也是工作人员行为规范。制度变革会给高校图书馆及其工作人员的行为带来变化，进而有助于资源的有效整合，使高校图书馆事业的发展更上一层楼。因此，制度创新也是管理创新之一。

二、图书馆思想、观念的创新

（一）管理观念、理念创新的重要性

管理观念、理念的创新是一切管理创新活动的前提。人类社会结构的变迁、人与人之间关系文明形式的改善、无穷无尽的物质财富和精神财富的不断涌现等都应该首先从人的观念、理念创新中去寻找根源，特别是管理者的创新理念显得尤为重要。我国图书馆由于长时间受"藏书楼"的传统观念影响，一直以来，在管理思想上重藏轻用、重书轻人、重内轻外。这些传统的观念严重地束缚了图书馆的发展。思想指挥着人们的行为，图书馆要生存、发展、创新，首先就必须更新思想观念，这样才能适应知识创新和未来图书馆事业发展的需要。

图书馆管理的观念首先要改变。面对结构迅速变化和飞速发展的时代，一个优秀的图书馆管理者必须树立创新意识，不因循守旧，要勇于冲破旧的传统，根据图书馆自身发展的客观规律和知识经济时代对图书馆的需求制定正确的发展策略和管理模式，对于不适应的管理机制，必须勇于改革、善于改革，必须不断地学习、不断地改进。持续改革的过程会带来真正的创新，让图书馆产生一个质的飞跃。

（二）管理观念、理念创新的原则

管理思想的创新就是要更新陈旧过时的管理理念，用新的管理观念替代传统。要实现管理观念的创新需要注意以下几个原则。

1. 系统原则

系统原则即把整个图书馆的工作看成相互关联的、相互补充的有机整体。管理实际上是一个实现目标的过程，系统原则就是要围绕这个既定目标，合理地配置图书馆系统的人、财、物，使图书馆系统健康、协调地运行，发挥其最大效能，以达到预期目标。

2. 发展原则

发展原则即管理思想应随时代的发展而发展变化，与时俱进地适应外部环境的要求。随着社会的进步，图书馆要转变传统的封闭的观念，树立在时间、空间、服务内容以及服务方式上的全方位的开放观念。传统经验管理的思想与传统管理时代相适应并起了一定积极的作用。然而，知识经济时代靠经验管理是不能充分发挥管理效用的，甚至可以说，传统的管理思想是现代图书馆发展的桎梏。因而，管理思想要随外界环境的变化而变化，就要不断深入研究新形势、总结新经验，从而获得与外界环境相适应的新的管理思想。

3. 信息性原则

信息性原则即不断吸收新情况、新内容，丰富思想内涵。要重视新信息，不断掌握新信息并吸收它为己所用；要摒弃传统的闭关自守的思想，积极与外界沟通，逐步将图书馆融入社会生活中。

4. 效益性原则

效益性原则即注重社会效益和经济效益的有机结合。在计划经济体制下，图书馆"等、靠、要"思想严重。而在市场经济体制下，社会效益和经济效益统一是图书馆亟须解决的问题。管理思想创新的最终目的就是要提高管理效率，获得两个效益的统一。

5. 竞争性原则

竞争是市场经济的产物。在社会主义市场经济体制下，竞争体现在社会的方方面面，

"优胜劣汰"对于图书馆同样适用。在管理中，如果没有竞争意识，就难以在市场经济体制的环境下生存和发展。

（三）管理观念、理念创新的内容

1. 在图书馆管理思想观念上创新

图书馆能否适应 21 世纪发展的需要关键在于是否进行管理思想观念的创新。虽然图书馆的管理目标是从效率和效用两方面管理好资源，但由于环境的变化，实现目标的具体途径和手段不能因袭旧法，必须从观念到结构做出全方位的调整，资源共享、共建应成为图书馆管理的重要理念。

（1）管理思想必须实现两个转变。首先，从一般化建设向特色化建设转变。网络时代的图书馆必须摆脱传统自给自足的小农经济思想，要站在宏观的角度来考虑资源建设问题，把资源建设建立在合作和共建的基础之上，各个图书馆在整体分工的基础上应加强自己资源的特色化建设，这样做一方面可以解决长期以来困扰着图书馆的经费短缺问题，另一方面可以实现真正意义上的共享。自给自足的观念和建立百科全书式的信息资源体系的做法已离我们太远，那是一个与现在完全不同的时代，只有合作才能提供单个图书馆无力支付的资源。其次，从"重拥有"向"重存取"转变。拥有是存取的前提和基础，没有拥有，也就无所谓存取。但在网络时代，在注重资源特色化建设的同时，更应突出图书馆的存取功能。因为图书馆事业的本质即存取，也就是说，是使信息和知识为用户所利用。对用户来说，他们不在乎信息是怎样获得的，是从哪里获得的。在 21 世纪，大多数图书馆资料将根据需要以电子形式或印刷形式来传输，一个图书馆的馆藏将由存取能力而不是拥有量来界定。

（2）以人为中心的管理是当代管理的新概念。美国罗森帕斯旅行管理公司总裁罗森帕斯创立了"顾客第一"的新企业管理法。把"人本管理"理论应用到图书馆，提出图书馆要确立"员工第一，读者第一"的新观念。从我国大学图书馆的服务主动性较差、服务态度还有待进一步改进等方面的情况看，强调"读者第一"仍然有现实意义。从职工管理的角度来说，要提高服务质量和服务水平，强化职工的主观能动性和重视职工的意识能够起到较好的效果，但要从根本上解决职工管理问题则要从人事分配制度改革入手。

"能本管理"是一种以能力为本的管理，是人本管理发展的新阶段。它是通过有效的方法，最大限度地发挥人的能力，从而实现能力价值的最大化，把能力这种最重要的人力资源作为组织发展的推动力量，以此来实现组织发展的目标以及组织创新。把这一理论运用到图书馆，可以开辟图书馆人力资源管理的新思路。

2. 在图书馆发展的途径上创新

走内部合作、外部联盟的可持续发展之路。目前，图书馆面临两个方面的挑战：一是网络的迅速普及和发展已经使电子图书馆虚拟图书馆应运而生，并向传统图书馆提出了严重的挑战；二是在 21 世纪，信息技术将以更快的速度向前发展，信息服务业也将成为最热门的职业之一，越来越多的机构人员将进入这一领域。因此，作为信息服务业一个组成部分的图书馆，在 21 世纪将处于一个更加充满竞争和压力的环境之中。我们认为，尽管传统图书馆在最近与其他信息服务机构并存的前景不容置疑，但是我们也应看到，当图书馆的大部分职能与功能被其他信息服务业所取代，而现有的图书馆的职能与功能又没什么新的发现的时候，就是它被读者遗忘的时候。这种情景就犹如中国封建藏书楼被公共图书馆所替代一样。因此，面对网络环境给图书馆带来的挑战与机遇，图书馆必须转变观念，树立竞争与协作的思路，克服传统图书馆各自独立、各自封闭的办馆模式，把图书馆事业作为一个整体对待，全面规划、统筹安排，打破馆际原有的界限，在办馆模式上由独自办馆向馆际合作、网络一体化方向转化，把已分化的各种图书馆类型在新的层次上加以综合和整体化，实现跨部门、跨地区的协作。与此同时，图书馆界还应与其他竞争对手不断加强联系、谈判、解决矛盾、加强合作，走内部合作、外部联盟的共同发展之路。

3．市场营销理念的引入

市场营销是与市场经济相对应的概念，随着理论的发展，在 20 世纪 80 年代中期以后，市场营销领域对营销的定义进行了新的拓展，市场营销不仅仅限于企业的活动，而且可以扩展到非营利性事业组织与公共机构等。营销理论引入图书馆界后，各大学图书馆陆续进行营销实践，但都是相当有限的。例如，有的图书馆设立了公共关系部门或者岗位，有的图书馆开始进行比较不规律或者规律的读者满意度调查等活动。这些已有的营销实践都是很不成熟的。在当今的信息时代，图书馆的无形的劳务（服务）作为产品的三种形态之一，要更好地使一切业务活动均以消费者（读者）为中心并将营销观念贯彻到所有的图书馆活动之中。也就是说，图书馆工作必须改变传统的管理理念，将目光放长远，避免简单的读者需要什么就提供什么。在实施的过程中注意以下几点。

（1）营销管理的前提是战略管理。"就营销谈营销"已经无法解决问题，可能还会带来新的问题，因此，整个组织必须加强战略管理。

（2）没有战略管理的组织根本无法实施良好的营销管理：因此营销要重视战略。

（3）重塑形象是图书馆营销的首要任务。要改变传统的认为营销仅仅是用于图书馆一些"创收性"的业务领域的观念。对图书馆来说，最重要的是通过提供服务（产品）取得全校的师生乃至校外的社会效益，从而获得学校财政的投入与支持、社会的投入和支持（企业和个人的捐赠）。图书馆营销战略的首要任务是帮助图书馆提高服务水平和质量，从而提升图书馆产品的社会效益，塑造良好的形象，确保社会对于图书馆的投入不断稳定增长。图书馆必须把营销管理的重点放在那些为完成图书馆使命而创造效益的领域——营销必须有利于塑造图书馆的形象。在进行营销活动管理过程中，要运用营销理念和方法，按照社会营销管理过程来进行：分析社会营销环境—调查目标接受群—设计社会营销战略—计划社会营销组合方案—组织、实施、控制及评估社会营销活动。

三、图书馆战略的创新

近年来，越来越多的图书馆开始重视战略的制定和规划。所谓战略，就是指对一个机构的未来方向制定决策并实施这些决策。它规定机构的使命，制定指导机构设定的目标和实施战略的方针，建立实现机构使命的长期目标和短期目标，然后根据确定的目标决定行动的方向。图书馆战略管理主要是为了适应外部环境的变化，使之能长期、稳定地健康发展，实现既定的战略目标而展开的一系列事关图书馆全局的战略性谋划与活动。我国图书馆的战略多演变成简单的目标制定，而忽视了战略的执行和控制。所以我们提出要进行战略的创新，主要为重视高科技发展战略、秉性战略和战略逻辑创新。

（一）重视高科技发展战略

在工业化阶段，图书馆主要靠传统的服务来满足读者的要求。图书馆的馆藏成为衡量图书馆水平的一个很重要的指标，从而形成了图书馆重藏轻用、重书轻人的观念。在知识经济时代，图书馆属于信息机构。在信息行业，图书馆面临着各种信息服务企业和机构越来越激烈的竞争。信息技术革命和以计算机、通信网络技术为核心的一系列高新技术的应用，使得人们获取信息知识的渠道和手段都有了极大的发展，出现了更多的机构、组织、信息咨询公司可以满足读者的信息需求，对图书馆形成了强烈的威胁，减少了读者对传统图书馆的依赖。而互联网等网络通过给人们提供获取信息的直接途径，也对图书馆员所扮演的传统角色提出了挑战。但上述环境的变化又会带来诸多的发展机会。战略管理强调审时度势、统揽全局、长远谋划，积极主动地迎接未来的挑战。图书馆应该将高科技发展作为战略制定和规划的重要因素。

（二）战略逻辑创新

所谓战略逻辑，指在设计战略时用什么样的逻辑思维来进行思考。图书馆能时刻跟着外界及内部环境变化，满足不同读者需求的原因之一就是图书馆的管理者具有一种创新的战略逻辑思维，他们能够根据图书馆的外部环境和图书馆自己的发展特点用不同的逻辑来设计战略。管理者要善于辨识企业目前的战略逻辑，敢于向其挑战，能够静下心来仔细考虑战略制定前对行业做出的假设以及企业的战略焦点。在制定战略时，要问行业中哪些要素应予以消除，哪些要素在低于行业标准时反而更有价值，哪些要素在高于行业标准时会更有效，哪些要素是行业从未提供过而目前需要增加的。通过自问这些问题，管理者可以发现现行战略逻辑的不足或错误之处，进而加以改善以实现创新。战略创新所追求的是时刻保持新的思维方式，在新的思维方式下设计崭新的战略，使图书馆能迅速适应环境的变化，时刻以最好的服务向读者提供高效的产品，从而满足他们的需求。

（三）战略创新的原则

1. 先进性原则

图书馆属于服务性行业，面对行业内竞争，一家图书馆在满足用户信息需求方面只有达到了社会平均水平才能生存，只有超过平均水平才能发展。也就是说，门槛是平均水平，而不是自身原有的水平。图书馆实施战略管理后，即使在满足用户服务需求的水平方面比过去有了长足的进步，但只要没有达到平均水平，它同样面临被淘汰的问题。同时由于竞争，平均水平也是不断发展的，所以图书馆战略管理所追求的目标必须包含比平均水平更加先进的内容。

2. 环境适应原则

成功的图书馆战略管理重视的是图书馆与其所处外部环境的互动关系，目的是使图书馆能够适应、利用甚至影响环境的变化。图书馆应随时监视和扫描内外部环境的震荡变化，找出内部环境中的优势和劣势以及外部环境中的机会和威胁，理清它们之间的关系并据此提出战略计划。

3. 全过程管理原则

图书馆战略管理要取得成功，必须将战略的制定、实施、检查、提高（即管理学通常所说的 PDCA）看成一个完整的过程来加以管理，忽视其中任何一个阶段都不可能获得有效的战略管理。具体而言，再好的战略计划如果无法实施或不实施，那也是没有意义的。战略管理需要实践来检验，如果没有实事求是的检查和评价，就不可能发现战略管理中的问题，错误的战略管理不仅不能解决生存和发展的问题，而且是非常有害的。仅仅发现问题或只有批评意见也是解决不了问题的，还必须提出新的、有效的对策。总之，只有实施全过程管理，才能取得螺旋式上升的预期效果。

4. 整体优化原则

成功的图书馆战略管理是将图书馆视为一个不可分割的整体来加以管理，目的是提高图书馆的整体优化程度。它通过制定图书馆的宗旨、目标、重点和策略来协调各部门、各单位的活动，使之形成合力。应特别注意的是，这种优化应该是积极的和能动的。而面对图书馆某一关键部门的落后，不应简单地要求其他部门按照它的低水平进行调整，应积极寻求资源的结构重组，以期实现更高水平上的整体优化。

5. 全员参与原则

图书馆战略管理不仅需要图书馆高层管理者的决策，也需要全体馆员的参与和支持。更确切地说，图书馆战略制定过程的分析、决策主要是高层管理者的工作和责任，而这种分析和决策又离不开中下层管理者的信息输入和基层馆员的合理建议。一旦图书馆战略目标确定了，战略的实施就在相当大的程度上取决于全体馆员的理解、支持和全心全意地投入。

6. 反馈修正原则

图书馆实施战略管理的目的是寻求稳定和健康的发展，战略规划的时间跨度一般在五年以上。总体战略规划的实施通常包括一系列中短期行动计划，它们使图书馆战略在行动上具体化和可操作化，然而其实施过程不可能是一帆风顺的，环境的风吹草动往往会影响图书馆的战略部署。所以只有不断地跟踪反馈才能确保图书馆战略的适应性。从某种意义上说，对现行图书馆战略管理的评价控制又是新一轮图书馆战略管理的开始。

四、图书馆管理组织机制的创新

管理机制创新是在自动化目标的控制下对图书馆管理工作与业务流程进行再设计和重建的过程。机制创新的核心内容就是以自动化作业为中心，打破传统的分工理论和方法，正确地运用信息技术，建立图书馆在自动化环境下新的管理机制，以迅速适应不断变化的信息环境。机制创新的中心思想是"流程观"和"重新设计观"。图书馆在自动化环境下的管理机制和在传统手工作业环境下的管理机制是不同的，手工作业最大的特征是以物化的文献作为处理对象，手工作业形成的业务模式并不完全适用于自动化发展的需要。因而图书馆必须构建新的运行方式，才能使自动化在信息开发与信息服务中充分发挥作用，这就需要在自动化环境下进行图书馆管理机制的创新。

（一）图书馆管理机制的创新

图书馆管理机制包括内部和外部两种形式。网络环境下图书馆管理机制创新就是实行外部机制重组和内部机制重组。

1. 图书馆外部机制重组

建立外向型信息管理机制，确立图书馆在竞争信息环境中的领导地位。在自动化网络环境下，图书馆必须从物质流的管理向信息流的管理发展转变，面向内部资源管理，为面向外部信息管理扩大职能范围，从而占据信息环境的领导地位。可以采取四种措施：①以自动化为主导，研究并参与制定信息政策，组织、激励、支持和协调各类社会信息活动，使图书馆成为社会各类信息活动的支撑点。积极参与改造，建设信息技术和设施，不断完善信息，保证体系并使之成为中坚力量。利用信息技术主动开拓信息市场，不断增大图书馆在信息市场的占有份额，扩大图书馆在网上的信息容量。②研究和培养信息用户，发挥自动化信息服务优势，不断扩大信息用户的类型和数量，使图书馆始终处在信息用户的核心位置。③面向网络建立信息流集中管理、物质流分散负责的机制，针对网上信息的开发和获取的共用性和无限性的这一特点，对信息流宜采取集中管理、共建共享的方式。图书馆之间建立协议，共同遵守。④与信息技术革新部门合作建立自动化技术不断进步的互动机制。在现代化技术应用中，图书馆必须打破"馆"的传统思维定式，与社会相关领域建立良好的合作关系，求得发展，这是图书馆自动化发展规律之一。例如，在计算机设备与软件开发方面，可与计算机制造商及软件部门等建立合作关系，使计算机设备和软件系统能跟上计算机发展水平；在信息网络方面，可与电信、网络中心及信息技术部门建立合作关系，从而加速图书馆自动化网络建设；在文献数字化方面，可与数据库产业部门建立合作关系，以促进数字图书馆的发展以及信息产品的生产等。在合作的基础上，一些领域如文献数据库建设、网上信息开发以及信息产品的生产等，可与合作部门试行股份制，加强图书馆自动化在信息产业中的地位与作用，使图书馆与社会建立起自动化技术不断进步、不断创新的互动机制。

2．图书馆内部机制重组

在自动化网络环境下，图书馆应把面向用户解决实际问题放在图书馆工作的前沿和中心位置，突破图书馆传统的线型业务流程和以资源结构划分的封闭组织体系，具体措施是建立以自动化为中心，融合固定部门、跨部门的灵活组织机构，以对用户需求做出快速反应并能为用户解决实际问题，建立面向用户快速反应的管理机制。

图书馆应从利用自有文献为用户提供服务转变为利用各种自动化技术、手段与广泛的信息资源为用户提供服务。图书馆应从让读者走进图书馆转变为让馆员走出图书馆、走进用户、走进各种信息设施和各种信息系统，在现场为用户服务，充分利用自动化技术和馆际合作提高文献采访、组织与加工效率，使馆员投入更多的智能和精力到更具挑战性、吸引力的信息服务工作中。以自动化为中心重组新的业务模式，根据用户需求制定信息服务内容和范围的管理机制，打破线型业务流程，取而代之的是能够完成多种业务的、独立的、自成体系的计算机网络系统和控制机构，这些机构具有同等的业务能力。我国图书馆文献馆藏丰富但利用不足，业务重组以开发利用资源为突破口，提高信息组织与利用的能力，根据用户需求对多元化的信息资源进行合理组配和深层次加工，开展各具特色的业务工作，组成有序的和有针对性的情报信息服务体系。

以市场经济为导向的信息服务模式以主动性、多样性、开放性和动态性为特征，提供全方位、高质量的信息服务，树立全新的市场观念，遵循市场规律，把信息市场与经济效益相结合，建立新的业务模式，做好科研与市场之间的中介与桥梁，加速科技成果的转化，促使产、学、研接轨，实现效益。

（二）图书馆组织机制创新

1. 创建扁平化组织结构

组织创新是图书馆创新体系的重要组成部分。传统的图书馆的金字塔形官僚层次结构是机械的、刚性的、永久性的结构，这种结构不能适应多变的技术和管理的要求，网络信息环境下的图书馆组织表现为动态的联盟。因而，图书馆组织行为能体现图书馆活力，有效地解决分权与集权的矛盾，使组织结构向扁平化、虚拟化、网络化方向演变。

图书馆进行结构重组要按照一定的步骤进行。首先需要根据现阶段图书馆的功能确定分工的程度，然后进行分工；其次要重新划分部门，合并一些功能相近的、联系密切的部门，根据新增的业务再增设新的部门；再次要解决权限关系及其授权程度，还要设计人员之间合适的沟通渠道和协商渠道；最后要根据图书馆信息沟通、技术特点、经营战略、管理体制、组织规模和环境变化来选择合适的组织结构。

信息技术和计算机网络的开展使得知识在管理者及劳动者之间共享，组织等级结构已不再受到管理幅度的限制，纵横交错的渠道造就了一种崭新的组织结构——扁平化的组织结构，即矩阵式组织结构。图书馆可根据不同文献的载体的采访、编目、典藏、流通和阅览工作应由不同部门来完成的特点，在横向上整合业务和职能部门，同时根据部门之间的合作的必要性，在纵向上根据工作任务设置不同的项目组。以项目的形式展开信息服务，这样纵横两个系列结合而形成矩阵式组织结构。

2. 实施图书馆组织联盟

由于经费的限制，一所图书馆不可能收藏所有有形和无形的文献资源，为了更加合理地使用现有资源，提倡形成高校间的组织联盟。现有很多地区已经在实践当中。组织联盟的目的在于将各组织的优势综合起来，以便能及时把握时机，降低成本、减小风险，优化图书馆组织的整个价值链，从而对外部环境的变化做出敏捷的反应、果断的决策和及时的行动。例如，在采购工作中，组织联盟可以统一规划，根据各个学科重点进行合理的采购的安排，对于传统型文献的购买，可以通过统一的规划，形成规模效应或者避免重复购买；而对于数字资源的采购，则可运用网络技术，形成组织联盟的局域网，从而达到数字资源、数据库资源的共享，极大地节省成本。组织联盟在实施过程中会受到我国图书馆现行体制和组织结构的影响，所以要形成高效的真正意义的组织联盟，首先要对我国图书馆的体制和组织结构进行创新。

五、图书馆文化的创新

图书馆文化来源于文化理论在图书馆管理中的应用，它反映和代表了对该组织起影响和主导作用的团队精神、行为准则和共同的价值观。20世纪以来，传统图书馆处于不断变革当中。新的技术环境对图书馆的影响是全面性的，图书馆的工作方式、服务方式、组织形态、馆藏发展、人员角色以及运作方式等都受到强烈的冲击，因此图书馆的文化也处于调整和变革之中。当今人类社会正处于知识经济时代，知识经济时代所需要的图书馆文化是一种全方位的知识创新和知识创新体系。图书馆的创新文化作为图书馆文化中的重要组成部分，是图书馆为适应新的竞争形势而形成的关于创新的一系列知识内容、意识形态和文化氛围。现代图书馆不仅要用创新观念去适应变化，而且要用创新观念去创造变化，成为新变化的发动者和参与者。只有这样，才能在激烈的竞争中不断赢得主动和胜利。

（一）建立团队文化

网络技术环境下的图书馆组织文化必须善于吸收其他文化素养，以建构合理、优秀的文化，团队文化是现代组织精神必须强调的重要内容。过去图书馆组织的价值观受传统金字塔形结构的制约，形成领导权威至上、各职能部门只关心自己分内事情、部门相互之间不合作不团结的风气，这种组织文化对图书馆有极大的毁灭性。被这种等级文化所困扰，必然导致不精简、不灵活、不公平、缺乏创造力、士气低落的后果，也就无法获得读者的支持。团队文化具体包括几点：①具有共同的战略和目标：团队成员清楚地了解并认同组织共同的战略和目标，认同组织的价值观并乐意为之奉献。②相互信任、相互尊重：团队成员的技能相互补充，共同努力才能达成组织目标；成员之间形成互相信任、互相学习的气氛；人人承担责任，同时享受个人发展的权利。③良好的知识共享氛围：团队提倡开发、坦诚的沟通氛围，成员间信息渠道畅通，知识共享。④自我管理：团队工作得到领导的充分信任和尊重，团队以自我管理为导向，在决策上更为民主，提倡参与，注重个人能力的发挥。

图书馆建设团队文化不是一朝一夕的事情。由于原来的组织文化有足够的稳定性，在任何变革的时候都会受到传统的旧文化的阻碍，这就要求图书馆人进行长时间的努力。

（二）倡导学习型组织

麻省理工学院教授、著名管理学家彼特·圣吉出版的《第五项修炼》一书，掀起了组织学习和创建学习型组织的热潮。美国的福特汽车、通用电器等一些大型企业都在积极创建学习型组织。随着我国的入世，在全球经济一体化格局中，为了在竞争中求生存，我国各大企业也正积极地创建学习型组织。学习型组织已成为企业做好知识管理工作和提高竞争力的必备条件。如何有效地激发组织的创新和创建成功的学习型组织已成为现代管理的两大主题。在这股风靡全球的学习型组织热潮的带动下，已有创建"学习型社会"思想的提出。

1. 学习型组织

对于学习型组织的概念主要包括几种观点：①圣吉认为在学习型组织里不能不学习，因为学习已经完全成了生活中不可分割的一部分。学习型组织是一群能不断增强自身创造力的人组成的集合或团体。②学习型组织是有自己哲学的组织。它在预期对变化的应对和反应、复杂性和不确定性等方面都有自己的一套方法。③学习型组织是能够通过改变信息处理和评估的规划、方式来适应新的信息要求的一个团队。④学习型组织是指以信息和知识为基础的组织，这种组织实行目标管理，成员能够自我学习、自我发展和自我控制。概括来说，学习型组织是指通过培养弥漫于整个组织的学习气氛，充分发挥员工的创造性思维能力而建立起来的一种有机的、高度柔性的、扁平的、符合人性的、能持续发展的组织。这种组织具有持续学习的能力，具有高于个人绩效总和的综合绩效。

2. 学习型组织的特点

组织成员有一个共同的愿望，这个共同愿望来源于员工个人的愿望而又高于个人的愿望，它是组织中所有员工的共同理想，能增强员工的凝聚力，使之朝着组织共同的目标前进。

善于不断持续学习是学习型组织的本质特征。所谓"善于不断学习"，主要有四点含义：①强调"终身学习"，即组织中的成员均能养成终身学习的习惯才能形成组织中良好的学习气氛，促使其成员在工作中不断学习。②强调"全员学习"，即企业组织的决策层、管理层、操作层都要全心投入学习，尤其是经营管理决策层，他们是决定企业发展方向和命运的重要阶层，因而更需要学习。③强调"全过程学习"，即学习必须贯彻于组织系统运行的整个过程之中。④强调"团体学习"，即不但重视个人学习和个人智力的开发，更强调组织成员的合作学习和群体智力的开发。学习型组织通过保持学习的能力，及时铲除发展道路上的障碍，不断突破组织成员的极限，从而保持持续发展的态势，有利于员工的相互影响、沟通和知识共享。

(三) 培育"以人为本"的文化

图书馆的存在是为了满足"各种类型的人"——读者对知识、信息的客观需求，这是当下图书馆存在和发展的根本原因。而高校图书馆之所以能够存在，依靠的是图书馆人对事业的不断追求和奋斗。因此"人"始终是图书馆存在和发展的动力和支点。

图书馆树立"以人为本"的价值观、实行"以人为本"的管理模式依赖于图书馆文化的支撑。一个有着共同价值取向的图书馆对其管理人员和读者倾注最深切的关怀，其管理人员在充分取得自身发展、实现价值的同时，必将更加忠实图书馆的集体事业和未来发展，其读者在获得图书馆良好服务的同时，也必将进一步强化对图书馆的认同感和忠诚度，图书馆由此获得更好的公众形象。这里的"读者满意"就是"以人为本"的具体体现，是图书馆发展的原动力。所以，在图书馆的各种服务活动中，应真正树立以读者为本的理念，使读者能够公平、公正、自由、方便地利用和获取各种文献信息，平等享受各种服务，真正体现"图书馆是所有人都可以利用的场所"这一宗旨。图书馆的工作对象是文献信息，服务对象是读者，其中读者是主体。这就是说，读者是图书馆的重要组成要素，读者服务是图书馆赖以存在和发展的根本依据。印度图书馆学家阮冈纳赞曾提出"图书馆学五定律"，其中前四条都是围绕着图书馆的"读者服务"来展开的，充分体现了"以读者为中心"的服务理念和人文关怀。因此，图书馆在提供服务的过程中，就要贯彻这种服务理念，多想读者之所想，多为读者提供方便，在阅读环境、开放时间、借阅方式、书架设置、信息产品的提供等方面体现出"倾情"。

"以人为本"还应体现在对图书馆员的关怀和管理上，尤其是要致力于建设符合组织与个人共同发展的良好的工作和学习氛围，使馆员感受到尊重，体现自己的价值，从而能自觉地工作，在完成图书馆目标的过程中实现自己的愿望。

六、图书馆管理创新实践

新技术的快速发展给图书馆带来了前所未有的机遇和挑战，图书馆只有积极改革和探索才能适应新的形势。管理的改革是当前图书馆改革发展的重点和关键。

（一）调整内部机构，强化服务职能

根据图书馆工作变化的需要，许多图书馆及时调整业务机构，精简机构和人员，有利于业务工作的开展，有利于管理效益的提高。具体方法是实行采编合一、藏阅合一等，合并调整业务部门，精简基础工作的部门和人员，加强服务工作的部门和人员；根据本馆服务特色和发展需要，增设新的业务部门。

长期以来，后勤成为图书馆的负担，制约着图书馆的发展。将后勤从图书馆业务和行政机构中分离出来是图书馆管理改革的重要举措。目前，我国一些公共图书馆试行后勤企业化管理。国家图书馆后勤保障部门实行管理与服务职能的分离，走服务社会化、管理企业化的道路，组建人员精干的行政管理处，代表馆方行使管理职能；组建后勤服务中心，不定行政级别，实行企业化管理，开展对内对外双向服务。在高校图书馆，后勤社会化是

一个方向，北京大学图书馆已经通过学校出资请校外公司承担图书馆后勤工作，保卫工作由保安公司派人，卫生工作由保洁公司派人，既节省了工作人员，又保证了质量。

（二）改革人事分配制度，建立激励机制

实施人事分配制度改革，从职称管理改为岗位管理。一是实行全员聘任制，定岗定编定酬，竞争上岗，责、权、利统一；二是减少全工，增加临时工。根据国外大学图书馆的经验，图书馆工作人员中馆员数量只占很小的比例，图书馆应大量使用临时工主要是学生工来承担一般的服务管理工作，由此可减少图书馆正式职工的数量，减少图书馆服务的成本。有的学校图书馆为解决人手紧张的问题，采取了从学生读者中招收义工的办法，取得了很好的效果。

（三）修订规章制度，实施新的管理办法

图书馆的规章制度反映了图书馆的管理水平。及时修订规章制度既是为了适应变化的需要，改正不合理的规定，针对新情况、新问题做出新规定，使制度不断完善，保持制度的合理性和适用性；也是为了管理改革，以制度的更新为杠杆，推出新方法和新举措，调动各种积极因素，实施制度化管理，保持制度的科学性和新颖性。目前许多图书馆的规章制度是 20 世纪 80 年代末或 90 年代初修订的，早已过时，不能适应新时期图书馆工作的需要和读者对图书馆的要求。一些不合理的规定（如书库闭架借阅、阅览室区分教师与学生使用等）必须改革，使规章制度适应变化的需要，保持制度的新颖性和适应性。

图书馆的工作内容和方法在最近十余年有了很大的发展。大多数图书馆改革管理方法，打破闭架和部分开架的管理模式，实行全开架借阅管理；打破书库与阅览室分离的管理模式，实行藏阅一体化管理；打破书刊样本与流通阅览本的区分，开放样本库；打破严格按文献类型采集和管理的办法，从实际出发采取书刊一体化等。特别是随着图书馆出现的新情况、新问题，要不断解决新的矛盾，就必须做出新规定，使制度不断更新，保持制度的科学性和合理性。当下，图书馆自动化管理对传统大学图书馆有很大的冲击，每更新一个自动化系统便意味着管理模式的引进和管理方法的更新。清华大学图书馆就是通过更新自动化系统进行图书馆内部机构的调整与改革。许多大学图书馆根据自动化管理的要求修订旧的制度，增加新的制度，保持了制度的周期性和实用性。

管理也要创新，大学图书馆要提高管理和服务水平，引进国内外先进的管理方法和经验是一个重要途径，通过推出新的制度，不断改进和完善，保持制度的先进性和创造性。

（四）图书馆自动化以评促建

继全国高校图书馆第一轮评估后，许多省市开始了第二轮图书馆评估，此次评估把图

书馆自动化方面的评估放在了重要的地位。

为贯彻落实《中共中央办公厅、国务院办公厅关于加快构建现代公共文化服务体系的意见》精神，发挥以评促建、以评促管、以评促用的作用，促进全国公共图书馆事业发展，按照每四年进行一次全国县级以上公共图书馆评估定级工作的要求，文化部在2017年开展了第六次全国县级以上公共图书馆评估定级工作。此次评估采取线上数据审核、实地评估和第三方测评相结合的方式进行。线上数据主要采取人工填报和平台自动更新的方式进行采集。第六次图书馆评估定级较往次有一些变化：①评估主体方面：有政府评估也有第三方评估，是一次结合性的评估，是政府和学会相结合的评估，是政府转移职能的一个试点。②评估方式方面：由手工评估变为无纸化评估，所有的程序在网上进行。③评估导向方面：主要是效能导向评估，虽然在指标中也会涉及一些保障指标、建设性指标，但是重要指标是绩效指标、效能指标，现在比较多地强调服务。④由结果评估转向过程评估。⑤评估除了基本分外还有加分，鼓励创新。

（五）采用业务管理新模式

书目预订一直是图书馆采购的主要方式，但存在着不能全面反映图书市场、图书广告与实际存在差距等问题，同时，在图书市场日益竞争的形势下，多渠道销售使书目预订失去了原有的地位，这已经对图书馆采购带来了难度和困惑。在这种情况下，大学图书馆应采取更科学的方法。在国外，自动配书就是20世纪70年代以来成功应用于藏书建设的科学方法。在图书馆服务工作中，引进先进的设备和管理模式不仅可以提高服务的质量和效率，更重要的是方便读者，充分发挥图书馆资源的效用。

（六）全面提高队伍素质，开发人力资源

重视图书馆馆员的选拔，提高图书馆馆员的任职条件。近年来，大学改变过去对馆员学历、职称等要求偏低的状况，大力选拔图书馆学专收的高学历人才担任馆员，或选拔有学术地位的专家教授、博士生导师担任馆员。一些大学还请中科院院士出任馆员。在某种意义上，提高馆员的任职条件对于提升图书馆在大学的地位是有益的。

（七）大学图书馆系统的建立

我国大学图书馆多年来存在着规模小、图书馆与资料室分散管理、资源不足与资源浪费并存等一系列问题。

高校合并直接促进了大学图书馆系统的建立，合并的第一个重要问题是管理体制是采取集中式的总馆分馆制还是协作分馆制。目前，合并的大学基本实现了"证件通用"（各校区借书证统一或借书证通用）。另一个问题是如何实现各馆间的文献信息畅通，对此软

件的统一和系统更新是关键。随着体制改革和学校规模的扩大，许多大学已由过去一校区一馆发展到今天的多校区多馆，大学图书馆从单一的图书馆发展为图书馆系统。

（八）图书馆建筑与数字化并驾齐驱

传统图书馆建筑有许多不适应现代管理和服务的弊端。例如，图书馆书库与阅览室的分离、空间小、层高不一等不利于图书馆藏阅一体化和机构的调整，严重制约了图书馆的发展。扩建图书馆能够缓解图书馆空间与藏书量激增的矛盾。20世纪90年代以来的扩建不仅考虑到建筑规模、藏书容量、藏阅一体化模式、校园环境以及"三统一"（统一入网、统一层高、统一荷载）的要求，而且充分考虑到网络、自动化系统、消防与监控系统、空调系统以及其他现代化的设施，用现代化的手段管理现代化的图书馆。

（九）多种模式办馆，向社会开放

长期以来，各大学独立办馆，服务对象仅限于本校学生和教职工，馆藏丰富的资源包括文献信息资源、设备环境资源、人力技术资源等不能为各高校共享和社会所充分利用。这样一方面，独立办馆难以对外吸引资金；另一方面，图书馆资源浪费，社会需求又不能得到满足。尽管一些地区大学采取了一些合作的措施，如对馆外读者有偿服务、试行通用阅览证等，但仍然没有改变图书馆封闭式管理与服务的模式。

联合办馆是改封闭模式为开放模式的一种方式。大学图书馆可以与企业、事业单位、政府联合办馆，新的办馆模式打破了传统观念，将促进社会走进大学图书馆、大学图书馆走向社会。向社会开放不仅是社会经济的发展驱动着广大民众对文化教育和知识信息的需要，也是在科教兴国、高教改革的形势下，大学必须为社会服务的需要。有人呼吁：大学图书馆要开展校内和社会双重信息服务，服务对象由内向型向外向型转变，实行"一馆两制"运营机制。这说明了大学图书馆开展社会服务的可能性。

第二节　图书馆管理创新理念

伴随人类文化的发展，在管理对象、目标、内容、方式等问题上，图书馆的管理观念也在不断深化发展，迄今为止大约经历了四个阶段。

一、文献管理

自然经济时代是知识短缺时代，与之相适应，古代藏书楼的功能属性是"保存文化遗产"。当然，"保存文化遗产"的终极目的还是利用。文献收藏和管理有两个基本特点：第一，出发点和主要目的不是文献利用，而是文献保存，亦即"为藏而藏"。第二，即使文献利用，也主要是为了藏书者自身的利用，对于其他人的利用则有诸多限制，甚至根本拒绝。

因此，其管理活动是文献管理，主要是文献搜寻集中、组织整序和保存管理。有学者提出中国古代"书院"是最早实践"藏书为用"原则的，理应是近现代图书馆的先驱。可惜，世界图书馆学界至今不予认同，中国图书馆学界又大多将它划归古代"私学"，而排斥于"古代图书馆"之外。

二、读者管理（或读者服务）

工业经济时代，社会对科学技术的需求迅速膨胀，近代图书馆应运而生。与古代藏书楼相比，近代图书馆管理目标最主要的特征是"书是为了用的"，其管理内容和方式也从单一的文献管理转向了文献管理与读者管理相统一，并以读者开发利用馆藏资源的管理为中心，通过提高读者满意率来提高馆藏利用率，以实现近代图书馆的基本原则——"以最少的花费为最多的读者提供最好的图书"。当然，此时的读者管理或读者服务还欠发达，只能满足读者对文献或期刊的需求，属于文献服务阶段。

三、信息管理（或知识管理）

社会分工和学科分类日益精确化，读者需求日益专业化，图书馆的服务也随之突破了文献的物质界面，深及知识结构层次。再者，文献的多媒体化趋势日益强劲，信息或知识组织管理和检索利用的科技含量迅速膨胀，读者对图书馆技术支持的需求也日益强烈。

图书馆的信息或知识管理属性和功能逐步凸显出来，开辟了参考咨询、用户培训等图书馆服务新领域。同时，古代藏书楼"以书为本"的价值观念也复活繁衍起来，以"见物不见人"的"唯技术论"排斥"以人为本"。

四、人本管理

"以人为本"的知识经济日益临近，人本主义管理理论日益渗透到图书馆活动中。"以人为本"的管理，逐步突破了科学管理的"刚性原则"，强调人性化和"柔性原则"，提倡现代图书馆管理的思路应该是"人—书—人"，即以人（读者）为出发点和归宿，尊重读者、方便读者和研究读者。将"以人为本"的思想充分融会贯通于读者服务工作的每一个细节，真正做到以读者为中心，令读者满意。

在馆员管理中，同样强调调动和发挥人的主体性、主动性和创造性；在注重发挥利用馆员既有智慧能力的同时，也越来越重视通过继续教育，不断提升馆员的精神境界和专业能力。

"以人为本"无疑是图书馆管理现代化发展的一个重要标志。

第三节　宏观视域下的图书馆管理创新研究

图书馆宏观创新管理是指图书馆管理理念和模式的创新，具体表现为图书馆在某一业务领域采用新的管理模式来应对图书馆管理中遇到的问题。本节重点阐述近年来图书馆管理中开始重视并实施的分布式管理和营销管理。

一、图书馆分布式管理

图书馆分布式管理是根据开放系统的相似性原则，将计算机分布式管理系统中所蕴含的管理思想和管理理念运用于图书馆的管理实践之中，构建全新的分布式图书馆管理体系。图书馆分布式管理系统分成两个子系统，即资源分布式管理系统和职能分布式管理系统。

在资源分布式管理系统中，一方面，图书馆通过租用、聘用、合作、共享以及争取社会援助等多种方式，实现人员、技术、设备、资金、文献信息等社会资源向图书馆的"分散—集中"过程；另一方面，图书馆通过出租、出借、转让、协作以及共享等多种方式，实现人员、技术、设备、资金、文献信息等馆内资源向社会的"集中—分散"过程。图书馆对馆内资源实行直接管理，对社会资源以契约方式进行间接管理，通过两种管理方式的有机结合，实现对一切可用资源的有效管理。

在职能分布式管理系统中，图书馆通过项目合作、有偿服务等方式，承接更多的社会工作，不断拓展职能范围，实现信息服务、文化教育等职能由社会向图书馆的"分散—集中"过程。图书馆通过业务外包、项目合作、后勤社会化等方式将原有的部分职能交由相应的社会机构去完成，实现部分职能和辅助职能由图书馆向社会的"集中—分散"过程。图书馆对馆内工作实行直接管理，对社会机构承担的职能以契约方式进行间接管理，通过二者的有机结合，在社会范围内实现图书馆职能的重组和优化控制。

图书馆与外部环境之间的"分散—集中""集中—分散"是一个双向的交流过程，而分布式管理的关键就在于对这一交流过程的集中统一控制。职能分布式管理和资源分布式管理相互融合、互为推动，二者的有机结合，推动图书馆对资源的有效管理以及实现图书馆职能的重组和优化控制。

一方面，资源管理以图书馆职能实现为目标；另一方面，职能的分布式管理也必然会带动资源分布式管理的发展。图书馆分布式管理具有开放性、专业性、共享化、市场化和网络化的特点。

二、图书馆营销管理

营销管理产生于市场经济领域，但随着营销管理理论与实践的发展，营销管理正在从市场营销向社会营销发展，营销管理已不再局限于企业的活动领域，正在向非营利性事业组织活动领域拓展。近些年来，部分西方国家的非营利性事业组织，如学校、医院、教会、政党等机构成功运用了营销管理的方法与手段，收到了很好的效果。

图书馆营销管理就是图书馆以读者为出发点，运用一定的方法，通过刺激读者需求，推广图书馆服务，强化图书馆与读者的合作，促进图书馆文献和服务的利用，提高图书馆的社会地位和影响，从而求得图书馆最大的社会效益。

在国外，图书馆营销管理已经开始应用并取得了很好的效果。1991 年，美国北卡罗来纳州的夏洛特·麦克伦堡郡公共图书馆推出一项营销规划，任命专人负责营销工作，经过营销策划，图书馆使用率提高了 80％。大英图书馆为加强营销业务，在战略营销与通信中心下，设立企业与公共营销部、商业营销部、教育系统营销部以及营销服务部等部门，并聘请营销专家分别负责营销工作，走出了一条"以人为本"的适应变化的现代化图书馆管理新路，在图书馆界竖起了一面旗帜。

第四节　微观视域下的图书馆管理创新研究

图书馆是一个不断成长的有机体。面对社会的快速发展，民众需求愈来愈多，如何创造图书馆在现今社会存在的价值，如何保持用户满意度，实际上依赖图书馆改变传统的观念及做法，不断推陈出新，适应社会环境变迁及用户的需求，运用新科技新媒体，提供创新服务，提供快速的、便捷的、丰富的资源，才能使图书馆的存在价值得到肯定，并维持进步、专业的形象。

图书馆微观创新管理正是针对图书馆这一发展需求的管理理念，是图书馆在具体工作内容、工作方法上采取创意的手段，创造馆员积极参与的氛围，提升图书馆服务创新的能力以及馆员的服务水平的一种途径。它是图书馆宏观创新管理有效实施的基础和具体表现。

图书馆微观创新管理的手段因馆而异，因时代变迁而不断变革。

一、图书馆微观创新管理的条件

（一）图书馆领导者的创新观念

图书馆领导者需要具有创新的观念和意识，拥有敏锐的眼光、高瞻远瞩的决策能力和善于组织人力、财力、物力的组织能力。此外，要提出具有前瞻性的愿景，并不断地向员工强调图书馆的核心价值，沟通创新服务对于图书馆赢得用户满意度的重要性，让员工摒弃保守被动的心态，愿意在服务和工作上思考有无改善或创新的机会，并不断提出创新构想。图书馆的发展不仅需要规章制度，还需要一套图书馆专有的组织来规范图书馆的各项运作，使图书馆的活动、价值取向、行为方式等高度整合，把图书馆中所有员工凝聚成一个高度统一的整体，从而围绕一个既定目标不断前进。

（二）图书馆鼓励创新机制

图书馆应制定激励创新的措施，并建立完善的推动和管理机制。员工的创新构想有可能成功，也有可能失败，失败的创新构想是一个很好的学习经验，成功的创新产品或服务也需要良好的管理机制，以及不断地进行效益评估、改善缺失，才能得到用户支持。

（三）图书馆鼓励馆员创新的组织文化

图书馆的产品是为读者提供服务及所蕴含的知识，其服务的经济价值和社会价值体现为读者运用这些知识的程度。因此，图书馆文化创新的立足点是图书馆管理创新、服务创新，通过管理创新、服务创新，使图书馆的组织机构向扁平化、网络化发展。积极地、能动地培养和提高馆员的业务能力和读者的信息素养，通过高素质的馆员向社会提供高水准的信息服务，并通过读者对信息的利用，提高图书馆信息服务的经济价值和社会价值。

图书馆除了建立创新机制、安排教育训练外，主管应鼓励及支持员工成立工作兴趣小组，经常探讨业务缺失的改善，或通过头脑风暴，规划设计创新服务。当然，馆方应给予适当的时间安排和相关的资源支持，并对有成效的措施给予奖励。

（四）树立图书馆新形象

随着信息社会的日益发展，越来越多的商业机构参与到信息服务行业中，图书馆要保持自己的优势，一是要靠自己的专业特色、人员优势，高效、快速、准确地为用户提供服务；二是要不断创新，更新技术和服务，树立新形象，创造出与其他商务性信息服务不同的知识，如此才能创造出知识含量附加值更高的产品和服务，保持自己的优势和个性差异，以免在高度竞争中被淘汰。

（五）创新产品和服务的持续追踪和评估

对于创新产品或服务，在正式实施到稳定成长之间，仍可能有规划和建制阶段未注意到的问题，所以应持续关注运转形势，检讨缺失及绩效，以进一步改善，使其运作更理想。

二、图书馆微观管理中几个问题的再认识

我国图书馆管理中的几个具体问题，有待我们深入研究，统一认识。

（一）在开架借阅中确定一个合理的丢书率

我国各类图书馆都不同程度地实行了开架借阅，这是图书馆在管理思想上的进步。据对湖北省高校图书馆的统计，平均开架率为 41.2%，最高的达 100%，最低的也有 20%。开架借阅带来的副作用是丢书率的普遍上升。据有关文献统计，在近 10 年的大学图书馆的开架借阅中，在有防窃设备且正常工作的状况下，年平均丢书率为 5‰～7‰，在没有监测设备的情况下，年平均丢书率为 0.3%～5%。可以说，实行开架借阅没有完全不丢书的。所以，丢书率问题是图书馆管理者应该深入研究的问题，即多少的丢书率才是合适的比率，是不是不丢书就是最好。

作为具体部门的管理者和工作人员都希望有一个较为科学合理的丢书率标准，标准太高，不符合实事求是的原则，标准太低，不利于调动积极性。根据实际经验和综合分析研究，在有监测器的情况下，丢书率一般在 1‰～3‰，被认为是可以接受的；没有监测设备的，一般在 0.3%～2% 较为合理。关于丢书率的确定，我们认为关键是对藏书的管理观念的更新。是重藏轻用还是二者并重，这是区别现代图书馆管理与近代图书馆管理的分水岭。

（二）充分重视对藏书利用率的分析

对藏书利用率的计算和分析是我国图书馆界过去一直忽视的问题，或者说重视得不够。在图书馆评估时，尚无此项要求和指标，结果是藏书丰富而利用率很低，这是最大的资源浪费。提高藏书利用率，关键是图书馆要建立起藏、借、阅一条龙的管理体系，同时，检索途径和手段要基本实现计算机化。

藏书利用率和文献利用率从本质上讲是有区别的，它们在外延和内涵上各不相同。概括地说，藏书利用率是馆藏文献的利用比率，文献利用率则是某单元的文献的利用比率。究竟多少是合理的藏书利用率，一般将平均值定在80%～200%之间。某馆如果超过了这个指标，那么该馆的文献开发工作是优秀以上了。（如深圳市图书馆达到466.5%）

藏书利用率越高，证明文献开发工作做得越好，社会效益就越大。目前，影响藏书利用率的因素有文献经费短缺、购置文献不足、闭架借阅方式、开架借阅过程中文献滞架及过时的书刊充斥馆藏等。因此，全开架借阅要建立经常的文献剔除制度及良好的服务体系。今后，在测评图书馆的整体水平时，是否将藏书利用率的高低作为衡量图书馆读者服务工作好坏和文献资源建设质量优劣的一项综合指标，是值得评估指标的设计专家们考虑的。

（三）加强对馆藏一线藏书开架率的研究

我们所说的全开架借阅，是指把除古籍善本、样本、珍本等特藏书之外的图书向各类读者开放借阅，供读者选择，并非是要求将全部藏书向公众开放，因为图书馆还有一个文献保存的职能。因此，在衡量一所图书馆馆藏文献开架是否合理时，要将图书馆的类型、读者对象等作为参考条件来考虑。

在现阶段，一般来说，大学图书馆和科研院所专业图书馆的图书开架率应达到一线藏书的70%以上，公共图书馆应达到50%以上。但目前高校图书馆的平均开架率普遍不到60%，显然滞后于学校的教学和科研工作，这种现象亟待改变。

（四）重视对文献老化和文献剔除工作的研究

在现代社会，真正值得图书馆人骄傲的并非是藏书量的多少，而是有多少知识和信息在读者中间传播与流通。国外的部分图书馆对本馆的藏书数量基本上没有一个精确的记载，只对购进的新书做精确的统计。

有的大学图书馆，只有十多万到几十万册的总藏书量，这并非完全是经费不足所致，其诀窍是一直保持着"零增长"的文献累积速度，使文献管理和储存的空间保持着相对平衡的状态。

我国的图书馆馆舍建设一直呈蓬勃发展之势，个别图书馆的馆舍越盖越大，藏书越积越多，同类同规模的图书馆互相攀比，谁也没有认真统计一下藏书利用率的高低。对滞架、过时的图书舍不得剔除，其原因是为了片面追求藏书量的增大，似乎是藏书越多就越荣耀，这种观念是和现代图书馆的发展方向背道而驰的。

不同的学科文献有着不同的老化周期，且文献老化的周期随科学技术的发展而愈来愈短。过去，我们只是把它作为一个学术问题来研讨，似乎离我们的工作实际还有一段距离。现在看来，它早已摆在我们每一个管理者的桌面上了。出版物数量的剧增和出版周期的缩短，读者对文献新颖性、时效性的要求日益迫切，尤其在理、工、农、林、医等专业领域最为突出。这些书刊在当时的复本率大多超过现今的平均值，这样的书刊摆放在书架上，过多地占据了馆舍空间，导致了藏书量的无意义膨胀，影响了藏书利用率的提高。因此应该果断地采取剔除措施，保留品种，处理复本，努力使图书馆保持文献的"零增长"。

（五）将读者到馆率作为衡量读者工作水平和质量的硬指标

现代图书馆和古代藏书楼的主要区别在于读者利用文献的频率和到馆频率的高低。以大学图书馆为例，它的读者到馆率应定为多少才是合适的呢？原国家教委在教学评估中确定的指标是：普通和重点大学的读者到馆率为日平均15％～30％。这个指标目前看来是较为合理的。但要真正达标和超标，有些馆还要花一些力气。

问题是怎样检测这个指标的准确性，比如，图书馆设立的自修室的人数往往容易被计入其内，而在计算机网络上访问和查询的读者又往往被忽视。严格说来，如果剔除这两项，达标和超标是有一定难度的。这个标准是衡量办馆水平和质量的一个重要杠杆，是对办馆的硬件和软件实力的总检阅。因此，要增加对文献购置的经费投入，改善借阅条件，提高服务质量。

（六）电子化和网络化的文献资源建设应是当前图书馆现代化建设的中心

网络化的文献资源建设，是要充分利用图书馆局域网络中心、中国教育科研网和互联网，在网上下载国内外有关的信息资源，这样就形成了一种新的文献资源，可大大扩充现有的文献系统的功能。

虚拟化的文献资源建设，是在网络化的基础之上，对非本单位的文献进行查询和浏览，但不一定是全文本式的传输和复制工作。为了充分利用这种"虚拟"资源，较大型的图书馆还应建立虚拟文献资源利用组织，专门提供此类的文献服务，最大限度地实现资源共享。目前，信息环境的基础设施建设包括以下主要内容。

（1）建立性能优良、运行可靠、有较好软件界面的图书馆局域网。依此建成的图书馆书目数据集成管理系统，由采购、编目、流通、公共检索、期刊、光盘信息库等基本模块组成。

（2）有一个多层次的数据库环境，供读者查询和访问。它包括馆藏书目数据库、电子文献数据库（含二、三次文献和全文文献）、网络资源镜像库等，且有便利读者检索的条件。

（3）通过遍布于全校各个教学区和宿舍区的校园网平台，形成全校的信息检索查询网络。所形成的信息环境是在整个校园内，而不仅仅是在图书馆里。

（4）建立以多媒体为主体的声像、缩微阅览室，满足各类型、各层次的读者阅读各种文献载体的需要。

（七）着力建设好各自的书目数据库

近年来，国家信息高速公路的建设及大学校园信息网、公用信息网络事业的蓬勃发展，给图书馆事业带来了极为有利的发展契机。在网络环境下，我们的当务之急就是建设好各馆的书目数据库和做好上网工作，并联通有关的网络。同时，结合国家文献资源保障体系的建设，各地区和各中心城市的条件好、基础扎实、现代化程度高的图书馆，应率先向本地区、本系统开放各类数据库，充分实现文献资源共享。

（八）切实搞好特色图书馆的建设

近年来，特色图书馆日益受到人们的重视，并显现出旺盛的生命力。由于特色图书馆具有中型实用、立足当地、面向社会、藏书专一、服务特色明显、办馆方式灵活及人才特长突出等特点，因此，有些研究者认为，特色图书馆的建设将是 21 世纪我国图书馆事业发展的道路之一。

大学图书馆更有可能和更有条件进行特色文献建设，应根据本校的优势和重点专业及重点学科，制定出特色文献建设的基本规划和措施。可围绕几个重点学科和研究级学科，把有限的经费用在刀刃上。建设的目标应该是中文文献的平均收藏率达到80％以上，引文分析核查平均率达到70％以上，外文文献的平均收藏率达到60％以上，真正形成本馆的文献优势。

第五节　数字图书馆与图书馆管理创新研究

一、数字图书馆的含义

以互联网为代表的信息技术革命已经改变了图书馆的面貌，传统图书馆在 21 世纪的命运成为图书馆学界关注的重要课题之一。人们现在达成了共识：传统形态的图书馆将在一定时期内与现代形态的图书馆并存，共同承担传递文献信息的职能。

但不能回避的是，传统图书馆在信息交流中的地位将进一步被削弱，某种新形态的图书馆将取代传统图书馆成为 21 世纪图书馆的主体形态。学者们设想的新型图书馆就是现代的数字图书馆。

数字图书馆是由英文 Digital Library 翻译而来的词汇，其 digital 是数字式或数字化的，是用计算机可识别的代码记录信息的方式。关于数字图书馆的定义，众多学者从不同角度对其进行了描述，目前尚无统一的定论。

（1）数字图书馆可以定义为电子图书馆，它使人数众多而又处在不同地理位置的用户能够方便地利用分散在不同存储处的电子物品的全部内容。这些电子物品包括网络化的文本、图形、地图、声频、视频、商品目录以及科学、企业和政府的数据集，还包括超文本、超媒体和多媒体等组成部分。

（2）数字图书馆是一种有纸基图书馆外观和感官的图书馆，但在这里图书馆资料已经被数字化并存储起来，能够在网络化的环境中被本地和远程用户存取，还能通过复杂和一体化的自动控制系统为用户提供先进的、自动化的电子服务。

（3）电子（或数字）图书馆是建立在图书馆内部业务高度自动化的基础之上，不仅能使本地和远程的用户联机存取其 OPAC（联机公共检索目录）以查询传统图书馆馆藏（非数字化的和数字化的），而且也能使用户通过网络联机存取其他电子信息资源。

（4）数字图书馆就是运用信息技术使传统的图书馆资源和服务手段数字化，使读者能够以更为方便快捷的方式在更广阔的领域获取文献信息资源。几乎图书馆的载体信息均能以数字化的形式获取。

（5）数字图书馆是一种多媒体制作的分布式信息系统，它把各种不同载体、不同地理位置的信息资源用数字技术存储，以网络查询传播。

可以看出，这些定义虽然提出的角度各不相同，但它们之间也存在着相同之处：数字图书馆是存储和提供数字信息的系统或信息空间，这些系统是网络化或开放性的。不同之处主要是提出的角度不同，如有从个体的、相对独立的图书馆实体的角度出发提出数字图书馆的定义，有从广义角度出发提出定义的。

笔者认为，数字图书馆必须具备的三个条件，现在已经得到了大家的认同。第一，网络化存取。数字图书馆依赖于网络而存在，其对内的业务组织和对外的服务都是以网络为工具和载体的。第二，数字化资源。数字图书馆可以说是海量数据的存储管理区，大量的数字化资源是数字图书馆的物质基础。第三，分布式管理。数字图书馆通过宽带互联的计算机网络，把分布在不同国家、不同区域的孤立的信息资源单位变成联合体。全球数字图书馆如果能遵循统一的访问协议，就可以实现真正意义的资源共享。

根据以上几点总结，我们认为，数字图书馆就是运用现代信息技术（主要是计算机网络技术），对数字信息资源进行采集、加工、整理和存储，采用分布式的管理模式，向区域网络用户提供信息服务的社会文化机构。这个定义明确了数字图书馆与传统图书馆的区别——运用现代信息技术；明确了数字图书馆的社会性质——社会文化机构；明确了数字图书馆的功能——为用户提供信息服务；明确了数字图书馆的工作对象——数字信息资源；明确了数字图书馆的工作内容——采集、加工、整理、存储和提供信息资源；明确了数字图书馆管理的方式——分布式管理；明确了数字图书馆服务对象——接入区域网络的用户。

从技术角度上讲，数字图书馆是一个支持普遍存取、分布式管理，提供集成服务的图书馆。

目前，数字图书馆的核心技术经历了三次大的进步：第一次是计算机文字处理和桌面排版软件的出现，使小批量的信息数字化成为现实。第二次是扫描技术和光存储介质的出现，使大批量印刷文献被计算机处理。第三次是信息数字化技术的出现和应用。从应用角度讲，数字图书馆是一个基于数据库的应用平台、信息资源电子商务交易平台和数字化加工平台的综合性图书馆。从资源角度讲，其包括的内容就更广泛了。

因此，数字图书馆的发展可笼统地划分为三个阶段：第一阶段以资源数字化为特征，主要支持用户通过网络远程存取数字化信息。第二阶段以分布式信息管理与集成信息检索为特征，强调开放式的信息描述与组织，主要支持用户跨类型、跨载体、跨时空地发现和获取信息，可称为"基于资源的数字图书馆"。第三阶段以知识管理为特征，主要支持用户的数据挖掘与知识发现，强调基于数字知识网络的学习与交流，可称为"基于知识网络的数字图书馆"。

从广义的角度来说，数字图书馆与传统图书馆一样，都是为社会、政治、经济、文化服务的机构，不同之处主要是信息的存储方式和提供服务的方式由于现代信息技术的发展而发生了改变。其实，数字图书馆与传统图书馆之间的关系，不是替代的关系，而是互相依赖、互相促进的关系，数字图书馆是建立在传统图书馆基础之上的，同时网络化的数字图书馆也为传统图书馆提供了进一步发展的机遇。图书馆的形态是建立在数字图书馆基础上的复合图书馆。复合图书馆是数字图书馆和传统图书馆有机结合的统一体，它不是简单地把传统文献数字化，也不仅仅是将网上资源提供给用户使用，而是需要对电子的或纸质的信息资源进行高度的整合。

二、数字图书馆发展现状

（一）图书馆借阅流通管理基本实现了计算机化

传统图书馆一般使用卡片等方式来对图书进行管理，对图书的总体情况不能及时了解，查询时也需翻阅大量的记录。图书馆引入了计算机后，基本上实现了管理的计算机化。在流通部，通过条码识别书目信息，将借还情况输入电脑，大大节省了图书馆工作人员的工作量，也方便了读者对图书的借阅。

（二）网络检索在图书馆中的应用

随着计算机检索的发展，读者可以从多个方面对文献信息进行检索，了解借还情况，还可以有针对性地找到想要的文献，也增进了读者对图书馆资源的了解。

（三）图书馆电子资源的发展

图书馆的电子资源也是图书馆文献信息的重要组成部分。目前图书馆正在逐渐增加电子资源，但是电子资源的利用还不够广泛，没有引起读者的重视。

（四）图书馆的数字化建设还在初步阶段

图书馆属于非营利性机构，数字化图书馆的建设需要大量的资金投入。在经济发达地区，比较重视图书馆的现代化，数字图书馆的发展较快，但是在一些经济不发达地区，图书馆只是初步实现了管理的计算机化，并未在各个方面实现数字化。数字图书馆还需要更多的技术和资金支持。

三、数字图书馆存在的主要问题

（一）资源浪费问题

从数字图书馆概念的提出到现在许多高校图书馆纷纷投身于数字图书馆的建设行列，只有短短几年时间，由于缺乏统一的规划与协调，数字图书馆标准不一。同时，有的图书馆抱着"急功近利"的思想而片面地追求数字化资源的量，有的图书馆则忽视了自身馆藏的特点和学校教学的实际情况，这就造成我国个别高校盲目地建设数字图书馆，合作建设少、各自为政多的现象屡见不鲜。此外，各数字图书馆的用户检索界面、检索语言和管理系统等存在较大差异；不同馆的数据库各不兼容，各系统之间难以相互联通、应用；大量的财力、人力、物力资源浪费在低水平的重复建设上。

（二）信息版权问题

计算机技术、自动化技术和网络技术的高速发展，使文献资源的格式转换、数字化作品复制、下载，甚至盗版等变得更加容易，数字化作品的知识产权保护问题比传统纸质文献也更为复杂和突出。根据《中华人民共和国著作权法》规定，下载作品必须取得作品权利人同意，但是资源库容量庞大的数字图书馆要取得每一位作品权利人的授权在现实中非常困难，在数字图书馆的有关立法中再不能套用那些陈旧的、与自身建设和发展特点不符的法规。

（三）建设资金问题

数字图书馆建设是一个庞大的、系统的、长期的工程，硬件设备和软件资源的购置、网络布线工程、人员培训、数字化资源的更新、馆藏文献的数字化转换等，都需要充足的经费作为后盾，但经费不足偏偏又是困扰高校图书馆发展的问题。

重点大学及进入"211工程"的大学数字图书馆建设与开发有专项拨款，而普通高校图书馆经费来源单一，主要依靠学校拨款。近年来图书、刊物价格上涨，以致许多高校图书馆连每年的纸质文献购置、业务培训、科研、奖励等各项基本经费都难以维持，开展数字图书馆建设更是举步维艰。

四、数字图书馆信息资源

信息资源是可供人们直接或间接开发和利用的各种信息集合的总称，其基本组成部分为信息中的载体信息和主体信息。在数字化、网络化的信息环境的冲击下，图书馆信息资源已突破了传统的资源范畴，扩展、延伸为一个内容和形式更为多样的新型图书馆信息资源体系。图书馆中的数字资源，即电子资源，是能被人们直接或间接开发和利用的各种信息的集合。

（一）数字图书馆信息资源的类型

网络环境下，数字图书馆的信息资源，不仅包括历史资料在内的资料数字化形成的资源，还有整理的其他资料，包括在线网上资料、广播及媒体资料、数字资源等。数字图书馆信息资源分为数字化的文献资源和网络信息资源两大类。

1. 数字化的文献资料

数字化的文献资源又称电子型文献，是一种文字、图形、符号、音频、视频等信息以数字代码方式存储在磁光、电介质上，通过电子计算机设备进行阅读和使用的文献。根据其性质，可分为一次文献、二次文献、三次文献等。根据信息资源的属性又可分为图书、连续出版物、特种文献以及其他文献四大类。

2. 网络信息资源

网络信息资源是数字化时代的新特征，是数字图书馆信息资源中不可或缺的重要组成部分。网络信息资源形式多样，常用的有网络数据库、网络出版物、动态信息等。根据网络信息资源的发布时间和效用，可分为网络出版物、动态信息、联机数据库等。

（二）数字图书馆信息资源的特征

1. 信息资源虚拟化

在网络环境下，传统的以实物为载体的信息传播方式发生变化，转化为数字形式，通过网络在全球范围内传播。

2. 信息资源多样化

数字图书馆采用数字化和网络技术，能够获取馆外乃至国外图书馆等信息资源，信息资源得到极大地丰富，形式也多样化发展。

3. 信息资源存储专业化

采用数字化技术处理信息资源，建立统一的信息存储格式，统一的元数据格式，统一的标准，使存储专业化。

4. 信息资源管理分布化

传统图书馆信息资源仅分布在实体馆内，而数字图书馆信息资源呈分布式存储。

5. 信息资源网络化

信息资源以数字化的形式存储在计算机中，用户查找不受时间、地域限制，能实现这个目标的只有网络。

6. 信息资源服务知识化

数字图书馆不仅能提供用户所需的文献资源，更能从深层次对信息进行挖掘，发现信息的潜藏价值，从而提高信息的使用价值。

（三）数字图书馆信息检索

1. 数字图书馆信息检索分析

信息检索的出现，源于莫尔斯在 1950 年发表的《把信息检索看作是时间性的通讯》一文，文中首次提出了信息检索这个概念，认为"信息检索是一种时间性的通讯形式"。而 1954 年美国海军兵器中心图书馆利用 IBM-701 型号计算机开发信息检索系统，标志着信息检索阶段的开始。

信息检索，广义上是指将信息按一定的方式组织和存储起来，并根据用户的特定需要找出所需信息的过程，即"信息存储与检索"；狭义上仅指信息检索本身，即信息的查找过程。

图书馆作为最早采用检索系统的公共机构之一，最初采用的系统是由学术机构创建的，后来由软件开发商创建。在第一代产品中，系统基本上是实现老式技术的自动化，支持基于作者名和题名的检索。在第二代产品中，增加的检索功能主要表现在支持主题检索、关键词检索和一些更为复杂的查询机制。第三代产品目前正在开发过程中，重点是改进图形界面、电子表格、超文本和开放系统构建。数字图书馆信息资源检索在传统图书馆基础上发展，又有所不同。

2. 数字图书馆信息检索相关技术与标准

信息检索是指信息的存储与检索，需要相关的技术来实现和相关的标准来规范。对信息资源进行规范的组织，运用技术对检索需求进行分析处理，都能够有效地提高信息检索的效率。

（1）元数据。元数据是关于数据的数据，即关于数据的结构化的数据相关服务。一个元数据构成一个信息资源的基本数据，成为检索系统的基本构成单元。传统的书目数据与数字资源的描述数据本质上没有不同，因此，元数据适用于各种类型的信息资源的描述数据。数字图书馆的元数据主要有以详细记录为目的的元数据——机读目录（MARC）和以发现为目的的元数据——DC。

第一，机读目录（MARC）。机读目录（MARC）是指以代码形式和特定结构记录在计算机存储载体上，能够被计算机识别并编辑输出书目信息的目录形式。机读目录（MARC）等编目体系是一些元数据描述的起点。机读目录（MARC）格式规定书目在数据机读介质的表示和标识方法，有机读目录的构成、各数据字段在机读介质上的总体安排与内容结构。

第二，元数据（DC）。网络搜索引擎在 HTML 环境下只注重页面表示形式，不注重内容，显示能力和结构性描述差，无法深入语义内容。早在 1995 年 3 月，在柏林召开的第一届元数据研讨会上，由国家超级计算机应用中心（CLC 与 NCSA）发起，52 位来自图书馆界和计算机网络界的专家共同研究，制定了对图书馆情报学界应用最广、影响最大的元数据项目——DC，目的在于建立一套描述网络电子文献的方法，实现网上信息的辨识、查询和检索。DC 包括 15 个可以用来描述任何数字化对象的核心元素：7 个描述内容，即标题、主题、描述、来源、语言、相互关系和覆盖范围；关于知识产权处理的 4 个元素：创作者、出版者、分销者和版权；为处理数字化对象的摘要，还有 4 个其他类型的元素：数据、类型、格式和标识。元数据（DC）解决了搜索引擎结构过于简单，而机读目录（MARC）格式又过于复杂等问题，不需要进行专业化训练就能对网络信息资源进行恰当的著录，降低了编目的成本，提高了效率。但是，如果信息没有语义关系描述的基础，无法进行逻辑推理，就依然不能被机器理解。同一词汇的语义过载或同义词汇的不完全描述都导致了检索效率的不尽如人意。

（2）Z39.50 标准。Z39.50 协议是信息检索应用服务定义和协议规范的简称。它是一种网络协议，由一套用来控制和管理计算机之间通信过程中涉及的格式和进程的规则组成。它是一种开放网络平台上的应用层协议，使计算机使用一种标准进行通讯，支持不同数据结构、内容、格式系统间的数据传输，从而实现异构平台和异构系统之间的互联、查询。

信息检索服务描述的是客户端和服务端的交互活动，服务端与一个或多个数据库相连接，当检索方法、命令方式互不相同的双方不能检索对方数据库时，利用 Z39.50 将需要转换的系统抽象模型映射成自己专用的模型，或反过来转换。具体来讲，就是客户端向服务端提出服务请求，将检索命令转换成符合 Z39.50 标准的格式，把信息编成 Z39.50 的应用协议数据单元，简称 APDU，发送到服务端。服务端对 APDU 解码，转换成自身系统的检索命令，检索后将结果以上述过程的逆过程发回客户端，实现异构系统之间的互联和访问。

（3）叙词表即主题词表，来源于希腊语和拉丁语，指词库。词库包含了预编辑的在给定知识领域中的重要词汇和词汇中由同义关系派生出来的相关词汇集。叙词表以及某些规范化了的词汇表和结构，通常要比简单的词和同义词表复杂。学者福斯科特认为叙词表的基本目标是：为标引和检索提供标准化的词汇表或参照系统；帮助用户确定哪些语词适合查询表达式，根据用户需要，提供当前查询上位类和下位类的分类层次。叙词表的主要组成部分是标引词、词语之间的关联关系和编排形式。

（4）XML。XML 是可扩展的量标语言的简称。它是万维网联盟（W3C）组织定义的一种互联网上交换数据的标准。在 SGML（标准通用标记语言）基础上去掉语法定义部分，适当简化 DTD 部分，增加部分互联网的特殊成分，可认为是 SGML 的子集。XML 同（超文本标记语言）HTML 一样是一种元语言，能够以与 SGML 相同的方式包含标记语言。XML 的语义标记既能够让人读懂，又能够让机器识别。在互联网上，服务器与服务器之间、服务器与浏览器之间的大量的交换数据，都要求对数据的内容和表现方式加以说明，XML 正是具备了这样的功能。XML 允许用户定义新的标签和更复杂的结构，指明可分析的层次对象模型，其具有的可扩展性、对文档元素标识性、拥有特定语法格式、促进文档结构化等特点，使其在信息检索中的地位越来越重要。

五、数字图书馆的管理

（一）数字图书馆的管理理念

信息化环境的形成、数字化技术在图书馆的应用促使图书馆的管理理念发生了较大的变化。数字图书馆管理必须吸收、借鉴现代管理理论发展的成果，采取科学合理的管理机制。数字图书馆的建设正成为热潮，许多国家和地区已启动"数字图书馆工程"。例如，美国数字图书馆的研究就是由高校牵头，依托高校技术上的优势，在发展上走的是技术主导型模式。

数字图书馆规划建设过程中的各项管理手段与管理方式，将对数字图书馆的运行效率起着至关重要的作用。这就要求我们首先得更新观念，确立全新的管理理念，以适应知识经济时代的管理革命。

1. 集成管理理念

集成管理理念是一种全新的管理理念与方法。所谓集成，是指某一系统或某一系统的核心把若干部分、要素联结在一起，使之成为一个统一整体的过程。从管理角度来说，集成是一种创造性的融合过程，只有构成一个系统的要素经过主动优化、选择搭配，相互之间以最合理的结构形式结合在一起，形成一个由适宜要素组成的、优势互补的有机体，才能被称为集成。集成的本质是一种竞争性的互补关系，即各种要素通过竞争冲突，不断寻找、选择自身的最优功能点，在此基础上进行互补匹配。

集成管理可以理解为构造系统的一种理念，是解决系统复杂问题，提高系统整体功能的重要方法，也是一种能对发展变化做出快速响应的新型管理方式。

数字图书馆集成管理，实质上就是将集成思想创造性地用于数字图书馆管理实践的过程，其核心就是强调运用集成的思想和观念指导数字图书馆的管理实践，实现信息技术、信息资源、信息规范、人力资源等各种资源要素的全方位优化，促进各项要素、功能和优势之间的互补与匹配，从而最终促进整个管理活动的效果和效率的提高。

数字图书馆集成管理应达到以下主要目标。

（1）运作的统一与合作。其一，图书馆内部虽有复杂的分工，但就目标管理体系而言，它们应该是一致的、协调的。其二，用户界面是统一的。不管软、硬件平台如何变动，用户均可通过统一的界面检索到所需的信息。其三，数据库建设的合作和统一。

数字图书馆在各种信息数据库建设中，除遵循优胜劣汰的市场规律外，还需要讲求统一、合作。标准的统一和目标的统一是合作的前提。"统一"可以预防重复和浪费，可以避免图书馆"自动化孤岛"的形成；"合作"则能提高信息生产力和工作效率，进而获取总体效益的提高。

（2）创建开放而富有弹性的网络结构。在互联网迅猛发展的环境下，我国不少图书馆竞相发展自己的网络系统，形成了一个个独立的计算机应用系统，但由于互不沟通，重复组网、重复建库现象严重，使大量冗余的信息重复存储在各馆的系统内。因数据格式、标准体系等的不同，加上信息服务能力的差异，不能实现各馆系统资源共享，形成了一个个"数据库孤岛"。

在当今网络环境下，图书馆的业务活动社会化是必然趋势，这就要求图书馆全员协作，形成一个不断更新、自我完善的良性循环机制。要创建一种交互式、立体型网络结构，成员共同在网络中心建立并享有一个或多个数据库，使信息不但可以顺利地自上而下、自下而上地纵向传递，还可以进行馆与馆之间的横向传递。这样由成员馆定期向中心馆提供自己的馆藏信息，联机查询自己所需的各种信息，实现图书馆网络联机编目、联机检索等目标，成功实现了馆际合作，方便了用户，也节省了资源。与此同时，自动化网络系统避免了各图书馆重复建库与数据库积压的状况，增强了图书馆对外部环境的适应性。

（3）形成柔性化的发展战略。发展战略是指导图书馆诸行为的总纲，既制约图书馆未来的发展趋势，也确立图书馆今后的努力方向。计划经济时代的图书馆发展战略往往表现出较强的刚性，一经制定便难以更改，并且一旦变更所造成的损失也相应较大。

这种刚性战略已不能适应当前形势的要求。采取集成管理，增强发展战略的弹性即战略柔性化，可以满足不同集成对象的要求，达到相互协调、协同并进、整体优化的目的。所以说战略的柔性化是启动数字图书馆集成管理的必要条件。

2. 图书馆理念

信息化环境促进了图书馆数字化和网络化的快速发展，而图书馆理念是图书馆网络化发展的产物，是推动全球图书馆发展的崭新理念，21世纪里它将给图书馆带来新的进步和新的发展。

根据图书馆自动化、数字化、网络化的发展和信息资源共享工作的推进，图书馆理念就是把全世界的图书馆看作一个虚拟的社会化图书馆，各类型、各系统乃至各国图书馆都是它的组成部分。在社会化的图书馆里，各图书馆将分工合作、联合发展，努力实现国际图书馆的网络化和信息资源的共建共享，为用户提供跨时空、跨国界的服务。图书馆理念是在图书馆自动化、数字化和网络化过程中逐渐发展形成的一种理念，其主要特性有以下几点。

（1）广泛的社会性。因为图书馆理念根植于传统图书馆，发端于图书馆的"三化"（自动化、数字化和网络化），是全世界图书馆逐渐而自觉形成的一个理念，同时它又能指导各国图书馆的进步和发展，因此它具有广泛的社会性。所以有人提出数字图书馆将是一个通过一定的通信网络与地区、国家乃至世界各地连接的社会化图书馆。

（2）合作协调性。在社会化图书馆的大环境下，许多问题需要在部门的协调下，通过多个图书馆的合作和发挥各自的优势来共同研究，联合攻关，协作解决。例如，"中国数字图书馆工程"是一项跨地区、跨部门、跨行业的宏大系统工程，如果没有权威部门的协调，没有各方面的通力合作，要完成这一项目是不可想象的。

（3）规范标准性。随着信息技术的发展，以计算机为核心的现代信息技术正在图书馆界得到广泛应用，数字图书馆正在迅速发展。由于各国体制的不同，管理方法各异，目前各国的各类型图书馆在信息技术的应用中缺乏标准性、规范性和兼容性，给网络化的信息传递造成重重障碍。社会化图书馆需要相互兼容的图书馆管理系统、规范化和标准化的数据库、统一的通信协议，共同融入国际互联网的循环中。

3. 创新管理理念

创新管理应以先进的信息技术和管理技术的应用为手段，以促进图书馆管理全面创新为着眼点，整合和再造图书馆业务流程、组织结构、管理模式和服务方式，实现图书馆文献信息资源数字化、服务方式网络化和检索手段的智能化，为加快数字化、信息化发展，奠定现代化的管理基础。

（1）业务流程重组和组织结构的创新。管理创新就是要运用企业过程再造管理技术，对图书馆业务流程进行整合和再造，带动组织结构和管理模式创新。创新是未来管理的主旋律。图书馆业务流程重组即指创造性地运用信息技术，打破常规，对业务过程进行彻底地再思考和再设计。图书馆实施业务流程的再造，必须打破原有的业务工作框架，在业务工作程序上有所创新。

①以馆藏为核心的业务流程重组。随着馆藏重心的变化，应当重新审视图书馆的业务流程，并据此重新组织图书馆的业务工作部门。

②以管理为中心的业务流程重组。现代图书馆的自动化程度越高，对自动化系统的维护和管理要求也就越高。系统的管理已成为图书馆的核心，应以此为中心重组图书馆的业务流程。

③以服务为中心的业务流程重组。现代图书馆馆藏信息资源既有传统印刷型文献资源，又有经过数字化处理的数字资源和通过网上收集整理的网络资源。现代图书馆的主要任务就是提供信息服务，因此要实现以服务为中心的业务流程重组。

（2）管理手段的创新。图书馆作为知识和信息搜集、整理、存储、传播的重要基地，已成为科学系统链中一个重要环节，也成为知识创新的重要环节。因此图书馆不仅需要开发人类长期积累起来的静态文献信息资源，更要注重收集、开发最新产生的即时性和跟踪性的动态信息资源，提供静态与动态相结合的服务，这样才能满足用户，特别是科研型、决策型用户的信息需要。网络环境和数字图书馆的发展为现代图书馆的信息资源管理、开发和利用创造了有利的条件。

数字图书馆的馆藏资源既包括图书馆的现实馆藏，又包括图书馆以外的各种有价值的虚拟馆藏。计算机联机检索要比手工检索灵活便捷，功能也增加了很多，但其检索途径、检索方法有许多限制，给用户带来诸多不便。现代图书馆急需面向用户的智能化的检索系统，因此，数字图书馆应该做好管理手段的创新，运用先进的信息技术，实现基于颜色、纹理和形状等多特征的图像检索，基于内容分析的多媒体数据的自适应传送和浏览，通过语音导航，使读者在现代化图书馆中遨游。

（二）数字环境中图书馆管理创新策略分析

图书馆是藏书的主要场所，其主要职责在于对图书资料加以搜集、整理及收藏图书资料，以便人们阅览。在当代社会中图书馆起着举足轻重的作用。

在数字化时代背景下，人们可以通过多种途径获取所需的信息资源，自互联网进入人们的生活后，人们对网络的依赖性进一步增大，这一背景使得图书馆的作用被大大削弱，其所具有的作用也无法有效地发挥出来。

无论是现在还是未来，"知识就是力量，知识就是动力"这句话都是至理名言。图书馆作为人们获取知识的场所，为能够较好地满足人们对信息资源获取的要求，图书馆应创新管理工作，以积极的态度面对数字环境所带来的机遇、挑战。

1. 图书馆人事管理体系的创新

随着社会的进一步发展，图书馆所使用的传统管理体系已发生了一定的改变。现如今，图书馆工作的主要角色已不再是图书的提供者，而是用户查询的引导者。若图书馆缺乏相关能力，将难以较好地完成自己所负责的工作。所以，图书馆需要监督好管理人员的专业知识、业务能力及技术技能，加强对网络技术、数据库技术的训练，将其专业技术技能得到提升。同时，以往的终身制人事管理体系已不能够满足当前市场环境的要求。

所以，图书馆应全面要求管理人员，包括工作效率、服务态度及业务能力等，定期对管理人员进行考核，对人事管理体系加以有效构建，将人力资源的价值加以充分发挥，从而将图书馆的整体能力进行提升，使得图书馆得到更好的发展。

2. 提高图书馆管理人员的整体素质

革新更迭速度加快，信息的传播与获得呈爆炸性增长，创新成为出版产业的核心竞争力。因此，图书馆要具备较强的管理水平，就必须确保管理人员具备较高的素质，并进一步提升图书馆的数字化。所以，图书馆应强化对管理人员的教育与培训，让图书馆管理人员对最新的图书馆管理知识及操作技能加以全面掌握，并重视对管理人员创新能力及服务水平的提升。

第十章　图书馆技术创新研究

第一节　文献采访技术的创新

一、采访技术连续性改良

文献采访工作是图书馆的基本工作。

文献采访是一项学术性很强的工作，既有理论，也有技术方法。随着社会的发展、科技的进步以及图书馆的变革，文献采访工作的内容越来越丰富，采访技术也同样发生着改变。

（一）文献采访信息的获取技术

文献采访信息包括文献来源信息、读者需求信息、现有馆藏信息三个方面。其中文献来源信息即文献出版发行信息，是输入信息；读者需求信息和现有馆藏信息属于反馈信息。文献采访信息的获取是文献采访的准备工作阶段，只有掌握了文献采访信息，文献采访才有了审定与选择的依据，才有了建立科学的图书馆藏书体系的基础。文献采访信息由于类型不同，其获取的技术方法也不相同。

文献来源信息的获取技术主要是通过书目、书摘与书评等渠道获取。过去，文献出版发行信息主要是以传统的纸张型书刊作为媒介，随着科学技术的发展，光盘等电子出版物，特别是计算机网络开始成为文献出版发行信息的重要技术方法。鉴于此，这种信息的获取有以下几种技术方法。

（1）实地观察法。通过直接观察被调查的对象，得到被调查对象的初步印象，反复进行分析研究之后得到被调查对象的基本情况。

（2）统计分析法。收集数据、统计分析获取有关信息，以最终获得对分析对象规律性活动的认识。

（3）座谈访问法。通过个别访问或会议座谈等直接交流方式收集信息。

（4）表格提问法。根据调查需要，设计调查事项相关的表格，发给被调查者逐一进行填写。

（5）读者推介法。图书馆文献采访人员设计读者推介单，内容包括书名、著者、出版地、出版者、文种等。

需要指出的是，反馈信息的获取技术之所以得到重视和发展，和图书馆藏书选择理论的变化是分不开的。图书馆藏书选择理论经历了从"价值论"到"需求论"逐渐转变的过程，经历了从"兼收并需"到"藏以致用"的采访方针的变革。

因此，图书馆的藏书宗旨是向读者服务，文献采访的目的也就明确为满足读者的需要。在这种思想的指导下，图书馆应根据读者的需要不断丰富和发展文献信息的获取技术。

（二）文献采访作业技术

文献采访作业技术就是在文献的采访过程中所使用的方法。古代图书馆的图书最初主要是从民间进行收集，馆内设有抄写室，备有抄书员，具有采多购少的特点。我国汉代就有"改秦之败，大收篇籍，广开献书之路"，这是中国文献采访活动的先河。

活字印刷术的出现，使得抄写室逐渐消失，图书生产与图书馆完全分离，图书印刷产生了革命性的变化。书籍出版量和品种迅速增长，书市一片繁荣，图书馆的采访者由到处旅游式寻访转到书市选择，图书馆开始从图书出版商处购买图书。

到了现代，出版商数量增加，图书馆开始有选择地采购图书。同时，图书的采购方式也多种多样，有预定、直接选购、邮购、交换、调拨、征集、赠送、呈缴等几种方式。计算机实现图书馆的自动化后，图书的采购由手工采购转为图书馆自动化系统采购。

二、采访技术非连续性技术革命

（一）印刷术对采访技术的影响

在古代，由于社会生产力水平低下，文献数量有限，使得搜集与保存文献成为古代图书馆的主要职能。这一时期的文献借阅有严格的限制，图书馆与社会基本没有什么联系。在这种孤立的封闭系统环境下，文献采访就是尽可能地搜集所有的文献。

到了近代，随着公共图书馆的出现，公众可以自由出入图书馆，享有借阅其文献的权利，图书馆成了与社会联系密切的开放系统，社会因素开始直接影响着图书馆的发展，也影响着图书馆文献采访的变化。

文献采访增加了对文献进行选择的环节。同时，文献的选择需要考虑读者的需求和图书馆性质等因素。随着科学技术的飞速发展，文献种类和数量在迅速增加的同时，文献内容却在不断失效，购书经费更加有限，这就刺激着图书馆的文献采访必须积极开展与藏书的合作与协调。图书馆文献采访的开放性和动态性特征更加明显了。

（二）计算机网络技术对采访技术的影响

计算机出现之前，文献采访是以手工检索为基础的，如通过手工检索馆藏目录，或者是到典藏书库与阅览室实地观察来收集馆藏状况信息，这些方法不仅速度慢，而且得到的信息往往不全面。这就使传统的文献采访始终表现为一种过程控制，也就是指由于缺乏完备的信息作为文献采访的保障，采访的文献难免会偏离原计划的目标，导致采访人员只能依靠自身的经验不断调整、控制文献采访过程。

世界第一台计算机产生于美国，图书馆文献采访工作自动化也最早产生于美国。20世纪30年代，美国就开始图书馆文献采访工作自动化的尝试。

20世纪80年代初，计算机为文献采访工作完成的项目有打印订单和催询单，编制书名、分类、作者及主题的订单书目，进行新书登记、编制新书通报、推荐书到馆后的通报、账目管理与统计分析等。文献采访自动化节省了人力和时间，给文献采访业务带来很大方便。随着互联网的发展，网上书店兴起，网络采访开始成为图书馆文献采访的另一种渠道，与传统文献采访并存互补。

网络采购是一种电子商务，20世纪80年代国外出版发行业就已开展，20世纪90年代发展迅速，而国内文献的网上订货从20世纪末才开始起步。与计算机自动化采访方式相比，网络采访的开放度与透明度更大，自动化程度更高。

由此可以看出，图书馆文献采访技术演进经历了三个阶段：第一阶段是手工操作的文献采访，即传统的文献采访；第二阶段是文献采访计算机自动化管理；第三阶段是文献采访网络化，即网络采访方式，其将成为未来文献采访的重要方向与模式。

第二节　分类编目技术的创新

一、分类编目技术连续性改良

通过查阅相关文献，发现各个时期的分类编目技术一般体现在当时的经典分类编目著作中，因此该部分主要根据经典分类编目著作来体现分类编目技术的改良。中国古代时期，目录学在于"辨章学术，考镜源流"，重分类、重小序、重提要。这一时期分类法发展丰富，从殷商时期的设官分掌，以官为类开始，发展为春秋时期孔子的"六艺"，这是从文体形式区分，属于按外在特征区分的范畴。按内容特征进行区分，大致来源于荀子的"同则同之，异则异之"的分类原则。

汉代以后，在图书分类上，出现了以《七略》为代表的七分法体系和以《隋书·经籍志》为代表的四分法体系，影响了中国古代图书分类1000多年。宋代的郑樵更为强调分类的重要性，"类例分，则九流百家各有条理""类例既分，学术自明"。

西方目录学与中国古代的分类法不同，其更方便获取图书，重编目、重排序法、重书目控制。早期的图书馆在编目上已经开始了探索。亚述王国图书馆所收藏的泥版文书都按不同主题排列，在收藏室的门旁和附近的墙壁上注有泥版文书的目录。

古代西方图书分类主要依据知识分类体系进行分类，分类标准极不统一。印书之前采用与手稿内容相适应的分类大纲，如古希腊罗马时期分为史诗、抒情诗、历史、哲学等部分。印书之后，图书分类大纲变为哲学、医学、法学、神学。公元 1 世纪主要依据弗兰西斯·培根的知识分类体系——历史、诗歌、哲学三大分类来编制分类目录。这一时期，西方分类编目的特点是在粗略的分类下不规范地著录图书，类下款目没有形成便于检索的序列，只是对文献做简单的记录，提供书名和著者等极为有限的信息。

由于文艺复兴和工业革命的影响，西方近代图书馆事业发展迅速，分类编目技术也得到快速发展。这一时期分类法中最重要的技术进步是杜威创造的十进制分类法，其改变旧的分类体系，采用标记符号制度的方法改变了图书馆的目录排列和图书排架的制度（DDC）。而同一时期的中国，由于历史的原因发展较为缓慢，编目也开始注重图书的检索功能，如特性检索和族性检索，分类编目主要是引进、吸收、模仿西方的理论技术。发展到现代，图书排架制度（DDC）在西方仍然广泛应用，多次修订使之更加科学化、合理化。中国分类法开始结合本国国情，创立《中国人民大学图书馆图书分类法》《中国科学院图书馆图书分类法》《中国图书分类法》等更为科学的目录体系。

同时，计算机引起的图书情报信息检索的需求也要求编目越来越深入文献内容，编目也由手工编目向计算机编目、联机编目转变。由此可见，中国和西方分类编目的区别主要体现在古代时期。到了近代和现代，分类编目越来越走向国际标准化。

二、分类编目技术的非连续性革命

（一）印刷术给分类编目带来的影响

随着活字印刷术的发明和推广，图书管理和生产完全、永久地被分隔开来。解决了图书的复制问题，图书获取变得容易，图书馆的藏书以空前的速度增加。但馆藏的增加给图书馆的分类编目带来种种问题，粗糙的几个大类的分类表再也不能适用，图书的著录要求科学化、标准化。帕尼齐曾制定了有名的 91 条著录条例，强调必须要有科学的著录规则，目录一定要严格地按著录规则加以编制。同时，各种不同类型的目录编制也被提上了日程。

（二）计算机网络技术给分类编目带来的影响

计算机给分类编目带来影响的最重要表现是机读目录（MARC）的发明，它改变了传统的手工编目方式，实现采分编一体化。机读目录（MARC）将计算机应用扩展到整个图书馆领域。机读目录（MARC）也叫机器能读的目录或机器可读的目录。机读目录（MARC）的出现，有力地推动了图书馆技术的自动化和标准化。

互联网的发展意味着不同部门的数据比以往更可见、可访问，自然的结果是部门间边界被摧毁了。这同样适用于图书馆，因此图书馆必须向外部世界开放，与其他部门共享标准和数据。

目前图书馆界已经有了基于 XML 这个互联网上资源编码、交换与处理方面事实标准的机读目录（MARC）格式，即 MARCXML 和 MarcXchange。机读目录（MARC）采用 XML 格式是一种趋势，其将包含更丰富的信息，直接利用外部数据并结合书目记录的功能需求，最终有可能回归书目数据的交换格式。

机读目录（MARC）在图书馆的地位举足轻重，它是图书馆书目数据处理自动化的基础，可以辅助图书馆的文献采访、编目和流通等工作，编制和生产目录卡片、联合目录、新书通报以及其他目录索引提供编目信息检索和参考咨询服务，进行地区间和国际间的编目信息交换，实现资源共享。因此它是一个划时代的技术创新。

机读目录对分类编目的影响：一方面，利用机读目录（MARC），图书馆自动编目系统可充分享用别人的编目成果，利用率一般可达 70% 左右或者更高。机读目录（MARC）已有的记录可以全录或者选录，只需根据自己的记录要求做某些修改或补充机读目录上没有的记录，只需要自己进行编目和输入。因此节省了大量目录记录输入的时间、人力和物力。同时，利用机读目录（MARC）可以按各种卡片格式复制目录卡片，编制馆藏的分类、书名、作者和主题等目录。机读目录（MARC）的使用也减少了大量排卡工作。计算机生产卡片时，它可按字段、子字段、分类等不同的目录要求，自动排好记录的顺序，然后按所要求的排列顺序，印出目录卡片。另一方面，互联网促使机读目录（MARC）的变革带来了编目领域的新内容。国外图书馆专家认为，在技术涌向用户的时代，使用户方便地检索是图书馆员尤其是编目人员和技术人员要考虑的问题。

第三节　检索技术的创新

一、检索技术连续性改良

图书馆检索技术包括检索工具和检索方法两个方面。

其一，检索工具经历了从手写书式目录、印刷书式目录、卡片目录、缩微目录到机读目录。

在我国，最早的目录物质形式是简策。春秋战国时期已经出现，史载最明确的乃是西汉刘向、刘歆的《别录》《七略》。后来，随着纸的发明，目录被写在纸上了，于是就相继出现了书本式目录、书单式目录、活页式目录、卡片式目录等。

各图书馆在一段很长的历史时期内都是采用书本式目录的。手写和印刷的书本目录一直是古代图书馆所普遍采取的方法，甚至延续到19世纪末，印刷的书式目录还是比较受欢迎的，直到卡片式目录的出现。

到了近代，图书馆缩微技术产生了缩微目录，节省了大量空间。机读目录（MARC）的出现使图书馆检索由手工检索进入计算机检索的时代。从前文的介绍可知，机读目录（MARC）的出现几乎全线带动了图书馆自动化，这可以说是一项重大的技术突破。

其二，检索方法经历了从手工检索到单机检索、联机检索、联网检索到智能检索。计算机的出现是图书馆检索方法发展的分界点。

手工检索是由人的手操作完成的，其匹配的是人脑的思考、比较和选择，其最常见、最基本的方法是追溯法、工具法、混合交替法。计算机出现后，检索由人操作计算机完成，其匹配是由计算机进行的。检索方法从单机检索发展到联机、联网检索，实现了从本馆本地资源向异地、远程资源扩展。

德国卡尔斯鲁厄工业大学图书馆所建立的开放的公共查询目录（OPAC），汇总了德国境内12所大学的网上书目，以及奥地利和瑞士德语区内的书籍，另外还提供了世界上一些重要图书馆的书目，如"大英图书馆""美国国会图书馆"和几个不同语种国家的图书书目，读者通过"卡尔斯鲁厄网上书目"可以查到德国乃至世界范围内图书馆的图书。从布尔逻辑式检索向智能化检索功能发展，传统的检索方法主要借助目录、索引和关键词等方法来实现，无法挖掘信息之间的内在联系。智能化检索技术以文献中的知识为对象，提高了检索的精度和覆盖率，体现了图书馆在知识时代转型的一面。

二、检索技术非连续性革命

（一）印刷术给检索技术带来的影响

印刷术改变了传统手工书写检索目录的方式，采用印刷书式目录，节省人力的同时提高了工作效率。同时，随着图书文献种类和数量的不断增加，对检索的准确度提出了更高的要求，使检索目录的著录方法更加规范化和科学化。在检索技术的非连续性革命中，计算机网络技术对其影响更大。

（二）计算机网络技术给检索技术带来的影响

计算机网络技术的出现是图书馆检索方法发展的分界点，解决了图书检索的问题，改变了图书检索方式。从"手工检索"向"计算机检索"转变，从"面向文献"向"面向内容"转变，从"馆内封闭式"检索向"馆外开放式"检索转变。

（1）检索对象从"图书文献"深入到"图书文献的内容"，图书馆书籍中大量的知识和信息得以更加丰富的形式呈现给用户。国际图联大会从 1986 年第 4 届一直持续到现在，会议的主题就体现了图书馆的发展呈现"图书情报一体化"的趋势。其工作方式从对"图书文献"和书目系统的加工、提供使用，发展为对"信息"的存储、处理和提供使用，体现了从"面向文献"向"面向内容"的转变。

（2）互联网技术的发展也给图书馆的检索技术带来了新的转变，即从"馆内封闭式"检索向"馆外开放式"检索转变。

第四节　馆藏技术的创新

一、馆藏技术的连续性改良

图书馆馆藏技术主要包括藏书布局技术改良、藏书存储技术改良和藏书保护技术。下面从这三个方面分别进行分析。

（一）藏书布局技术改良

藏书布局有宏观和微观之分，在这里主要是指微观布局，是指一个图书馆内各种图书文献的布局。藏书布局技术就是将文献划分成若干部分，建立各种功能的书库，为每一部藏书找到最适当的存放位置的方法。

20 世纪 30 年代以前，世界大多数图书馆由于藏书不多，建筑规模也不大，藏书布局采用展开式水平布局的方法，即书库、阅览室、借书处在同一水平面，便于藏书接近读者，提高藏书的利用率。虽然水平布局方式比较灵活，但为了使在同一平面上都能摆放书架，不得不提高图书馆建筑的造价，从经济上考虑是不合算的。

20 世纪 80 年代以后，藏书布局理论和技术得到了很大发展，从平面的布局发展为高层式垂直的布局，图书馆的建筑出现了塔式书库。这种塔式书库能使藏书在最小的空间范围内得到最大的集中，而且通过专门的通道或运输线路与图书馆其他部门联系，能保持藏书的安全，与读者保持短距离的联系。现在大中型图书馆的书库广泛采用这种结构。

（二）藏书存储技术改良

藏书存储技术改良体现在图书馆文献存储载体形式的变化上。图书馆的存储技术随着社会技术的进步不断演化，根据中国图书馆史和世界图书馆史可以归纳出这一改良历程。

现代通信技术、缩微复制技术、视听技术使图书馆的文献形式由印刷型向非印刷型转变，解决了图书馆的馆藏空间问题，也可以很容易复制大量的珍贵稀有文献。计算机信息技术实现了图书馆数字化，无纸化的文献形式节省了馆藏空间。

（三）藏书保护技术

藏书保护技术从图书文献产生起，随着公私藏书的发展而不断发展。中国具有悠久的典藏文献的历史，与之相适应，其藏书保护技术也有相当长的历史。古代藏书保护技术主要有以下几种。

1．"杀青防蠹""染纸防蠹"技术

从上文可知，在纸张发明以前，文献载体除了金石帛以外，主要是竹简。由于竹简很容易"腐蠹绝灭"，于是人们在实践中逐渐创造了"杀青"这种加工方法。汉代刘向在《别录》中记载，"杀青者，直治竹作简书之耳。新竹有汁，善朽蠹"。

2．药物防害技术

利用药物资源，如兰草、芸香草、烟草、荷叶、芥菜和香蒿等植物，防止虫害对书籍的蛀蚀。明清时期，随着民间藏书的普及，藏书保护技术也有了较大发展，从单一的药草避蠹发展到了土法制造合成药物，甚至直接采用化学药物。

3．近现代图书文献保护技术

主要是将各学科研究成果运用到图书馆中，如将空调技术用于书库的温湿度管理，将原子能技术、冷冻技术用于图书文献的虫害防治，将化学化工技术用于文献纸张的脱酸、加固，等等。下面介绍两种文献保护技术。

（1）研制永久纸张，防止文献纸张老化。17世纪以前生产的纸张，由于采用优质原料，且手工抄造、不施胶的原因，纸张呈中性或微碱性，耐久性好。19世纪以后，纸张的需求量增加，出现了机器造纸，造纸原料的质量大幅下降，同时由于书写墨水和印刷油墨的问世，为了取得良好的书写和印刷效果，开始在纸张上施胶，从而导致纸张中酸度增加，耐久性降低。

世界各国历史较悠久的图书馆，都存在着文献纸张严重老化的威胁。美国纽约公共图书馆的藏书，有三分之一以上的图书正在"腐烂、死亡"。这种用现代纸张印成的文献，很难储藏百年以上。为解决这一问题，国外一些国家生产出了中性或碱性永久纸张，用来印刷重要文献，从根本上防止了图书文献的老化。据测定，这种永久纸张印成的文献，可保存数百年至千年而不毁。我国也同样进行了永久纸张的研制，湖南省造纸研究所研制的这种纸张在1984年就通过了阶段性成果鉴定。

（2）采用脱酸技术，防止图书脆裂。大量的研究和实践证明，酸性是加速图书文献纸

张变质的一个重要因素。高酸度的纸张能在短时期内水解变质并发生脆裂。20世纪20年代以来，人们开始研究纸张的脱酸技术，力图把它用于文献的保护。

最初是采用氢氧化钙、碳酸钙、醋酸等液相脱酸剂浸泡纸张脱酸，但这种方法会使纸张变皱，而且成本太高。后来又采用了氨气、玛琳、二乙基锌等气相脱酸剂干燥脱酸技术，效果很好。据测定，现代纸张经脱酸处理后，pH值可提高到6—8，而纸张寿命则可提高到500年以上。

同时，大量印刷型文献和以计算机网络技术为代表的现代科学技术产生的新型图书形式非印刷型文献，为图书馆藏技术带来了新的变化。

二、馆藏技术的非连续性革命

（一）印刷术对馆藏技术的影响

印刷术给图书馆藏带来的影响是解决了图书的复制问题，生产大量的印刷型文献。16世纪初，欧洲人口不足1亿，印本书籍大约有1000万本左右在流通。16世纪末，据说印刷书籍可能已达到1亿册。图书馆因此就面临对大量印刷型图书布局和保护的技术问题，这种需求引起了国内外图书馆界的重视，并取得了相应的成果，这方面在上文已做了详细的说明。

（二）计算机网络技术对馆藏技术的影响

以计算机网络技术为代表的现代科学技术产生了新型图书形式非印刷型文献——缩微型、光盘型、视听型、机读型如电子计算机的磁盘磁带等，这些类型藏书的出现，带来了新的藏书保护问题——新型藏书变质。这些非印刷型文献对环境的要求一般较高，比保存纸型文献需要更严格的环境条件。

除了温度不要太高、防尘、防潮之外，不同的载体类型有不同的保护方法。照片、缩微胶卷、幻灯和电影片应尽量避免日光直射，以保持其载体的使用强度；磁性载体要保存在远离电缆和电机的金属保险柜里，禁止用电气机械设备来保存或传递；等等。非纸型图书的出现使得图书保护必须研究和探索此类文献的保存环境和条件，给馆藏技术提出新的课题。

在馆藏发展管理方面，美国图书馆的专家认为，未来图书馆扮演的角色是电子化资料的收藏库，管理数字内容。因此，未来图书馆的馆藏技术将偏向于向数字化资源的存储和保护方面发展。

第五节　共享技术的创新

一、共享技术的连续性改良

从最开始的只允许少数人在馆内阅读到对公众开架借阅，从各馆的各自为政到馆际互借，都体现了图书馆在资源共享方面的进步。阮冈纳赞的《图书馆学五定律》中提出"书是为了用的""每个读者都有其书"。本书图书馆共享技术主要是指读者服务技术。在西方古代的图书馆，由于图书种类和数量较少，图书主要供皇家、贵族等少数人阅读。在中国古代，鉴于当时的图书相当珍贵，多数都是手抄本，不易保存，藏书家们在使用上对外人都有严格的规定。例如，明代藏书家叶盛写的《书橱铭》记载："读必谨，锁必牢，收必审，阁必高。子孙了，惟学教，借非其人亦不孝。"

馆员是图书馆和读者之间的交流媒介。近代图书馆，印刷型图书的大量出版，使得图书馆藏书以空前的速度增加，学者们已查出了 1500 年前的约 40000 册图书的出处，各地都有出版。一些大型图书馆开始出现，图书馆的建筑结构也出现了较大的变化，铁链加锁的图书和读经台式的书籍放置办法逐渐消失了，图书开始对读者开架借阅。

基于网络的参考咨询服务是一种以人力资源为媒介，基于因特网的各种信息交流手段，以人工协调的提问和回答模式所提供的信息服务共享媒介改变了共享方式；是继数字图书馆之后，国际图书馆界谈论与关注的又一大热点，是网络环境下图书馆参考服务的主流发展方向，是未来图书馆的核心工作之一。

总之，共享技术由单一的面对面服务演化到先进的网上同步交流的参考服务模式，交流手段的多样化，交流内容的深度化和专业化，都体现了"读者至上，以用户为中心"的服务理念。

中国科学院国家图书馆已经加入 Bio Med Central 会员计划，响应和支持开放获取倡议。开放存取真正体现了知识时代图书馆的又一转型发展。不管是开放存取技术还是移动设备技术，图书馆共享技术在未来的发展趋势中将体现"人本位"的特点，更好地、更方便地为读者提供开放的服务是图书馆共享技术的追求宗旨。

二、共享技术的非连续性革命

（一）印刷术给共享技术带来的影响

印刷术使书籍的印刷、传播速度与传播数量得以成倍提高。据英国学者麦克格雷考证，1450 年，在谷登堡发明印刷机之前，欧洲大约只生产过 3 万种图书，而从 1450—1900 年，就已出版了 1125 万种图书，图书生产能力增长了 375 倍，这个伟大的奇迹无疑是印刷术创造的。

印刷术带来书籍生产能力的提高，使书籍内容的多元化、世俗化和批量生产成为现实，进而改变了图书馆作为帝王权力象征的局面，打破了知识被极少数人垄断的状况。越来越多的纸质书籍充实到在世界各地广泛建立的公、私图书馆中，社会各个阶层的民众均有书可读，极大地促进了知识的传播。

（二）计算机网络技术给共享技术带来的影响

一方面，改变和拓展了图书馆读者服务范围和服务方式。计算机使图书馆的服务功能从馆内延伸到馆外，使图书馆由孤立、分散的单个个体向网络化转变，改变了读者必须亲自到馆才能享用各种资源和服务的传统方式，只要通过网络，读者才可以随时获取所需的信息。

图书馆技术创新是一个连续改良和非连续革命的过程。从采购技术由最初的手抄收集到现在的计算机联合采购分类编目体系的逐渐完善，以及采、分、编一体化的实现，馆藏技术由低级向高级的改良检索技术，越来越深入文献内容，共享技术由单一化向多元化的发展，等等，都体现了图书馆技术的连续性改良。

印刷术和计算机在社会的推广和应用也对图书馆的发展产生了实质并深刻的影响，二者同时对图书馆发生作用，共同形成图书馆技术创新的主要内涵。

另一方面，图书馆技术创新连续改良和非连续革命两个方面是互相影响、互相促进的关系。采购技术、分类编目技术、馆藏技术、检索技术和共享技术在其各自的技术知识体系内进行连续性技术改良。

印刷术出现后，改变了现有的技术知识，最大的表现是解决了图书的复制技术，技术的非连续革命发生作用。快捷、高效的复制技术使图书的出版数量空前增加，这引起五大类技术的变革，并促进了技术的连续性改良。于是在印刷术给图书馆带来非连续革命后，新一轮的图书馆技术连续改良开始进行。随后，计算机网络技术在图书馆又引发新的革命，并且以前所未有的方式改变了图书馆的面貌，使图书馆流程重组。

计算机技术给图书馆带来最重要的技术发明是机读目录（MARC），它使图书馆由手工时代向自动化时代转变，让图书馆工作人员从传统的上游工作中解放出来，用更多的时间和精力为读者提供更优质的服务。互联网技术又进一步使图书馆进入了一个新时代，在这样的知识体系下，图书馆的技术需要引进互联网的相关理念进行创新。

计算机网络技术给图书馆带来非连续革命，在这个知识体系下又开始新一轮连续性改良，在这个过程中一旦出现知识体系内不能解决的问题，新的非连续革命又会发生，循环往复。就这样，在连续改良和非连续革命两方面的共同作用下共同构成了技术创新的内涵。

第十一章 图书馆制度创新研究

第一节 图书馆制度的内涵及体系框架

一、公共图书馆制度的内涵

公共图书馆在众多图书馆类型中是最为重要的一种，担负着为科学研究服务和为社会大众服务的双重社会任务。从历史意义上来说，公共图书馆制度是伴随着公共图书馆的产生而产生的。从现代社会的制度机构来看，公共图书馆制度是社会文化制度的重要组成部分。公共图书馆制度，保障了人类文化遗产的传承，保障了社会教育的开展，保障了科学信息的传递，保障了公民平等获取知识和信息的权利，保障了公民共享文化发展成果的权利，从知识与信息的方面保障了文化权利，这些都构成了文化权利实现的重要基础。可以说，公共图书馆制度代表了一种文化权利保障制度的形成。

从功能上说，公共图书馆制度是维护社会和谐的一种重要制度安排。公共图书馆制度捍卫社会信息公平，保障社会包容，避免社会排斥，关注弱势群体，面向所有公民提供普遍均等的知识信息服务。

公共图书馆制度不是一个抽象概念，而是由一些具体的要素构成的。

（1）它是从公共图书馆长期的实践经验中总结出来的，并且在长期的实践活动中证明是行之有效的。

（2）它必须是得到公共图书馆上级主管部门、图书馆工作人员、读者的认可，并且在平日的图书馆活动中被共同遵守和肯定的。

（3）它具有明确的约束性，能真正保障公共图书馆系统正常运行。

（4）它是通过一定的文字形式保存下来的。

二、公共图书馆制度的体系框架

从不同的角度，公共图书馆制度有不同的划分方法。

按照诺斯的制度理论来划分，公共图书馆制度可以分为正式的和非正式的公共图书馆制度。

正式的公共图书馆制度包括国家和政府层面制定颁布的公共图书馆法律法规或者行政规章制度，以及其他公开执行并且具有强制执行效力的组织规则。正式的公共图书馆制度是一种等级结构，从国家立法到专门法再到相关法，再到明确的细则，最后到个别条约，共同约束着人们的行为。正式的公共图书馆制度一般具有公开性、强制性、成文性等特征，并且可以在短时间内形成、变更、颁布或者废止。

非正式的公共图书馆制度包括公共图书馆从业人员应遵循的职业道德规范、职业价值理念、伦理规范，以及公共图书馆读者所应遵循的基本风俗习惯、意识形态等。非正式的公共图书馆制度一般具有非强制性和自律性，而这种非正式的公共图书馆制度的形成往往是一个漫长的不断变化的历史过程。

按照纵向的层次结构来划分，公共图书馆制度可以分为国家层面制度、区域层面制度和机构层面制度三个层次。国家层面上的公共图书馆制度就是国家或者政府明确制定的关于公共图书馆的专门法、相关法以及具有强制执行力的法律法规或者行政规范。区域层面上的公共图书馆制度包括各省市的相关条例、各省图书馆协会发布的相关制度等。机构层面上的公共图书馆制度是各个公共图书馆自己制定的、适用本馆的管理和服务的规章制度。

第二节　图书馆制度的作用

公共图书馆制度的作用总的来说有以下三个方面。

第一，公共图书馆制度保障了公共图书馆核心价值的实现，是政府为了保障公民的信息文化权利所采取的一种制度安排。公共图书馆的存在保障了公民平等获取知识和信息的能力，提高了公民的文化信息素养，很大程度上弥补了信息时代社会信息鸿沟，为民主社会的和谐稳定做出了巨大的贡献。公共图书馆的建设与发展是民主社会的保障制度之一。

第二，公共图书馆制度确保公共图书馆事业走上法制轨道，保证公共图书馆事业健康、可持续地发展。公共图书馆作为社会公共文化服务体系的一部分，它的发展要得到公共政策的支持，尤其要得到政府公共财政的支持，而这种支持必须要以相应的制度体系来保障，要以明确的法律条文规定公共图书馆的资金来源，促使政府部门依法行使为公共图书馆提供经费支持的权利和义务，保证公共图书馆的发展健康、可持续地进行。

第三，公共图书馆制度保障了公共图书馆系统的正常运作。任何一个系统或者机构，要想做到整体统一协调、正常高效、文明有序地运转，必须要有一套完善合理的规章制度体系与之相对应，这样才能通过规章制度对各个部门、各个工作流程、各项工作进行规范约束，通过各个部门的通力协调配合，最后实现整个系统高效有序地运转。

第三节 我国图书馆制度的完善与创新路径研究

一、全面建设国家层面的公共图书馆制度

（一）在相关制度中保障图书馆制度

图书馆事业涉及社会生活的方方面面。2017 年 11 月 4 日，《中华人民共和国公共图书馆法》由第十二届全国人民代表大会常务委员会通过，于 2018 年 1 月 1 日起实行。

（二）促进各级地方图书馆协会的制度实施

我国各省市都建立了地区性图书馆行业协会组织。这些地方图书馆协会是落实来自国家和各相关部门的法规、标准、措施的实施的保障机构，对于公共图书馆区域协调、图书馆行业管理等方面起着重要作用。

例如，上海市图书馆协会是我国第一家独立的图书馆行业协会，它以活跃学术思想，组织学术研究和开展国内外学术交流活动，编辑、出版、发行图书馆学各种载体的文献信息资料等为主要任务，它开展的工作内容涉及行业调查与统计、图书馆评估、行业信息的发布、图书馆职业资格的认定、技术职称的评审等，经常举办各种各样的行业性活动，为上海市图书馆的建设不断努力。与此同时，该协会还积极制定上海市图书馆领域的行业规范，使读者以及工作人员都能做到行业自律，使广大群众无论是通过传统手段还是现代手段都能方便、快捷地获得所需的信息资源，以提高市民的文化信息素养。该协会发挥图书馆对上海和其他地区的文化教育的作用，同时为其他地区建立图书馆协会提供了一个可借鉴的发展模式。

二、健全地方公共图书馆制度及管理规定

（一）保障国家层面及职业层面相关制度的落实

健全地方公共图书馆制度及相关管理规定，能够有效保障我国国家层面及行业层面图书馆相关制度的落实。

根据我国的具体国情，在国家统一规定公共图书馆事业的管理和运行机制、规范公共图书馆各项业务标准的基础上，各地要从实际出发，建立健全与各地社会和经济发展相适

应的规章制度，对公共图书馆建设中涉及的馆舍建筑、人事制度、经费投入等问题做出明确规定和严格规范，以保障全国公共图书馆事业全面、稳定、持续发展。

（二）结合本地实际系统设计地方公共图书馆制度

健全地方公共图书馆制度及相关制度要结合本地实际情况，设计符合地方特色的公共图书馆制度。由于我国经济发展水平不同，公民受教育程度不同，各地公共图书馆侧重发展的目标不同，各公共图书馆的制度也各有侧重。

从全国整体来看，东部发达地区公共图书馆事业发展良好，相应的规章制度完善，甚至有很多公共图书馆打造起了自己馆的特色服务和品牌。例如，苏州图书馆的"总分馆"制，深圳打造的"图书馆之城"，杭州图书馆对包括拾荒者在内的读者免费开放，嘉兴公共图书馆打造的城乡一体化公共图书馆服务体系模式——"嘉兴模式"，等等。但西部一些地区的公共图书馆事业还很落后，亟待发展。

三、增强微观制度建设的规范性

（一）在图书馆计划中全面引入微观制度

图书馆计划对公共图书馆产生的显著作用就是引导图书馆应对变化，把握未来，同时还能规范组织行为，增强组织活力。

图书馆计划确定的图书馆使命、任务、目标等，可以为全体员工提供明确一致的努力方向，为资源配置、部门协调、绩效评价、公共关系等提供参考模式。它确定的行动方案一旦启动，可以给图书馆带来变化，注入活力，如改善馆藏结构和服务、克服组织惰性、改善部门沟通和利益协调、提高组织凝聚力、培育自我评估意识等。在图书馆计划中全面引入微观制度，有利于细化图书馆计划，增强图书馆计划的规范性。

（二）用微观制度完善图书馆管理

规章制度是图书馆得以存在的基础，也是其得以发展的保障，只有建立完善的图书馆规章制度，才可能使我国图书馆的建立、成长、发展有法可依，有章可循。

从广义的角度来说，各个图书馆所制定的本馆的微观工作规范和制度，也是图书馆制度的一种，是图书馆法、行政法规章程形成的基础。图书馆法、行政法规章程的作用则通过各个图书馆的工作规范和制度，在图书馆的具体工作中发挥作用。

参考文献

[1] 赵吉文，李斌，朱瑞萍. 数字图书馆建设与档案管理 [M]. 汕头：汕头大学出版社，2021.

[2] 许莉. 公共图书馆古旧文献管理与服务 [M]. 长沙：湖南大学出版社，2021.

[3] 凌霄娥. 图书馆管理艺术与信息化应用研究 [M]. 西安：西北工业大学出版社，2020.

[4] 刘春节. 现代图书馆管理创新研究 [M]. 北京：中国财富出版社，2020.

[5] 顾志芹. 图书馆管理与信息应用 [M]. 沈阳：辽海出版社，2020.

[6] 王会梅. 图书馆管理与服务研究 [M]. 北京：现代出版社，2019.

[7] 李书宁. 图书馆电子资源采购的规范管理与控制 [M]. 北京：中国经济出版社，2019.

[8] 孙爱秀. 图书馆管理与信息应用 [M]. 沈阳：沈阳出版社，2019.

[9] 杨丰全. 新形势下图书馆创新性管理与服务 [M]. 长春：东北师范大学出版社，2018.

[10] 卢家利. 美国公共图书馆管理与服务 [M]. 北京：中国商务出版社，2018.

[11] 金红亚，李颖，谢影，等. 图书馆与微服务 [M]. 上海：上海科学技术出版社，2015.

[12] 袁萍. 图书馆管理策略与阅读服务创新研究 [M]. 沈阳：辽海出版社，2019.

[13] 吴汉华. 民间图书馆实践调查与发展战略 [M]. 武汉：武汉大学出版社，2018.

[14] 张睿丽. 数字图书馆资源管理与建设 [M]. 长春：吉林人民出版社，2019.

[15] 唐虹. 图书馆联盟协同管理研究 [M]. 长沙：湖南大学出版社，2012.

[16] 戴龙基，姚晓霞，陈凌，等. 我国信息资源共建共享的可持续发展研究 [M]. 上海：上海交通大学出版社，2012.

[17] 罗曼，陈定权，唐琼. 图书馆质量管理体系研究 [M]. 成都：西南交通大学出版社，2009.

[18] 吴建中. 转型与超越：无所不在的图书馆 [M]. 上海：上海大学出版社，2012.

[19] 罗曼. 图书馆全面质量管理 [M]. 合肥：安徽大学出版社，2003.

[20] 金吾伦. 知识管理——知识社会的新管理模式 [M]. 昆明：云南人民出版社，2001.

[21] 潘寅生. 图书馆管理工作 [M]. 北京：北京图书馆出版社，2001.

[22] 张成福，谢一帆. 危机管理新思路 [M]. 北京：国家行政学院出版社，2015.

[23] 朱丹君. 高校图书馆管理与阅读服务模式创新 [M]. 沈阳：辽海出版社，2020.

[24] 吴汉华. 民间图书馆实践调查与发展战略 [M]. 武汉：武汉大学出版社，2018.